中國歷代思想家【二十二】

主編者：中華文化復興運動總會
王壽南

熊十力・張君勱
蔣中正

臺灣商務印書館　發行

熊十力

李霜青 著

目次

熊十力

一、傳略

一代大哲熊十力，是一個畢生孤苦力學的典型人物，在中國當代學術史上，有其卓然成家的地位。民國五十七年（西元一九六八年）五月，年屆八十五歲的漢米敦（C. H. Hamilton）老博士，爲我國這一代學人寫成小傳，載於一九六八年版的《大英百科全書》，使熊十力先生在世界學術史上也將永垂不朽。不過，關於熊十力先生的身世，漢米敦老博士寫得太簡單，只說：

熊十力（一八八五—一九六八、五、二三）……他是湖北人，早年為一排滿的革命家，三十歲之後，完全獻身於哲學，從一九二五年起，到他退休止，他是北京大學的哲學教授。

熊十力先生的弟子們，也都只能各就所知去寫出他的吉光片羽。因此，他逝世後，沒有綜括一生的年譜，更沒有詳細的傳記。這一方面，正如他的入室弟子牟宗三先生所說：「只好留待有心人去博採旁搜，以成其事。」現在，我以熊先生同鄉晚輩身分，應中華文化復興運動委員會的邀聘，居然擔當了這一份工作。

我在遍函熊先生的弟子，遍訪了熊先生的老友及同鄉之後，始能大致寫成他的傳記。

光緒十一年（乙酉）（一八八五年）熊十力先生出生於地球東經一一四又十分之九度，北緯三十又十分之四度，湖北省黃岡縣但店鄉大木橋村西邊靠河沿的熊家沖（圖一），是熊其相老先生的第三個兒子，取名叫子貞。十力是他後來取的號。

光緒二十年（甲午）（一八九四年）中日甲午戰爭爆發。熊子貞九歲，開始隨父讀書，穎悟過於其他學生。

光緒二十一年（乙未）（一八九五年）熊其相老先生逝世，熊子貞十歲，遂因家貧輟學，隨長兄去牧牛、賣魚。夏天在野寺中，常愛裸體走出戶外，被他父親的一位姓余的學生責罵後，始知悔改。

光緒二十六年（庚子）（一九〇〇年）熊子貞十五歲，他的長親很可惜他的因貧失學，何炳藜聽了願免費收他爲學生。入學後，得認識何自新、王漢爲好友。但因熊子貞成績第一，爲富家子所疾，遂離開此專爲富家子所設之私塾而又告輟學。熊子貞一生正式拜師讀書，只有這半年。

光緒二十七年（辛丑）（一九〇一年）熊子貞十六歲，讀陳白沙的禽獸說，忽起覺悟，已悟血肉之軀不是真我。

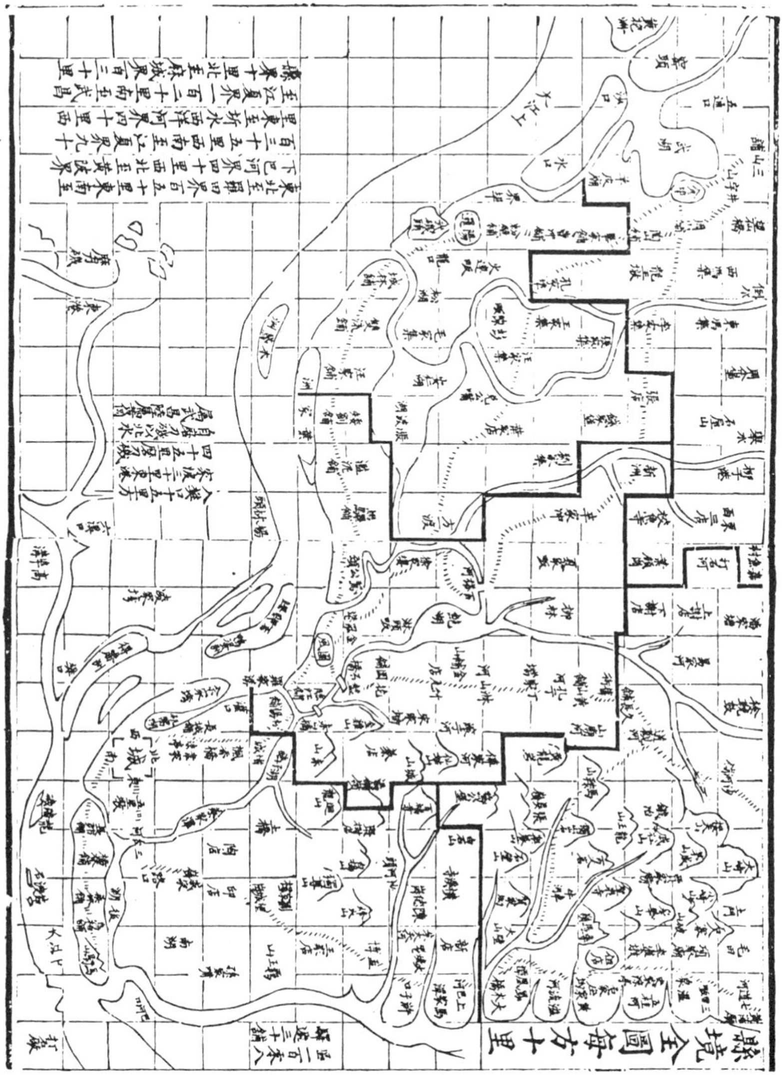

圖一：黃岡縣境全圖（本圖取材於《黃岡縣志》）熊十力先生的故鄉是湖北省黃岡縣但店鄉大木橋村西邊靠河沿的熊家沖

光緒二十八年（壬寅）（一九〇二年）熊子貞十七歲，與好友何自新、王漢共遊江漢，參加革命。何自新、王漢住在旅舍，結交賢豪，熊子貞投軍凱字營，運動諸悍卒。

光緒三十年（甲辰）（一九〇四年）王漢、胡瑛密議刺殺滿清欽差鐵良。十九歲的熊子貞參加科學補習所。

光緒三十一年（乙巳）（一九〇五年）王漢於春首獨自行刺鐵良於河南彰德火車站，未中，被清兵追捕時投井而死。夏天，熊子貞等於武昌成立日知會，積極推動革命。熊子貞由行伍考入陸軍特別學堂。時年已二十歲。

光緒三十二年（丙午）（一九〇六年）熊子貞時年已二十一歲，在營中運動甚力，被湘人何錫藩密告張彪，欲捕捉他。熊子貞得到消息，星夜潛逃。十月，湖南萍醴發難，熊子貞等也謀響應，被郭堯階告密，劉敬菴等九人被捕，熊子貞逃回黃岡。

光緒三十三年（丁未）（一九〇七年）秋天，日知會被查封，有人懷疑武漢不易發難成功，二十二歲的熊子貞和好友何自新力斥此種說法。軍中接著成立羣治學社。

宣統二年（庚戌）（一九一〇年）軍中組成振武學社。何自新卒於黃岡故里。熊子貞仍在黃岡策動反正。時年已二十五歲。

宣統三年（辛亥）（一九一一年）元旦，振武學社更名文學社。十月十日，辛亥革命武昌起義成功。十月十三日，黃岡光復。熊子貞在黃岡初任秘書，旋赴都督府任參謀。時爲二十六歲。

民國元年（壬子）（一九一二年）三月，二十七歲的熊子貞在武昌請求黎元洪表彰王漢，被秘書長饒漢祥壓抑不報。袁世凱用手段摧殘革命黨人，熊子貞遂無意於政治。一日坐車，見街道石板如幻如化，感到世情可哀。袁世凱有意裁撤革命軍，熊子貞也受遣散。

民國二年（癸丑）（一九一三年）二十八歲的熊子貞以所領資遣費，在江西德安購田，囑弟兄前往耕種，以維持生活。熊子貞自己也開始讀先秦諸子及商務印書館譯印的西方哲學書籍。

民國五年（丙辰）（一九一六年）孫中山先生爲廣州護法政府大元帥，桂軍北伐，熊子貞時已三十一歲，又參加北伐軍任參謀。

民國六年（丁巳）（一九一七年）熊子貞三十二歲，與友人同住廣州，住了半年，見革命同志，絕無在身心上用功夫者，感慨萬千。想到好友何自新當年說自己是學問中人，乃決志向學。陳銘樞有意延攬他爲高級幕僚，他毅然拒絕，返回德安。因與武昌友人通信，某先生見了，便介紹他到江蘇去教中學，他便起程乘船赴滬。

民國九年（庚申）（一九二〇年）八月，辭去江蘇某中學教職，開始用熊十力這個名字，遊學於南京支那內學院歐陽竟無大師之門。時年三十五歲。

民國十一年（壬戌）（一九二二年）蔡元培赴支那內學院請歐陽大師推薦一門人至北京大學任教，歐陽大師請蔡元培先生自行選擇。蔡元培先生見熊十力先生的唯識論稿，大爲讚賞，遂聘爲特約講師。時爲三十七歲。

民國十二年（癸亥）（一九二三年）熊十力先生三十八歲，學問又有進境，將去歲在北京大學所講唯識論稿焚掉，另草創新論。並與林宰平討論內容，以收切磋之效。夏初，與梁任公在秘魔巖晤談。

民國十三年（甲子）（一九二四年）熊十力先生三十九歲，夏，赴山東曹州訪梁漱溟、高贊非、周紹賢等得列門牆。這一年，北京大學發不出薪金，熊十力先生又體弱多病，只好南返故鄉。林姓富人爲子延師，在馬鞍山朝天寺設立私塾（圖二），請他前往執教。傅家河的傅老秀才，慕他的文名，也以次女許配給他。

民國十四年（乙丑）（一九二五年）熊十力先生四十歲。春天，受石蘅青校長邀聘至武昌大學任教。與方東美教授相識，互受切磋之益。暑期，武昌大學招考新生，熊十力先生對胡秋原之國文考卷，甚爲賞識。秋初，熊十力先生返北京大學任教。常往返者仍爲梁漱溟、林宰平、石蘅青等。嘗回憶生平好友，寫成《子貞心書》。因治學太勤，得咯血病與漏髓症。

民國十六年（丁卯）（一九二七年）熊十力先生四十二歲，經蔡孑民校長安排，南下養病。先住中央大學約二十日，再移居杭州西湖廣化寺。每天以鹹菜拌飯吃，仍讀書不輟。曾寄函責姪兒非武不知力學。登杭州南高峯嘆息人才凋零。

民國十七年（戊辰）（一九二八年）熊十力先生四十三歲，應中央大學哲學系湯錫予主任之聘前往講學，唐君毅得列門牆。蔡孑民校長探訪，熊先生與蔡校長談到設哲學研究所以培養英才問題。言談中，二人均以天下無才爲嘆。

民國十八年（己巳）（一九二九年）熊十力先生四十四歲。春天，胡秋原考取日本留學，始謁熊十力先生，轉請蔡孑民先生致函推薦胡秋原爲湖北省官費生。秋天，熊十力先生返北京大學任教。支那內學院王恩洋發表《破新唯識論》。

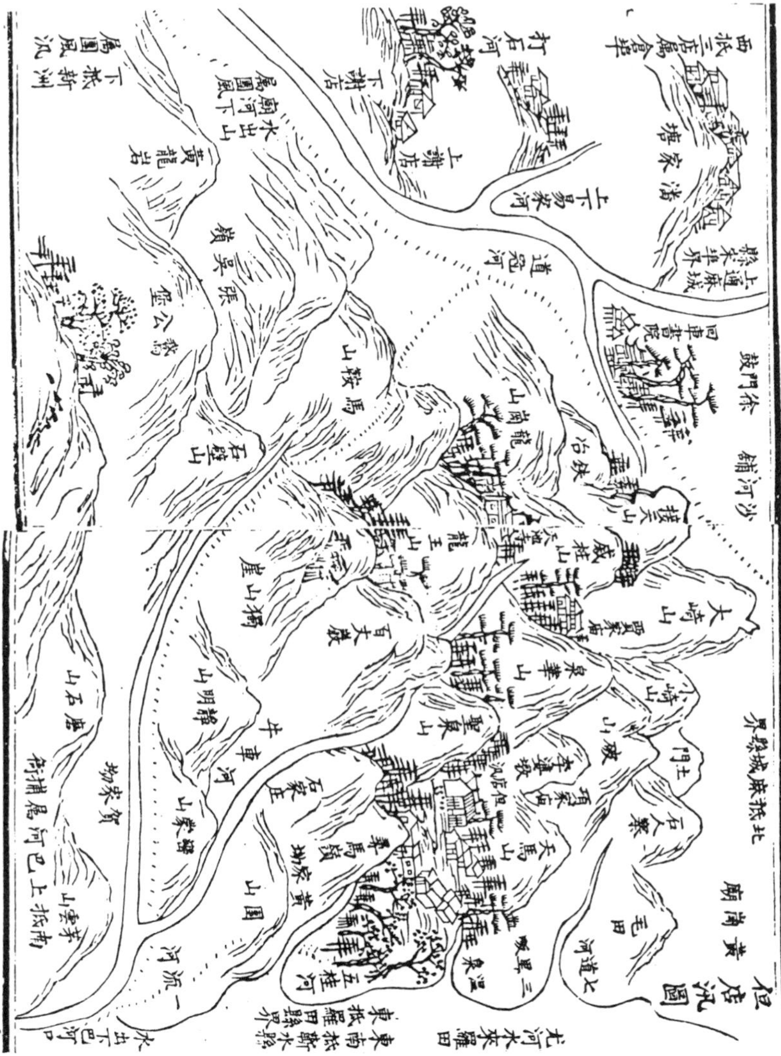

圖二：但店汛圖（本圖取材於《黄岡縣志》）
熊十力先生曾在馬鞍山東麓的朝天寺任教私塾

民國十九年（庚午）（一九三〇年）熊十力先生四十五歲。春天，熊十力先生出版《破破新唯識論》。冬天，錢穆先生至北京大學任教。

民國二十年（辛未）（一九三一年）熊十力先生四十六歲。春天，熊十力先生住進錢穆先生二道橋家中。常與湯錫予、蒙文通、林宰平、梁漱溟等在錢家辯論。九一八事變後，熊十力先生又憂國成病，赴杭州養病。

民國二十一年（壬申）（一九三二年）熊十力先生四十七歲。一月二十五日，熊十力先生致函國民政府主席林森，指陳救國大計，與日寇戰而不宣。在杭州養病時，與名學人馬一浮得以結識，兩人相見恨晚。馬一浮爲《新唯識論》一書作序。秋天，熊十力先生返北京大學任教。牟宗三得列門牆。馮友蘭至二道橋訪熊先生時，熊先生指責他不懂良知，良知是自呈自現的，如何可說是假定的？

民國二十二年（癸酉）（一九三三年）日本利用漢奸殷汝耕成立冀東自治政府，北平吃緊。熊十力先生時年四十八歲，暑期避難至山東鄒平，秋後，再度至杭州養病。蔡元培先生前往西湖探訪他，見從學之士不少，笑著說：「你可以自由講學了。」

民國二十四年（乙亥）（一九三五年）熊十力先生五十歲，返北京大學任教。九月十日，寫《十力語要》第一卷印行記於蒼茫室。

民國二十五年（丙子）（一九三六年）熊十力先生五十一歲，在北京大學應劉錫嘏、闞悌徐、黃艮庸之請，寫成《佛家名相通釋》。秋天，以逸翁之名作序。並集成《十力語要》第二卷。另推薦牟宗三至山東鄒平鄉村建設研究院任職。

民國二十六年（丁丑）（一九三七年）七七事變發生，熊十力先生五十二歲，攜《十力語要》書稿，回到黃岡但店故居。嘆鄉村盜匪爲患。冬天，攜妻子兒女避難入蜀。

民國二十七年（戊寅）（一九三八年）熊十力先生五十三歲，與老友居覺生相晤於四川重慶，同鄉方毅及居公子浩然得拜識先生。方東美先生也特於旅舍探訪，老友重聚，相談甚歡。夏初，移居璧山鍾芳銘家，與鄧子琴、錢學熙諸弟子及友人王紹常相依於患難之中。作《中國歷史講話》。錢學熙並將《新唯識論》譯成語體文，僅至〈轉變章〉而罷。七月，黃本初至來鳳驛拜晤先生，從而問學。

民國二十八年（己卯）（一九三九年）熊十力先生五十四歲。牟宗三賦閒昆明，熊十力先生函湯錫予先生請予設法聘用，因某派人士不贊成，未能成功。五月，《中國歷史講話》由中央陸軍軍官學校印行四千冊。夏天，應馬一浮之邀赴四川樂山復性書院任教，韓裕文追隨熊先生，代譯《新唯識論》爲語體文。九月，熊先生寫〈復性書院開講示諸生〉。不久，因推薦牟宗三任教之事，與馬一浮意見不合，乃辭職返回璧山獅子場寄寓小學校長劉永若處，韓裕文隨熊先生同進退。居璧山期間，集成《十力語要》第三至第四卷。

民國二十九年（庚辰）（一九四〇年）三月三日，蔡元培先生在香港逝世，熊十力先生時已五十五歲，聞訊，甚爲感嘆。《新唯識論》語體本上卷由呂漢材印刷出版。

民國三十年（辛巳）（一九四一年）熊十力先生五十六歲。秋天，自譯《新唯識論》的〈功能章〉爲語體文。七月，覆黃本初函中說：「近年辯證唯物論風行，青年受害，不得了。」方東美先生與唐君毅商量，擬邀熊先生至中央大學任教，熊先生因須助梁漱溟辦勉仁書院，乃予辭謝。十月，赴北碚勉仁書院。錢穆先生往訪熊先生，暢談國學復興大事。冬天，居正先生代爲籌款印行《新唯識論》上中卷。

民國三十一年（壬午）（一九四二年）熊十力先生五十七歲。寫《王漢傳》以表彰故友忠烈，應萬耀煌先生之請，爲萬樹辰老先生《周易變通解》寫序。與懷德海之入室弟子謝幼偉締結文字之交。同鄉名政論家陶希聖先生常至北碚訪熊先生暢談。熊先生寫〈示菩兒〉一函，爲兒子世菩闡釋獨立、平等、自由的精義。

民國三十二年（癸未）（一九四三年）熊十力先生五十八歲。二月二十三日，歐陽竟無大師逝世於江津，熊十力先生廬墓三月始他往。並自譯《新唯識論》下卷爲語體文。三月，商務印書館印行《新唯識論》語體本。八月，西南聯大由清華少壯派執政，對熊先生不到校，加以非難。

民國三十三年（甲申）（一九四四年）熊十力先生五十九歲。一月，在北碚勉仁書院寫《新唯識論》全書序文，交商務印書館印行。春初，講《讀經示要》。徐復觀致函求見熊先生，執弟子禮。七月，國立編譯館張北海邀熊先生前往講學，熊先生以病辭謝。並函告說：「編經史教科書，必義精仁熟，而後立言無弊。」張選澄這位上校團長學生與熊先生遇於金剛碑。居正、陶希聖、陶鈞等先生爲熊先生籌辦中國哲學研究所。十一月，告柯樹屏養生之理。

民國三十四年（乙酉）（一九四五年）熊十力先生六十歲。八月十日，日本投降。冬天，陶希聖先生主持的重慶南方書店，爲熊先生印行《讀經示要》。

民國三十五年（丙戌）（一九四六年）熊十力先生六十一歲。春天，由四川返漢口，熊先生家與張選澄家同住在漢口街寶元里十二號樓上。熊先生向省議會建議爲劉敬菴、王漢、何自新建祠，雖獲通過決議，惜未實行。十二月，熊先生應友人孫穎川之邀，返四川五通橋黃海化學社主持哲學研究部。囑柯樹屏向中華書局舒新城接洽出版《十力語要》事，未成。由王星賢編成《十力語要》第二、三卷。又以高贊非記的《尊聞錄》列爲第四卷。張立民代爲印行。

民國三十六年（丁亥）（一九四七年）熊十力先生六十二歲。仲春，再候船由四川東下，返回湖北，友人袁道沖促請印《十力語要》。返回北京大學，在中國哲學會上與林宰平、張東蓀、孟實諸先生有所論辯。十月，熊先生門生柯樹屏、明無垢、周通旦等籌印《新唯識論》。鄂省主席萬耀煌、教育廳長王文俊、議長張灦川、參事程發軔，均樂撥經費。熊先生在北京大學孑民紀念館上課時，殷海光、劉孚坤均曾前往聽課。秋天，寫成〈紀念北京大學五十周年校慶並爲林宰平七十大慶祝嘏〉。九月，因江西姪兒出了亂子，南返漢口，經上海時，住學生朱惠清家，與牟宗三等合影（附合照一幀）。國民政府蔣主席電令湖北省府主席萬耀煌撥二十萬元資助熊十力先生興辦書院，熊先生謝而未受。

民國三十七年（戊子）（一九四八年）熊先生六十三歲。正月，由漢口赴上海轉杭州。五月，函柯樹屏代爲校對《讀經示要》。六月，商於馬一浮，收安陸池師周四女池際安爲仲女，易其名爲熊池生，取字仲光。七月，應浙江大學哲學系主任謝幼偉之邀，前往講學，並爲建一小屋，熊先生抱膝其間，作《漆園記》。自此署名漆園老人。八月十四日，牟宗三、唐

36年9月返漢口經上海時在學生朱惠清家與學生牟宗三等合影留念，由右至左為：丁實存、熊世菩、徐復觀、朱霈(男童)、熊十力、高紉秋(後立)、朱宣琪(女孩)、張立民、朱雷民、牟宗三(最左邊)。

君毅至浙大探訪熊先生。九月二十三日致函柯樹屏，告以兒子世菩與萬幼璞先生之小女兒訂婚事。冬天，攜熊池生南返黃岡。

民國三十八年（己丑）（一九四九年）熊十力先生六十四歲。春初，率熊池生（仲光）至廣州，住化龍鄉中心墟黃艮庸家。一月十五日，寫《十力語要初續》序文，送香港出版。三月二日，覆柯樹屏信，示意不可留家於杭。信中暢談時局，並云中大哲研所事宜請離明先生擔任。五月，囑池生代寫〈陳白沙先生五百二十周年紀念文〉。熊再光由武漢來廣州，帶來世菩積蓄八兩黃金。徐復觀存金十兩於黃艮庸家。張北海、錢穆、牟宗三等曾赴黃艮庸家探望熊先生。與熊先生以書信討論時局者有陶希聖先生及張選澄等人。在局勢緊張中，熊先生仍寫成〈答某君書〉，概述生平治學旨趣。七月，寄函臺北居正先生，介紹周紹賢。又寄函方東美先生介紹殷海光至臺灣大學任教。八月十八日，致函柯樹屏談共軍入武漢暴行，自己有意入川。八月二十日，函柯樹屏囑向杭立武部長、吳俊升先生致意所寫孔子誕辰紀念文事。八月二十五日，再與柯樹屏談中共暴行，自己有心想去印度，因四川無可安。又與徐復觀函商可否入臺？九月四日，函告柯樹屏，四川大學黃季陸校長有邀聘赴川之意，苦於行李難運。九月十二日，函告柯樹屏，臺行作罷。另於致函萬幼璞信中，言爲《韓非子評論》一稿，對徐復觀頗爲生氣。因徐復觀詰責熊先生何故贊同韓非，是否預爲靠攏共黨舖路？九月二十六日，函萬幼璞決返徐復觀之十兩黃金，教育部名義不必要，以中大教授名義留廣州。主要的是因李四光已至廣州勸熊先生不必赴臺灣。十月，熊先生返北京大學，途經漢口時，林彪設宴歡迎，熊先生竟於席上批評共產主義不能適於中國，弄得林彪瞠目結舌。至北平後，住於什刹海，日唯以讀書著述自遣，並不授課。

民國四十三年（甲午）（一九五四年）熊先生六十九歲。春天，起草《原儒》上卷，仲秋脫稿。冬天，共黨組織批准熊先生退休，由平至滬與兒子世菩共同寓居上海閘北青雲路。

民國四十四年（乙未）（一九五五年）熊先生七十歲。《原儒》上卷印行一百部，秋，起草下卷。

民國四十五年（丙申）（一九五六年）熊先生七十一歲。夏初，《原儒》下卷脫稿，立秋日以漆園老人署名，作序，印行一百部。初秋，起草《體用論》。十二月，《原儒》再印五十部。每當書一出版，共黨即命幹部購而燬之，熊先生尚以爲共黨幹部喜讀自己著作，這是

「君子可欺以其方」。這一年，梁漱溟參加毛澤東在北平主持的會議時，大罵共黨「幹部生活在九天之上，人民生活在九地之下」，毛也大罵梁漱溟「滿身臭氣，臭骨頭」，展開批鬥。共黨派幹部勸熊先生參加批鬥梁漱溟，熊先生斷然拒絕，不爲所動。

民國四十六年（丁酉）《體用論》初冬成書，原擬寫成《明心篇》，因心臟病加劇，作罷。

民國四十七年（戊戌）。甲寅月，韓元愷以花甲之年至上海隨侍先生。並爲《體用論》作序。斯年，病稍減，寫成《明心篇》。

民國四十八年（己亥）（一九五九年）熊先生七十四歲。《明心篇》一卷出版。

民國五十年（辛丑）（一九六一年）熊先生七十六歲。《乾坤衍》一卷出版。序文署名漆園老人。共黨能容許熊十力先生自行著書，宏揚儒家，這只有用「亦黃巾不犯康成（鄭玄）乎」的那句話，才可解釋。

民國五十七年（戊申）（一九六八年）熊先生八十三歲。五月二十三日，熊十力先生逝世於上海旅寓，年壽八十三歲（虛歲爲八十四歲）。

二、治學方法

凡是一個大學問家，必然有一番讀書經驗，或治學方法。說到治學方法，西方人與中國人似乎有點不同。尤其在哲學方面，迄今中國人仍主張研究中國哲學要用中國的方法。

熊十力先生似乎不太喜歡別人問他讀書的方法。他在答鄧子琴等人的信中說：「每見青年人問學，開口就說到方法。要知道，學問的方法，一定要在學成以後方知道是什麼原故。求學時代，則全仗自己一副精心及果決的毅力，暗中向方方面面去摸索，不怕繁難，經過了許多層層累累的曲折，例如：疑惑、設計、集證、決斷、會通、類推等等。其間所經歷的困難與錯誤，正不知有多少？窮年矻矻，而後有成。一旦豁然貫通，回想以前經歷，方見到自己有所循的方法，但要舉證向人說明，也只能說出個大概。《莊子》的〈斲輪〉說，父不可以告子，師不可以告徒，就是這番意思。今日的青年人，開口便問方法，至於自己，是否具有真實心力？否則一向對學問怠慢，不會反省，好像懦夫，自己連行路的力量也沒有，空向人家問路，他敢不敢舉步前進呢？」

熊先生雖反對談讀書方法，這裏已說明了讀書先要有探索的勇氣，不怕繁難。這就是最基本的方法。有了這種基本方法，便可進一步去運用疑惑、設計、集證、決斷、會通、類推等等方法。

這篇文字中，熊先生也指明了：「凡讀書者，需要有主觀方面的採獲，有客觀方面的探求。主觀方面，即是讀任何書，胸中預先有模範，有計畫，方能得其真、得其全，觸類融通。否則讀一本書死守一本書的文義，讀兩本書死守兩本書的文義，成了書蠹而已。客觀方面，某一學派的大著，必有獨到的精神，獨立的系統，必對他的宏綱眾目，作客觀的探討，以見出我與他，他與其他各家之不同。益發覺得理道是無窮的，宇宙是無量的，方可不致落得人家說你混亂與譏你以管窺天了。」

我們再看熊先生自己讀書的經過。他從小即能疑其所疑，思其所思，例如他看戲時，見漢人衣冠很美，問現在的人爲什麼不是那個樣子？父老告訴他，現在是滿洲人的天下。他又問：是滿人多，還是漢人多，父老說：漢人多。他說：多數的漢人，爲什麼受制於少數的滿人？父老竟不能答其所問。他跟著父親讀書時，要求多授章句。又要求站在旁邊聽父親向年齡大的學生講解書中的道理。父親死後，他隨大哥種田，學大哥的樣子，帶書田畔，抽暇便讀。又常向鄰縣某孝廉家借書讀。十六七歲，讀陳白沙的禽獸說，就覺悟到血肉之軀與禽獸一樣，只有此心此理方是真我。少年時，不瞭解《大學》明德。讀鄭康成的注釋，認爲只是注釋文句而已，讀朱子的注釋，說明德是虛靈不昧的，開始反求自心。到了讀王陽明詠良知的詩，又大生詫異。二十五歲左右，讀《列子》，只是儻然一悟，未到邃密境地，但卻由而瞭解了什麼是良知、明德。忽然觸悟，天地萬物本與我是一體，須向天地萬物同體處，即萬化大原處，認識本心。現前虛靈不昧的，只是本心的發用，並不就是本心，虛靈是一種動相，動可以違離本心，只有動而恆寂，才是本心通體呈現。朱子只取虛靈爲宰，是不對的。王陽明說：無聲無臭獨知時，始是乾坤萬有基。這是從虛靈而認識到寂然無擾的真，方是證見宇宙萬有的本心。

作學問，全靠自己發真心。熊十力先生在給姪兒非武的信中說：「我相信作學問的事，不由天啓，不由人授，唯有自心一念之誠，發而不容自已，將以往種種不良的習染痛切滌蕩除去，使胸中沒有滯礙，則天地萬物的道理，自而貫通起來，而不知其所以。古人所謂至誠所感，金石爲開。到了這種境界，始信這不是妄語。你應當以此爲念，從現在開始憤發，成就當不可限量。只怕你不發真心呢！」

熊十力先生認爲：爲學當先立志。他說：「儒家論學，開始就要立志。佛家論學，開始要發心願。志趣不正，心願不宏，縱然勤於世智辯聰，終不過成爲一個細人。」細人就是心地狹窄，眼光短小，只知自私自利的人。

孔孟主張爲學要志在聖賢，熊先生也主張：

凡古代大人物的精神，流露在他的著作中，後人讀古書，而默會古人的精神，則於不知不覺之間，感懷興起，方求向上，不甘自暴自棄而以與小人或禽獸爲伍，爲最痛心的事，使心胸開拓，魄力偉大。日用生活上，事事都是精心毅力流行，則已上追古代偉大人物，與他成爲一體了。

熊先生向弟子們提出爲學的態度是：戒俗心，戒輕心，戒賤心，戒驕心。何以要戒俗心？因爲，一個人的心思，若被世俗浮淺的知識及膚濫的論調所籠罩，他的思路必無從啓發，眼光必無由高尚，胸襟必不得開拓，生活必無有根據，氣魄必不得宏壯，人格必不得擴大。

何以要戒賤心輕心？熊先生說：「爲學最忌的是有賤心與輕心，這些不能除去，不足談到爲學。對古今知名之士，不知道這些人的學問價值是什麼？見人家崇拜，自己便跟著盲目崇敬，這就是賤心。輕心，就是自己本來對古人毫無所知，而愛用個人的意見，去衡量古人的長短，譬如讀一本書，自己識見本不夠窺其義蘊，而妄說：我已瞭解了。這就是輕心。賤心就是盲其目，輕心且更盲其心。有了這兩種心，想要在學識上有所成就，是絕不可能的事。對這種人，只合可憐他罷了，賤他惡他都是不對的。」

何以要戒驕心？熊先生說：「人的情感若有所驕矜，有所偏向，就會失其中正，而暴亂必至於不可止滅。對於仁義、人道、文明或其他美的標幟，若假借這些美名以自矜自尚，自封聖人，詐僞所至，必流爲兇毒。這是負責領導教化羣衆的人，應深知戒惕的。老莊皆對這些有所謹愼。」

爲了去俗心、輕心、賤心、驕心，熊先生認爲：凡有志於根本學術的人，當有孤往的精神。

熊先生把握了學思並重的原則，他讀書極博，他說：自己對於羣經要旨，平生用過苦功，不像一般人只是浮泛的見聞知解的學問。又說他平生治學，奉博約爲準繩，說到方法，他認爲只有引用岳飛的「運用之妙，存乎一心」來作說明。他認爲：哲學家不只是鑽研某一家學派的說法，應當從上下古今，觀其會通。不僅是翻弄名詞，而當深窮真理。不僅是依據科學，而當領導科學，使科學的知識得到哲學的啓示與批判，而涉入宇宙真相。不僅是解釋宇宙，而當改造宇宙。不僅是思辨，而當如《禮經》中所說：博學、審問、慎思、明辨、篤行。達成王陽明所說的知行合一的學問。變更人類的思想，激揚時代的精神，涵養特殊的人才，這等大責任，全在哲學。

熊先生治學，從來不拘守門戶，卻有自己的悟解。他說：「老夫揮了許多血汗，讀宋明學者的書，不滿意。讀六經四子，也不深契我的心。讀老莊的書，乍喜而終於捨棄他們。讀佛家唯識宗的書，始好而終不謂然。讀般若佛經，大喜，而嫌其未免耽於空寂。最後用反求於自心，久而恍然有悟，始嘆儒家的《易經》，佛教的《般若經》，皆在真實根源的甚深處，確有發明。儒家的窮神，而不能深深的體察到寂然處，便將發生滯有的缺陷。佛法歸寂，而過分比喻於幻化，反會有耽空的拖累。在空寂上，而認識了生生健動的精神，在生生健動的精神上，而見出他是湛然沖寂的。反求我的自心，覺得道理實在是如此的。自此以後，復探究《華嚴》、《楞伽》、《涅槃》等經，更回思無著、世親的學問，以及中國本土晚周諸子，所有宗門的大德，宋明諸老的學說，覺得這些眾賢羣聖，造詣不齊，卻都有自己的得力長處。乃至西方哲人所研究宣示的見解，也莫不是大道的散著。我析其異，而會其通，去其短，而融所長。則一致而百慮的奇詭，殊途而同歸的至妙，這種偉大奧妙，都具備在我的身上。而後，我才相信：證真，即妄法也是真的。隨妄，則一切都是淪沒無倚的。感懷世變，我很想宏揚儒學。德治，禮治，都是以性地爲根源。從這裏出發，就可以挽救失掉人性的慘酷，而要使世間不異涅槃，便不能光靠耽空的佛教了。大凡一個人爲學，眼光透上天去，還須遍觀大平地上的萬類，始能有所獲得。天在上麼？地面地下，莫不都是天。只知仰視，不知俯察，不能說是見到了天。況且連仰視也沒去作，而敢妄臆的說自己是見到了天嗎？」

熊先生的治學，固然得力於研究佛典。他說：佛書不易讀，讀的人必具四個條件：(1)抽象力極高：否則於其高廣幽深的玄境，不可攀援。(2)分析力極強：否則於其方方面面，無窮的義蘊，尋不著端緒與脈理。(3)會通力極大：否則如盲人摸索於大罟，終不得其綱領所在。(4)必有廣大心、真實心：不是只在語言文字上作活計，以膚亂的知解，誑無知，趨勢途者。有此修養，方許瞭解文字，而終會意於文字之外。智慧之神，不會來居於雜染心中，此事宜知。上列四條件，缺一不可。而第四條件爲根本。

熊先生認爲：我們今日求爲己之學，只有下功夫去創生，凡所創生，都要有所依據，憑藉以爲創生的基礎。不是突然憑空撰出什麼物事而始叫做創生。人所有的天性、本心、明智，也是從人本身創生的，若自恃這都是固有具足的，而只以滅除物欲去下功夫，物欲也是人的生生之具，豈能說都是惡的害的而都滅去嗎？縱滅到極點，也不是體天立極之道，所以，我的爲學，主張一個創字。這是我自己切實的體驗，從孔孟遺訓中去徵察，也是相符合的。

熊先生說：我們必多讀古今書籍，以補自己經驗的不及，而又必須將書籍中所發明的部分，用自己經驗來反省，辨別它是否妥當，若不這樣，又將爲書所欺騙而不自知。

治學方法，是求得知識的手段和途徑。以網得魚，以箭得鳥。方法不對，目的難得。西方人的求知方法，形成了哲學上的知識論。西方哲學的知識，大概說來，只重在感性的知識、理性的知識。中國人更有一種自性的知識。這自性的知識，是超乎感性與理性之上的，西方宗教家有一種超性的知識，只一意上求，與此相似而實不同。中國人的自性的知識，實乃將超性的知識涵攝在內，上下一貫，天人合一。這種自性的知識，又可名爲真性的知識，本性的知識。當然不能用西方哲學的感性方法或理性方法去求得。

哲學大概有兩個方向，一是知識的，一是超知識的。西洋哲學屬於知識的，從科學出發，所發現的真實，只是物理世界的真實，而本體世界的真實，畢竟無從證會或體認得到。中國與印度佛家哲學則是超知識的，尋著哲學本身的出發點而努力，於科學知識也有相當基礎，像中國先哲，對物理、人事，均有相當的甄驗。他們所以證會或體認到本體世界的真實，是直接本諸他的明智之燈，易言之，這個是自明的理，不倚感官的經驗而得，也不由推論而得，所以是超知識的。又當知道，超知識路向的哲學家中，佛家大乘空有兩宗，有用邏輯做護符的。中國哲學，更有一意深造的自得，而不事辯論，竟用不著邏輯。

熊十力先生雖是繼承中國聖哲相傳的血脈，卻並不反對知識、經驗與科學。有一個學生問他：「知識的來源，自是先天的理性的活動力，先生何以要純歸之經驗呢？」熊先生答：「先天理性的活動力，本不可否認，它當然是明智的功能，沒有它，不會成功知識。但若把我們的日常經驗剝奪得乾乾淨淨，空賸下先天底理性的活動力，看它還會不會發生知識？經驗的材料，譬作模型。先天底理性的活動力，可以說是摹寫的畫師，不過畫師摹寫的時候，他的自身也沒入模型中去了。」理性的活動力，埋沒於經驗所有的模型之中，豈不是完全物化了？豈不是明智之障？熊先生認爲：「人自有本能的明智，只要錮蔽不過於沉重，便時而有一種曠觀，游履高明，能照見他的知識是物化了的，是限於經驗界的。若涵養有素，常得明智出現當前，不但不妨礙經驗界極盡其知識之能事，而也自會有超脫的意味。」凡向外探求本體，都是虛懸一個可追慕而不可實得的理想世界，作爲目的，向之奔赴。因此便有一種超越感，與宗教情感相同。宗教以爲上帝是外在的，是超越於萬有之上的，即因之而起超越感，向上帝追求。中國哲學有一種特別精神，即是治學方法，根本注意體認。體認就是覺入所覺，渾然一體，而不可分，所謂內外、物我，一異，種種差別，都不可得。須知真理不是他物，即是我人所以生生之理，也就是宇宙形成之理，我人生命與大自然即宇宙，是互相融入而不能分開的，同是此一真理顯現的。

體認，又名智證，或名證量。智指性智，證是證知，不是知識的知。智證，就是性智的自明自瞭。西洋哲學向外探求本體，所以偏重於理智與思辯。中國哲學在反己而認得本體，所以要有特殊的修養功夫，終於超脫理智，而得證量。證量，部是在本體呈露時，烱然自明自瞭的意思。又叫證解。反己就是修養功夫，只是去私，把私慾克除盡淨，使本體呈露而無障蔽。

人能涵養本有的性智，而勿放失，則後起的理智作用，與一切知識，也都是性智的發用。科學便是站在經驗範圍內，把一切事物看作客觀獨存的，用理智去摹準它、剖析它，所以，是純粹知識的。哲學所有的事，是要剝削經驗界的一切雜染，而證會實體。人的良知，即是實體。良知烱然自知，便是證會。王陽明指良知爲實體，理也相同。哲學若只用知識去推度實體是如何如何，自然是錯誤了。開始學哲學的人，不能不在知識的路上轉折幾番，卻不可長此自誤，須作鞭辟近裏的切己工夫，到了深造自得，居安資深，左右逢源的時候，才忽然見得自身有一個主宰，渾然與萬物天地同爲一體，健行不息。

熊先生談到爲學時，說：「爲學是一種苦事，也是一種樂事，唯有真正有志於學問的人，乃能忘其苦而知其樂。若他一心想在學問上有所造就，則凡世間的一切富貴榮譽，都不能去一顧。甘於貧賤，忍受澹泊，豈不是最苦痛的事嗎？功名富貴，只是世俗之樂。有志於學問的人，不以這種世俗之樂爲樂，縱或得不到，也不會有痛苦。世俗的快樂，是心有所追逐而生，有所追逐，痛苦必然隨之而有。逐利的人，疲精敝神的去營謀，患得患失，心緒不寧，雖得到利，卻無片刻之安。逐名者，徘徊周旋於人心風會的迎合中，受毀譽的情感撥弄，雖得到名，卻無自得之樂。逐物，得到必不能久守，不能久守，失掉此物則痛苦更甚。世人所說的樂，恆與苦相對，豈是有志向學的人所願貪圖的？有志向學的人，不貪世俗的樂，也不會有世俗的苦。孜孜求學，不顧其他。到了學而有得，便感到悠然油然，有包絡天地的氣概。這是學人之樂，這才是真樂，毫無痛苦相隨。這豈是無志向學的人能懂得的嗎？」

對於研究學問，熊先生雖主張以本國學術爲根本，而尤貴吸收西洋學術思想，以爲自己改造與發揮的資源。對於書院與大學教育，熊先生認爲：兩者不容偏廢。凡自然科學的研究，需有宏大的規制與設備，自非有大學及研究院不可。像文哲、歷史、政治、社會等學科，則盡可在大學文法各學院以外，由踐履篤實，學術深醇的儒者，別立書院，以補大學教育的不及。書院的設立，一是保留過去民間自由研究的風氣。二是改正現行學校制度的弊端。如學生缺乏身心陶養，教材與科目龐雜。書院可以依準今世，從事一種新制度的試驗。

熊十力先生的治學方法，迄今恐怕仍爲西方哲學界及中國學西方哲學方法的若干人士所不甚明白。例如，賀麟就曾經這樣說：「至於他如何精研法相唯識之學，而又超出舊唯識論以創立新唯識論的甘苦經歷，作者不懂佛學，不能闡述。」

中國人學西方哲學的，常停留在哲學平面，缺乏向上一機，所以常鄙視中國哲學而高標科學，甚至主張「哲學消滅論」。熊十力先生認爲：現世科學複雜，科學重要自不待言，而綜合各種科學思想，以探究宇宙實相及人生真性，則不能不有賴於哲學。若對社會政治各種問題，高瞻遠矚，察微洞幽，數往知來，明辨得失，爲羣眾的先導，作時代的前驅，勵實踐的精神，振拔人類的憂患，都是哲學所有的事。

哲學是什麼？熊先生認爲：哲學是思修交盡之學。中國古無哲學之名，只有義理之學與哲學的概念相當。所以熊先生特別重視義理之學，認爲是一切學問的根本。中國學問雖有義理、經濟、詞章、考據四科，義理之學居於主腦地位。諸子百家之學，都要以六經的義理來衡斷其得失。習六經的義理，而自得於躬行之際，則經濟等科的學問，方有根可依。經濟不以義理爲本，則流於功利，甚至習爲險詐，以凶於國，以害於家。考據不以義理爲本，則以支離破碎爲務，而絕無安心立命之地，甚至對於有價值的問題，不知道去留心考察，思想便一天天的卑陋起來。詞章不以義理爲本，則性情會失其所養，神解便無由啓發，何足以表現人生？只習爲雕蟲小技而已。所以，四科學問以義理爲宗，義理又必以六經爲宗。

如何研讀經書？熊先生認爲：有志研讀經學的人士，當由宋代的學問，上追孔門的學問。漢學家的書，只可備作讀經的參考而已。宋代學問是入門。心性之學，先要研究王陽明的學旨，而後探究濂、洛、關、閩及陸象山兄弟的學問，則可知道王陽明學問的來源及他所以要反對程朱的原故。折而考究王船山的學問，王船山對生與有及動與性等四大基本概念，都是來自《易經》，中爲宋明諸大儒家思想之總結，下與現代思想融通，雖在本原處有所未透徹，而大義已舉示出來了。進而參稽新唯識論，旁治西洋學術，再上溯孟子。荀子確然不見本原，不是孔門正統。由孟子上追孔門，便得到學門的根本了。

熊十力先生又認爲：中國應融攝西學來擴大自己，但對我先哲的長處，卻不可捨失。今日研究哲學，應向西方理智、思辨路數，多下功夫。然後採取佛學、老學的浩蕩胸懷，宋明儒學的嚴謹態度，歸向《易經》乾元行健的精神，以達到富有日新，擴充無已的盛業。可惜今世的人，智慧太劣，不足以談這種大事。

熊先生說：我只希望今後的中國人，凡謹習我國固有哲學思想的，應發揚精要，並勤治外國學問，博採新的知識。更致力踐履，求思想與行爲之一貫。以此養成一種學風，中國學術始有獨立發皇的希望。至於對西洋學術，應各自由研究，力求精要，但對本國學問，如六經諸子等等，若有致力之暇，自當隨分參考察稽，否則也不必妄言輕詆。今後學術界如有此氣象，當無絕學之憂。民族雖危，終當奮起。也可以自淑之學，去拯救全人類。

熊先生說：我胸中的主張與趨向，就是要發揚先聖的道理，拯救民族的滅亡。也就是用此種道理，拯救全人類。這就是我六十多年來所提撕自己，警覺自己，嘗以此自己熏陶，而唯恐會喪失了這種理想。

三、哲學本體論

熊十力先生自己說：「吾學貴在見體」。這體，就是西方哲學所說的「本體」，這本體在西方哲學，是自康德以來所不願也不敢提及的一門大學問。中國古代哲學，雖然無本體之名，然卻有本體的概念。康德認爲本體是不可知的。中國古代哲人則認爲本體是可知而不可說的，「道可道，非常道」（《老子》）。「得意別忘象，得象別忘言」（王弼）。「書不盡言，言不盡意」（《易經》）。在不可說又需說與世人知曉，怎麼辦呢？老子只好「字之曰道，強名之曰大」。中國古人從不同角度來窺察宇宙本體，乃有了「道、大、一、天、性、體、心體、道心」等等不同的名稱，能會其意的哲學之士，則知此名稱雖然不同，所指皆爲本體則一。不能會其意的笨伯，常在言語名詞上生出紛爭。能會其意則爲「見道」，爲「慧解」。不能會其意而生紛爭，便是「下士」，「下士聞道則大笑，不大笑不足以爲道」（《老子》）。

熊十力先生的思想既是「貴在見體」，換句話說是「貴在見道」，自爲中國一般「下士」所不懂。西方人因語言的隔膜，也無法懂得。替熊十力先生在《大英百科全書》上寫略傳的漢米敦（C. H. Hamilton）老博士，對熊先生所說的本體，認爲「它的基本的性質即心，意志和意識的性質」。這很易引人誤認爲熊先生是唯心論者。賀麟在《當代中國哲學》一書中，直認熊先生爲「泛心論」。現在哲學界人士，尤其學西洋哲學而對中國哲學缺乏深度的人士，也視熊先生爲「唯心論」者。見一個「心」字便視爲唯心論，見一個「物」字便視爲「唯物論」，尤其唯物論者，見「致知在格物」一句，便說孔子是唯物論者，真是「愚而好自用」。

然則，對熊十力先生的思想如何去瞭解呢？熊先生的思想，直從中國文化思想的大本大源處生根，像對中國諸子百家的思想一樣，要瞭解他們，不可只拘泥於表面文字，要注意每一名詞所內含的概念。否則，必致「張冠李戴」，「郢書燕說」。

據熊門弟子王準記錄，有一天林宰平（志鈞）給熊十力先生來信說：「兄所作《新唯識論》語體本，立義、用意皆極好。立義方面，則能把握住體用不二之絕對一元論。中西及印度哲學說不通處，此書能通之，而更透出一關。中國古人非不依稀彷彿，似達此境，而見之未透，故握之不堅。兄獨玄珠在抱，横說豎說，百度不離宗，《新唯識論》是如此，《讀經示要》也是如此。《讀經示要》更加成熟」，王準見了這封信說：「西洋人談實體與現象，畢竟未得圓融，印度佛家，把生滅的現象界與不生滅的實體，說成兩片。缺點與西方哲人相同，都是根本不通，雖然自成體系，終是戲論。《新唯識論》出版，使真理高懸，如日中天，真是人天盛事」。熊先生笑著說：「真理沒有隱蔽，古今許多人都是一偏之見，所以得不到真理。只是個人雜著情感成見去推求，反而增加迷惘。」曹慕樊向熊先生說：「心物問題，西洋人一向聚訟不休，《新唯識論》，說明由體成用，譬如由大海水，現出眾漚，所以體用不二。衆漚各有現象可說，與大海水未嘗無分別。從本體上說，本無所謂心與物，因爲，本體是超越對待關係的絕對存在，備萬理，含萬善，至虛至靈，具有無限的可能，然實無形無象，無有作意。喚作物，固不得。喚作心，也不是。心是與境相對待的名詞，本體是超對待的絕對存在，如何會有心之名？從本體可以顯爲大用，從大用上說，翕則爲物，闢乃爲心，翕與闢，只是一體的流行，而表現爲相反相成的兩種勢用。在此等意義上，隨順俗說，則心與物都有，不可以心消歸於物，而說是唯物，也不可以物消歸於心，而說是唯心，致而只在翕、闢或心、物二勢用中隨執其一種，便以爲是第一因。這都是不對的。因這些都是對待的說法。《新唯識論》告訴人們，不得執取任何一方而言唯，若明白翕闢成變的道理，就不會執取任何一方爲第一因。如此便沒有唯心、唯物之弊。」

「印度哲學，數量、說境。量有現量（直接知識）、比量（推理知識）。境指識（意識作用）之對象。佛家的唯識論，有八識與種子的一套說法，卻是一種堆集論。八識，已是拆得很零碎。種子也是衆多顆粒。不是堆集論是什麼？這種說法不合乎真理，是很易見出的。」

熊先生說：「哲學家談本體者，大抵把本體，當做是離我的心而外在的物事。因憑理智作用，向外界去尋求。由此之故，哲學家各用思考去構畫一種境界，而建立爲本體。紛紛不一其說。不論是唯心唯物，非心非物，種種之論，要皆以向外找東西的態度來猜度。各自虛妄安立一種本體。這個，固然錯誤。更有否認本體，而專講知識論者。這種主張，可謂脫離了哲學的立場。因爲哲學所以站腳得住者，只以本體論是科學所奪不去的，我們正以未得證體，才研究知識論。今乃立意不承認有本體，而只在知識論上鑽來鑽去，終無結果。如何不是脫離哲學的立場？凡此種種妄見，如前哲所謂道在邇而求諸遠，事在易而求諸難。此其謬誤，實由不務反識本心。易言之，即不瞭萬物本原與吾人真性，本非有二（此中真性即謂本心。以其爲吾人所以生之理則云真性。以其主乎吾身則曰本心），遂至妄臆宇宙本體爲離自心而外在。故乃憑量智以向外求索，及其求索不可得，猶復不已於求索，則且以意想而有所安立。學者各憑意想，聚訟不休，則又相戒勿談本體。於是盤旋知識窠臼，而正智之途塞，人顧自迷其所以生之理。古德有騎驢覓驢之喻，言其不悟自所本有而妄向外求也。」

熊十力先生所說的本體，沒有固定的名詞，頗與老子「道可道，非常道」的意味相同。他說：「本心是絕對的全體，然依其發現有差別的意義，所以不得不多取些名詞。……一名爲心，是主宰的意思。……二名爲意，有定向的意思。……三名爲識，是指本體的發用。……藉感官去瞭解外境的，名叫感識，……不依感官而獨起籌度的，名叫意識。所以，心、意、識三個名字，各有所取的意義。心的名詞，主要是指宇宙的統體。意的名字，主要是指萬物皆各具有殊相與本性。識的名字，主要是指能瞭解外境。」他答覆別人的詢問時說：「真如，就是本體之名。本體這個名詞，是賅括萬有而說明它的原委，就是遍爲萬法的實體。萬物就是一切的物。就我們本身來說，這就是本心。正智，就是這個本體或本心。正智，是說他昭昭明明，無有虧欠，無有昏蔽，是一切智識的本原，是萬善之所從出。」

熊十力先生認爲心無內外可分。在知的作用上，心有返緣之用，可以自明自瞭，則不妨說爲內向。心有外緣之用。可以緣慮一切外境，則不妨說是外向。實在說來，境不是離心獨自存在的，雖假說爲外緣，畢竟無所謂外。在返緣時，如體是炯然無所繫依的，在外緣時也是如此。知體恆自炯然，無定在，而實無所不在，何可橫截成內外之別，《中庸》說：「合內外之道，故時措之宜也」，就是這種道理。

有人見熊十力先生用本心二字來說明本體，便說他是唯心論，他在給友人的信中說：「我的唯識論，雖是從印度佛家嬗變出來的，而思想的根底，實乃源於《易經》，旁及老子、莊子，下迄宋明鉅子，也皆有所融攝。囊括萬有，主要歸於認識本心。此所說的心，與西洋唯心論者所說的心是截然不同的。此意未可以簡單言之，更難向不知者去說。試想，我有生命，必有所以生的道理。這種道理在我們生活日用之中，是流行不息的，就是我所說的主宰我身而不爲形役的本心。」

熊先生認爲：西洋哲學談本體者，常不免隘於戲論，只把本體，看成是超乎法象之上而獨在，當作外界的存在物，刻意去推度，所用方法，就是析物的方法，如所說的一元、二元、多元等，則是數量的分析。唯心、唯物、非心非物等，則是性質的分析。熊先生告訴牟宗三說：新唯識論所談的本體，歸本於性智，仍是申王陽明的宗旨，但王陽明究竟是釋、道二家的成分過多，其後學遂走向狂禪的道路。因佛家唯識論識本體是潛隱於法象的背後，道家視本體是空洞寂寥，包含宇宙萬象。熊先生說：「我所說的明智，與王陽明所說的良知有所不同，王陽明以爲良知是固有具足的，這是純依天事去立言。我和王陽明都認爲明智只是一個人的天性的萌蘗，但我更主張明智的擴充卻要靠人自己去開創，這是就人的能力來說的。便與王陽明不同了。王陽明說草木瓦石都有良知，我卻不能說草木瓦石都有明智。」

熊先生的新唯識論，在談宇宙本體方面，是把佛家的空寂，道家的虛靜，《易經》的剛健與生化等道理，融合爲一體。認定：⑴宇宙實體具有複雜性，無限可能性，非單純性。⑵體用不二。⑶心物不可分割。是一而非二。新唯識論談本體，於空寂中識得生化之神，於虛靜中而見出剛健之德，融釋、道二家於《易經》思想，而抉造化的蘊藏，立人生的極則。若只說生化與剛健，恐將如同西洋的生命論者，他們所說的生命衝動，與佛家唯識宗所說的賴耶生相，恆轉如瀑流，直認爲習氣是生命源流，有同一錯誤。若如一般釋、道，只證寂靜，不悟本體原來是寂而生生，靜而健動，則將溺於寂而滯於靜，如佛家有反人生的傾向。否則至少也如老莊的末流而流於頹廢。新唯識論，所資至博，所證會獨深遠，達天德，立人極。人道繼天，就是繼其生生不息之健，富有日新而不已。新唯識論，是超知識的，不是反知識的。

談到知識之發生，熊先生認爲：「見體以後，必依性智，而起量智。便是昔年儒家所說不廢格物窮理之功。量智，是緣物而起的。一切物，皆是本體的流行。量智是向外推度的，把本體當作外在的物事推度，只能停止在所推度的物事上，本體便不會呈露了。見體，是本體呈露時自明自見而已。有智慧的人，當覺悟到量智的效用有限，而返回到性智，以立大本。」

新唯識論的哲理，是圓融無礙的，若拘泥於一端，便難窺見此書的沖旨。宇宙本體，是渾然全體流行著的。依此流行，現出一翕一闢的勢用，假說爲心物，翕爲物，闢爲心，實在說來，此二者都無實物可容暫住，這就叫作大用。把體用分開來看，心物具不能成立，若攝體歸用，用不孤行，必有翕闢二勢，則心物俱得成立。若從大用識其本體，心物二者，都是真體的自我呈露。西方哲學，總是將人生與宇宙割裂，談宇宙的，只是要給物理世界一個説明，而其爲説，很少有從人生真性上反躬體認得來。本體在人類萬物，原是一體。本體雖人人俱足，然而一個人由父母生下來，便受形氣所限，又每受染習的束縛，所以本體便不容易發現。人生如果不務擴充自己固有的德用，便是失掉自己的本體。新唯識論，提出了創淨習與成能，旨趣最是沖和。宋明學者被釋道二家所誤，新唯識論可以補救其缺失。新唯識論，是鑑觀西洋，平章華梵，囊括大宇，折衷眾聖，在本體論上開一新途徑的學説。

四、論歷史文化

自從我國第一位大史學家司馬遷，由於「通經致用」，據經書的義理寫成偉大的《史記》一書後，二千年來，我國歷史學界即以博通經史爲風尚。西方人直到近代，始有索羅金等人提出「哲學家寫歷史，歷史家寫哲學」的主張。因爲哲學家寫歷史，足以憑哲學智慧，衡論歷史的得失，這種看法，正與我國自古「博通經史」「通經致用」的主張相符合。

熊十力先生雖然並不是專門的史學家，但他的博學多識，與精鑑古今的學養，不僅表現在哲學的本體論上，尤其表現在他衡論中外古今歷史文化與各家學派的評論上。

我們知道，評論是最不容易的事，要字字褒貶悉當，必先對所批評的學問，有透澈的瞭解，這是要能入乎其中。能入而不能出，也無法持空鑑衡，所以更要超出於此所批評的學問之上，俯瞰全面，窮其秋毫，如此再衡之我心，慎下評語，方不致說外行話而成爲浮淺的批評。熊十力先生的評論百家，正如他自己所說的：「我有法眼，一切如量。」由而也可見出他是「所涉獵者廣博，貫穿經傳，融會佛道，旁探西方，馳騁古今上下數千載間，斯亦勤矣」。雖然，熊十力先生並未寫成衡論歷史文化的專書，他的衡論歷史文化，只散見在他十多種著作中，如《子貞心書》，文言本《新唯識論》，語體本《新唯識論》，《讀智抄論》，《因明大疏刪註》，《破破新唯識論》，《十力語要》，《十力語要初續》，《佛家名相通釋》，《中國歷史講話》，《韓非子評論》，《原儒》，《體用論》，《明心篇》，《乾坤衍》……等。我發現他的歷史文化修養之高與衡斷之精，深覺這種衡斷的智慧，也正是我今日歷史學界所最缺乏而當引爲參考的，所以乃從他的全部著作中，擇錄這一類的資料，按中國歷史上的朝代排比分期。

1 論唐虞至晚周思想

熊十力先生對於唐虞至晚周的情形，曾指出說：「吾國自唐虞到晚周，有悠久高深的文化。《易經》、《春秋》二經，通天化、物理、人事，從觀察宇宙的變動不居，而知道隨時以各協於中道（天是宇宙天體之目。天化，是指本體的流行。執中的道理，自顓頊始明白。《史記》稱他是執中，而天下平。《論語》，堯命舜說：允執其中。舜亦以命禹。《孟子》說：湯執中。《春秋》周室劉康說：民受天地之中以生。《易經》的道理是隨時處中。孔門演繹《易經》的主旨，作成《中庸》。故孟子稱孔子集大成，其脈絡的然可尋）。下推到治理，便達到天地定位、萬物並育的盛況。視那些僅以矛盾法探測變化的，他們豈不亦得其似，而未究其真嗎？矛盾法，易學家與老子所說有分別，反者，道之動。然反，而未嘗不歸於沖和。沖和就是仁。仁就是中（仁何以亦名爲中？須深玩劉子人受天地之中以生的說法）。儒家的道理，含弘萬有。究其極，不外中道而已。人類如有趣向太平之幾，必待儒學昌明而後可達。此是我所斷然不疑的。」（《中國歷史講話》）「《周禮》一書，現在有人以爲是漢人所作，或爲六國時候的人所作，我向來以爲此書本出於儒家，但融會法家思想，以爲《周禮》似乎把民間萬事，都加以嚴密的組織，故像法家。後來自知有錯誤。此書確爲孔子傳授是無疑問的。《論語》記孔子說：『吾其爲東周乎？』其全副經綸，都從這本書中見出。現在的人，也多知道此書的價值，對於國計民生，一切計畫，設計得周到而又廣遠，真是上天下地，無不包羅，沒有纖毫遺漏的地力。這本書的組織，以官爲經，以事爲緯，大概原以周代制度爲根本，而推演精詳，構成了一部大典，留給後人。這本書決定是孔子的口說流傳下來，他的學生記錄成書，大概在孔子死後五六十年。後來的儒家，如孟子及荀卿的文字，看來都與《周禮》不同。實在說來，儒家政治思想，本不是任人民各自散漫，不相爲謀的。如果可以任人民散漫，還有政治可言嗎？儒家思想，本來細密，即舉一部《儀禮》來說，條文是多麼的詳密！」（《讀經示要》上卷）

「晚周時代的人，各用其思想而莫不淵廣，各行其是而莫不充實，不尚眾寵，不集一途，浩蕩活潑，雄於創造的風氣可說都作到了。」（《讀經示要》上卷）

「晚周學術思想，已稱極盛。諸子百家，分途發展。家就是指專門的學問。如算學、天文、物理（周公造指南針古代已有物理知識）、醫藥（古代發明最早）、工程（秦時李冰，工程知識已高）、機械（孟子稱公輸子之巧）、地理（鄒衍之說略存）等等知識。子學，即各派思想，猶今日所說的哲學。儒、道、名、墨、法、農，皆是大宗派。而儒爲正統派。」（《中國歷史講話》）

「儒家祖述堯舜，憲章文武，其道甚大，天地變化的道理包括在其中，而決不會超過範圍，也能把萬物生成的道理都說出來而不會遺漏，所謂致廣大而盡精微，極高明而道中庸。諸子百家都是由此產生的，本爲中華民族的中心思想，今天實在應當發皇光大。但不可如宋儒的拘礙。對道、墨、名、法，要兼容並包，去其短，採其長，即外來文化亦不拒絕。吸取其優點、思想不限於一途，而未嘗無中心。譬如人的五官百體，各各發展無礙，而腦為中樞。若僅保護頭目，而不顧四體，未有能生存的。我常贊美宋儒的功勞，而病其拘礙。應當永懷當今，遠資殷鑑。墨法二家優點，我都贊同。墨子的邏輯謹嚴，是《易經》的正名定辭的學問。墨子精於製造，是《易經》制器尚象的遺風。兼愛兼利，即是《易經》所謂利者義之和也，兼利的主旨，又即是《大學》以理財歸於平天下，及絜矩之道。人類欲免於自毀，舍此道路便無路可走。墨子主張大同，是《春秋》太平的意義。其抗禦侵略，是《春秋》無善戰及書梁亡的意思（書梁國自亡，是歸罪其不能自在）。墨子摩頂放踵，以利天下，與殺身成仁相同。墨子通於儒家，豈止一端而已？孟子說：徒書不足以為政。則已兼採法家思想。然又說：徒法不能以自行，則儒家的主張，畢竟有不可顛撲的地方。商鞅以法治，使秦國富強。立法之初，躬身實行，是以其法有效。諸葛武侯尚法治，而本於開誠心，布公道。故能以法治，而開蜀漢之基業，以儒術融法家而為政治，我與武侯主張完全相同。」（《十力語要初續》）

說到民主思想，熊十力先生指出說：「中國自伏羲以來，即有民主自由思想，伏羲畫八卦，《易經》中首先明示民主自由，乾卦說：羣龍無首。無首就是不立政治首長。武王伐紂，也是見得此理。伯夷擁護紂王，卻是未見此理。孟子用王道說諸侯，不是主張行道以尊周室，是主張行王道以得天位。孟子說的民為貴，社稷次之，君為輕。後世的人疑孟子有教諸侯篡奪的罪，是不明白這種民主自由思想的緣故。荀子也說：殺然後仁，奪然後義。上下易位然後貞。也是民主思想。」（《讀經示要》上卷）

現代許多人指責中國人不懂民治，或說：中國有民主思想而無民主制度。熊十力先生指出說：「周官的地方制度，與管仲治齊、蔿叔治楚、子產治鄭，誰不是主張治起於下的呢？」

對於哲學與民主思想之發展，熊十力先生也指出說：「中國古代，神州大陸，雖無海國的交通，但是列國並立，朝聘、會盟、征伐，使文物制作方面，各國都互相爭雄奇。很像今日歐洲列強。春秋戰國，政權由貴族而平民，農民成了公民，哲學思想，如十個太陽並出，萬花同時開放。」（《中國歷史講話》）

「列國之世，各國轄土較小，人口較少，公朝的政令容易達到民間，君卿大夫與人民接觸也較爲密切，人民互相團結而參與決定國家政事，也很方便，古代民權發達，是有原因的。」（《讀經示要》上卷）

「春秋時代，霸主猶矜尚仁義，以文飾他的功利企圖。到了戰國，已不再假託仁義，而且猶如猛獸狂逞嗜慾。秦因而能吞噬六國，不旋踵而也自毀了。」（《中國歷史講話》）

2 評秦漢時期士風

中國文化思想，到了秦代便發生了變化。熊十力先生說：「中國自秦政夷平六國而爲郡縣，定下帝制的局面，思想界自是開始凝滯（參考《讀經示要》第三講）。秦人殘暴，毀文物，民眾也不能安生。百家的學說先亡，書籍不傳。子學的書，存下的也殘缺不全。然諸大宗派，猶略可尋究。」（《十力語要》）

「自呂政掃平六國，改封建爲郡縣，使天下的人各守一邱一壑，老死而無所聞見，無所廣益，又厲行一夫獨裁的政體，絕無民意機關，人民不得互相集合對國家貢獻力量。大一統後，不但學術思想少變化，且因疆土廣遠而交通困難，人民眾多而接觸困難。天子、相臣，與億兆庶民，成了疏隔的局勢。每有政令，不易迅速達到民間。地方監司守令是否賢良，朝廷常不易督察，偶有英明君主和賢相，能夠慎選疆吏，精於考課，則吏治成績較好。民眾獲得安居。因此種君相，不能常常出現，所以，政治敗壞成了常事，政治修明時期，反而很是短暫。人民既相互疏離不容易團結，便日趨於散漫，更不喜參與國政。久而久之人民都只各為自己身家作打算，不以國事為念了。」（《十力語要》）

「漢代開國，在秦代嚴苛制度後面，只好用苟且簡陋的辦法，終未能自樹一代的基礎。天下安在這箇便風氣下面，當然不能建立大規模，成為康樂昇平的景象。」（《中國歷史講話》）

「漢高祖欲易太子，到老衰將死時，計畫實行它，終因四皓擁護太子而不果，在漢高祖年已衰竭之餘，猶能夠敬服善類，顧畏天下清議，此豈一般人所可能的嗎？」（《十力語要》）

對於漢代學術思想，熊十力先生指出說：「民治思想，漢以來時有發明，東漢桓帝巡幸竟陵，過雲夢，臨沔水，百姓莫不觀看，只有一老人獨耕不輟，尚書郎張溫覺得奇異而問他，老人說：『立天子以作天下人的父親嗎？役天下的人以侍奉天子嗎？今天你的君王，勞人自縱，逸遊無忌，我為你感到羞恥，你何忍心要人家去觀看呢？』張溫聽了慚愧不已，問其姓名，老人不告而去。此老人即是有民主思想的人，惜當時郡縣時代，不易向閉塞的羣眾宣傳，只有抱憾以終。」（《讀經示要》上卷）

「漢代的經師，約有幾種好處：一、保存古代義理，功不可沒。二、服膺經訓，確立信條，躬行甚篤。如孝弟力田等信條，漢人特別提倡，一切道德均依此根本信條發生，孝弟為萬德的萌芽。力田即是注重勤勞，與自食其力。故漢代的人篤實，無僥倖之風。但到了東漢，此種意思便漸衰落。三、通經致用，不徒侈博聞，不只事箋注。但其致用，只是在帝政下談匡濟，如輔君德，及用人行政方面，竭力以圖功效。四、西漢的儒者，其尊信經義，期能實行。至有觸犯皇帝而死絕不安於沉默的人，如眭孟、蓋寬饒等，欲實行經說中天下為公的宗旨，乃悍然根據經義，上書皇帝請其退位。當昭宣時代，朝無莽操，野乏伏戎，其本人又無私黨。而純以崇信經義的緣故。但至東漢，則桓榮之徒，以治經干祿，後世的經生，心術益不堪問。漢學有四種好處，今之學者，應當恭敬的奉持。」

「漢代賦稅，寬農民而多取於商賈，且有國營事業，政策為後世所不及。」

「漢代的經儒作朝官的，對於國計民生，確能熟籌利病，而施行在政治上，可見漢儒通經致用，實在堪擔當世事，漢代政治賢於後世的實在不只一端，可惜治史學的人多為無謂之考據，不能於有價值的問題上去留意。」

「漢以後的中國人，其智德力各方面，日以低落，很少有昌德碩行，很少有高深理想，很少有偉大氣魄，東漢以來，二千餘年間，常為夷狄與盜賊交相宰割的局面，非是天數，而是中國人自造的悲運。中國社會常流行各派思想，即在關閉的時代，已是長劫委靡，況當西洋文化侵入，怎能夠支持呢？」（《十力語要初續》）

「儒學，主張內聖外王，能夠包絡天地，所謂廣大悉備。漢代學者的考據之業，只於經籍中，注意各物度數的訓釋，其於聖學王道的大全，茫然不知過問。所謂廣大悉備，全不理會。又自漢代，承接秦代帝制的局面，常以祿利誘儒生，使之安於瑣碎，而不暇心研究高明，其疏釋經訓，則皆以隨順帝制爲主，試綜觀羣儒注經，訓釋雖繁，但撮舉大義不過都是以三綱五紀爲常人作寶訓。故凡君德，臣道，士大夫只修身性而已，致於進退、出處交遊，取予之節，漢儒皆隨處申說。難道六經大義，只是如此而已。三綱定而君權不可搖，以言倫理，則人只有服從君上的威權，長爲奴隸；父子之親，誠不可忽，然兒子孝親，在養志怡情，而子女的思想行動，爲父母的固不當一切加以束縛。妻言齊也，經訓未嘗重男輕女，後儒便失此義。若說到君德，而不想到作君王的人不必有德，則會如何？如此則民眾不務自治，不求自主，而只仰一人有德，以臨乎上，恐堯舜常生，亦難爲治。〈帝典〉記載君臣關係，如手足情誼，《易經》稱湯武革命，順天應人，未嘗尊主而卑臣，荀子說臣民如遇無道之君，殺然後仁，奪然後義，上下易位然後貞，此與孟子主張相同；後儒全失此種意思，所以王莽、曹操一類的人，遇到昏君，卻正當儒生曲解經書意旨，成爲風尚，乃不得不用極卑汚險陰的詐術，篡奪帝位，希圖避開天下後世的譏罵。自是政治一途，日習於汚賤，君王得位，其情不可昭示於人，臣事君，唯習於奴隸道德，而不求理所當否；二千餘年來，夷狄強盜能乘機而竊大柄，正是利用此種汚習，豈不可悲？士大夫修己之道，漢以來講的人，不外講獨善其身四字，《論語》己立立人，己達達人，《中庸》成己成物；由、求諸子皆立志爲邦，孟子有兼善天下的志願，漢代經師考核之業，對於此方面似乎漢然無所觸。」（《讀經示要》上卷）

熊十力先生又分析說：「漢魏之際，是中國文化寖衰而將變底時機；李唐之世，民德不渝（是時民俗，任俠尚義，故武帝、衛、霍能用以掃平胡虜），國力極盛（北逐強胡，西通西域，西南拓地亦復廣遠）。推論到政治，則地方制度之良，吏治之美，頗富有民治精神。器不楛惡，工藝足稱。商旅遠涉異域，不避險難，真可稱謂盛世。只以大一統的緣故，天下習於一道同風，朝廷又開祿利之塗以獎經術，於是思想界始凝滯而少活動。則衰象已伏於此時。又自漢光武宏獎名教，士大夫皆思以氣節自見，始於激揚，終於忿矜，氣宇便日以狹小。」（《十力語要》）

「漢以來，猶立學官，經師都在傳習訓釋，朝廷也用以取士，於是羣相頌美，以為儒學甚盛，而不知儒學至此，名存而實亡了。」（《讀經示要》）

「中國的衰象，萌芽於東漢，顯著於魏晉，其極於五代。西漢時代的士大夫，大概都渾樸質實，很少見到飾偽盜名的人。到了東漢，始有所謂名士，結黨標榜，激揚名譽，互相稱題照拂。郭林宗用偽飾的行為去驚世駭俗，浮譽超過實情。陳仲弓號為重厚，實在是工於揣測，以迎合君主的私意，自己則藏拙而養聲望，只求保全自己遠避災害，真可算鄉愿之雄。其餘黨錮諸公，都是毫無學養，經世的策略，全不講求，只知矜名使氣，招致禍敗。王符的《潛夫論》，痛言當時朝野習俗，奢淫貪污。當時外戚豎宦的贓污貪冒，勢回天地。將帥賄賂朝貴，剝削士卒，絕無人理。天下各州州牧，對人民以敲詐剝削為務，以殺害無辜為威風，以聚斂整辦為賢能。一眨眼就有人被殺，一喜怒就有人覆尸。把人民看作寇仇，加重稅不顧人民死活，心狠直如豺狼。東漢學風士習，既如此虛浮標榜，一切誇而不實，社會政治的敗壞，自然無可挽救。五胡的慘禍中原，就因此而萌芽。」（《讀經示要》上卷）

「東漢時，我民族已潛伏有衰象，此一原因，即是早婚的陋俗已成。早婚習為故常，人皆體氣衰薄。人民智德力等方面，日就衰退。古代男子三十而娶，女子二十五而嫁，足徵對生理極有研究。東漢以後文人，年三十許，便傷老大，學業也難深造。」（《中國歷史講話》）

「西漢時，社會貧富不均。貧民遇飢餓，常有賣身爲奴的。兩漢對於解決貧富問題，非不留心。但其抑商的政策，紆拙而無大效，吏治又不可常恃，東漢中衰，外戚宦官竊得政柄，吏治已壞，盜寇便時起作亂。」（《十力語要》）

「漢以後的名儒名臣，對政治社會總不外維持現狀，不敢作重大的變更，例如廢除帝制的思想，就決不會發生，但他們在用人行政上，卻有一副實在的本領，他們擔任天下大事的志願，也是可欽佩的。這是值得我們今天的學界去研究學習的地方。」（《讀經示要》上卷）

「科學思想，中國並不貧乏，天算、音律與藥物學等，皆遠在五帝時代即已發生。工程學，在戰國時，已有秦國李冰，神巧的地方，今天的人尚不能作到，若非工程學已講求有素，豈可一蹴而幾，東漢張衡發明地動儀，可知古代已精於算學，漢人猶未喪盡，可見晚周諸子百家之書，必多富於科學思想，秦以後，漸漸失傳了。即以儒家的六經來說，所存者幾何？孔門有三千七十弟子，《論語》中的話也並不多。況百家之言，經秦代摧毀，與六國衰亡時被散失了。秦以後大一統的局面，人民只有守固陋的習慣生活，科學思想亡失得將盡，也是無足奇怪的事。」（《十力語要》）

「中國人，知不外馳，情無僻執，乃是中國文化從晚周發源，便與希臘不同。希臘人海洋生活，愛好知識，向外追求，其勇往無前的氣概，與活潑潑的生趣，固爲科學思想所由發展的根本條件。中國乃大陸之國，神州浩蕩，綠野青天，渾渾無間，生息其中的人民，上下

與天地同流。神妙萬物，無知而無不知。思想已超越知識境界，而何必要去匆遽外求，侈小知以自喪其渾全呢？」（《十力語要》）

對於漢代學者，熊十力先生也舉證有所批評。他說：「漢高祖開國時，四皓抗高節於窮山，不受高祖禮聘，高祖也不敢相迫，這就是保全士大夫的氣節，培養學脈留存國命的好作風。」（《中國歷史講話》）

「汲黯以誠直的態度立於朝中，漢武帝不戴上冠不敢出來見他。汲黯嘗面斥武帝外施仁義卻內多欲，武帝也優禮相待他。汲黯這種以直道爲朝廷的矜式，關係政治風氣很大。」（同上）

「董仲舒未見性，確是確論。他言天，頗有宗教家意味，他談性，則猶是秉承荀子的說法。」（《十力語要》）

「董仲舒的《繁露》，是本於《易經》、《春秋》，以闡明邏輯的要旨，他說：物莫不有凡號，凡號就是玄名與公名。號莫不有散名，散名就是隨物各自取名。所以，事各順於名，散名以說明物的自相，凡號以說明共相。名各順於天，天是自然之理，是萬物產生的根源。天人之際，合而爲一。名由人取，而順於天理，也便是天人合一。再由同而通理依散殊的物而求他的統類，再從散殊的物得出共相。動而相益，順而相受，在全體系中互相順成，而不相違反。這叫做德道，德就是得，道就是由，指思維所以得成規範，而行爲必由此而動。這些說法，是邏輯上很深宏的意義。中國及外國談邏輯的人，都不能超出這種範圍。」（《十力語要初續》）

「世人說焦易、京房的易學，明陰陽術數，是《易經》的別傳，我不贊成這種說法。孟喜得易家陰陽災變書，便托說是其師田生所傳，焦延壽得隱士的說法授給京房，京房以爲就是孟氏易學。高相專說陰陽災害，自言是學於丁寬。梁丘賀知道孟喜的話是假的，翟牧白生不肯相信焦延壽的說法。丁寬的門下，卻沒有人能說出高相的不對。可見丁寬一派早雜了術數家的說法。」（《讀經示要》上卷）

「王充著的《論衡》，膚淺雜亂而沒有統紀，用來開通時俗的壅蔽，或者有適當的地方，但他的自身實在沒有什麼建樹成績可說，對於宇宙的真理至道，更是茫然無知，不能說他是成一家學派。這種書，在今天，何必去過分提倡它，《論衡》雜儒道兩家的說法，問孔、刺孟，不過摘出了其中值得討論的地方，並非根本反對孔孟的主張。然以《論衡》作學術的討論，究可不必。」（《十力語要》）

「鄭玄注《周禮》的六德、六行，都很淺陋，而不明白宗旨何在。」（《讀經示要》）

3　評魏晉南北朝思想

中國歷史文化，由秦漢至魏晉是一大轉變時期，史家稱之爲轉型期。熊十力先生對此一時期有著甚具功力的評論。他說：「漢代大標名教，使人矯拂天性去奔向它；日子一久，人們便無法忍受，到了曹氏父子，開始提倡文學，恣情欲，尚功利，求不仁不孝而有治國用兵才能的人，這是對漢代的反動思想，甚爲明白。文學，本以搖蕩情感爲主，提倡的人既以邪僻爲主，絕無深根寧極之道。則率領一世的人以爲猖狂混濁，逞獸慾而失人性，勢所必然，而莫之能禦。故五胡乘中原無生人之氣，得入主而據中原，以恣其殺戮，也是積漸招致的。

故中國文化自兩漢盛時已伏衰象，迄於曹魏，而破壞更加不堪。這時中國民風是已稍頽，然奮厲氣概，猶有存留，在魏晉間文學披靡之餘，乃復有上探晚周思想。玄言既是宏廓深遠。名、數、禮典、音律、醫術，精擅的人亦多。工藝復極其巧妙。魏代馬鈞製木人，能令跳丸、擲劍、緣絙倒立，出入自在。嘗試作指南車。又爲發石軍，飛擊敵城，使首尾電至。又作翻車灌水，更入更出。都是巧若神變，惜未盡加試驗。傅玄作序頗爲惋嘆（見《魏志．杜夔傳》）。又魏代爲陵雲臺，先平眾木輕重，無錙銖相負。揭臺高峻，常隨風動搖，終無傾倒（見《世說．巧藝》）。略徵引一二事，足見當時製造已極精巧。當時社會政治思想，則盛倡自由。鮑照的思想爲無政府主義者開導先路。郭象注《莊子》說：伯夷的作風，使暴虐的君主，得以恣意荼毒，而沒有力量敢加敵抗（見〈讓王〉）。向秀明白治道的極致，在於物暢其性，而厭惡爲政治的人自以爲了不起而宰制天下。他的話閎深，比嵇康輩衹爲憤激之辭者要不同得多了（郭象注《莊子》，原出向秀）。漢代，帝制的局勢已很高嚴。自漢以降，奸雄草竊，迭起不窮。生靈塗炭，慘酷已極。所以要大聲疾呼自由。然內亂未弭，五胡又乘機入主，真是人道的大厄運，要之，六代衰亂，實漢代的結果，而曹魏也助長了它。」（《十力語要》）

「曹氏司馬氏這些狗盜之徒，用極卑賤殘酷的詐術，毀天地生人之性。」（同上）

「有識之士觀魏晉開基，已知道世運升降的契機（魏晉以下，大領袖人物遂不多見，故民質日以脆弱）。」

說到魏晉時代思想界的缺點，熊十力先生指出說：「中國佛教徒自昔以來，好尊佛法於九天之上，而以排斥固有的學術爲能事。他們不知，推至天外，便與人間絕緣。佛法到中國可勿論外，其信仰的人，雖累世不絕，罕有精析的人才，深望能入其阻，以會其通，而復遊於其外，以窺大道之全。」（《十力語要初續》）

「魏晉之間，談玄之風，自當是感受了佛家思想，這不是臆測。縱然說羅什以前，釋宗學理，猶未闡明，然由僧徒的儀軌與少數譯述，未嘗不沾受了玄風，別有啓悟。王輔嗣談易老，向秀、郭象注蒙莊，雖妙悟獨得，也不過是因當時玄風已啓，始能應運而興。然縉紳中尚清談的人，像王衍輩，本無學術，不能與王輔嗣等玄家相提並論。像晉代僧徒，多以玄旨而談佛法，皆踐履高潔，無所謂放縱，其陷於放縱的人，仍是清談的縉紳，這也是曹魏的遺穢。」（《讀經示要》）

「莊子的才力高於道力，他的學問原以老子爲本，而自成一家。他的智慧雖高，而不免玩世不恭，至少有此傾向，這是一偏。而不能如佛家偏得有氣力。佛家精進勇悍，悲願宏大，若能悟到本身的出世之偏，而歸於中正，則與孔子並力，而綱維大宇宙，就無須說度脫了。莊子終究是一個冷然扁舟孤海中的人物，不是聖人之徒。老子守樸，他的智慧，深而不露，自是勝於莊子。孔子求仁的宗旨，非老子所及，因之一轉手，便成了莊子的漆園之學，絕不是偶然的事。」（《十力語要》）

「荀子批評莊子，論他蔽於天而不知人，真是一語說破。莊子纔對本體有所發見。便去玩弄光景。他說的天，就是本體。卻未將這個道理融浹到人生日用裏面。莊子知曉：知識不可以得到本體，見得甚是透澈。這是他明的所在，也是他蔽的所在。」（《十力語要初續》）

「莊子所以委心任化，是看透了，爲鼠肝、爲蟲臂，而一切都不是自己力量所能決定，等於把自己身體，看成造化的玩具，人能不修，人道且廢，這都是承接了老子天地不仁，芻狗萬物的說法，加以推演便成了極端的玩世思想。二千餘年來，文人名士，頗中其毒。我族類衰微，豈可說是無故的嗎？」（《十力語要》）

4 評唐代佛教思想

唐代在中國歷史上號稱盛世，熊十力先生對唐代文化發展指出說：

「秦以後，號爲治世的，有漢唐宋明四代，漢四百年間，西京最好。唐約三百年，僅太宗最盛，其後的藩鎮，都起自夷狄盜賊，擾亂不堪。唐太宗勵精圖治，用求諫以防自己私意漸起，用周諮以瞭解閭閻民情，故當時國威興隆，文化鼎盛，後代莫能繼承。他領導的功勞，是不可忘的。」（《中國歷史講話》）

對於唐代的思想發展，熊十力先生說：

「自漢魏時代，肇始變化，到了隋唐，國力既盛，所以文化日益發展，不至夭殤。然而初唐興盛不久，社會復歸混濁，政治亂於武夫。六代以來的學藝，造端雖然宏大，至此而一切腰斬絕跡，此是何故？因印度佛教思想，正於初唐之世，而告統一中國成功。是以舉中國之所固有思想而盡斷絕。此治中國文化史的人所萬不可忽視的一大轉變。佛法東來，本在漢代，僧徒多是來自西域，初亦不能盛行。唐窺基法師《唯識述記序》中說：『在昔周代星光被掩，至道被壓鬱而未宏揚。到了漢代交通印度，佛教宣傳始能遐被中原，但卻多覩蔥右的英彥，罕聞天竺的秀才。因爲音韻壤隔，便混亂宮羽，華戎不分，文字不相同，便形聲難知胡晉不辨。』據此，可想見佛教推行的困難。及羅什來華，因他精通三藏，又門下多材，大事翻譯，玄風始暢。然猶乘三玄餘焰，附隨因以彰明，未能獨自興旺。因佛法東來，能滿足國人心理的，原因雖不一樣，而主要原因，則以玄家喜談形而上（三玄於形而上的道理，只是引而不發。魏晉玄家，才偏重及此），極與佛家接近，故迎合甚速。如遠公著《法性論》說：『至極的真理以不變爲性，得性以體察至極爲宗旨。』羅什見論而嘆息說：『邊國的人未有佛經，便闇與佛理相合，豈不奇妙。』遠公本是玄家，而特歆佛法淨土，因而逃於佛。其理解固未嘗得力於佛，羅什之言可證。又僧肇著《般若無知論》，羅什看見了說：『吾解經不亞於你，文章當相揖平等爲禮。』肇公此論，亦不超出玄家見解，當時玄家既接近佛教，而佛教亦樂援引玄學以求進展，故佛法未能遽然獨盛。時國內釋子，頗多堅苦卓絕。隻身渡窮塞，犯瘴癘，履萬險，求佛法於天竺的人甚眾。然發生重大影響於祖國的，亦很少見。到了唐玄奘西渡，研精羣學，在印土已受有大乘天的稱呼。回國以後，太宗以英偉的帝王，竭力贊護，於是聚集英俊，大量譯經。高文典册，名理燦然，滋潤國人神智。況復死生問題，足重情懷。則自漢魏以來，緩兵進攻於中國思想界的佛法，至此得玄奘與太宗的雄略，大張六師，一鼓作氣，遂把中國而統一於印度佛化之下，自此儒道諸家，寂然絕響。此是中國文化中斷的時會。佛法既盛，不獨士大夫幡然景從，而其勢力直遍民間，愚夫愚婦莫不嚮風而化，禱祀殷勤，因社會觀感所繫，不在學校而在寺宇，不在師儒而在僧徒了。漢魏之際，文化正求變而上復晚周，萌芽驟茁，卻遽然折於外來的佛教。此固當時華梵間不可思議的遇合，不可阻遏的潮流（佛法急圖東展，而中國的玄學與其環境又恰與之應合）。然佛教徒亦未免過於傾向外化，而將固有學術思想摧抑太甚。如佛道論衡，詆毀老莊，其詞多頑鄙不足一笑。僧徒既不習國學，又妄以褊心嫉視異己。此所以造成佛教大一統之局。由今看來，不得不說是我國文化史上的大不幸。佛家雖善說玄理，然其立教本旨，只是一死生問題。人因怖死生，發心趣道，故極其流弊，未來的願望強，現在的興趣弱。治心的功夫密，辨物的功用疏。能果敢的殉法，卻忍心的遺世（六代僧徒多有焚身殉法的，然莫肯出而救世）。淪於枯靜，倦於活動。渴望寄於空華（求生西天），盲修絕於通感。像接近死亡的人，不可復陽。這猶是有志苦修的人。像有些托僞之流，競權死利，患得患失，神魂散越，猶冀福田。拜像供僧，誦佛修懺。其形雖存，其人已鬼。復有些小慧的人，稍治文學，規取浮名，自矜文彩。猥以微名，涉獵禪語。資其空脫，掩其鄙陋。不但取譽於一時，且亦享名於後世。蘇軾錢謙益龔自珍皆是此流，今其衣鉢，授受未已。至於不肖僧徒，游手坐食。或者粗解文辭，內教世語，胡亂雜陳。攀援勢要，無復廉恥。等諸自鄶，亦無所謂。故自唐代以來，佛教流弊，普遍深中於社會，至今仍蔓衍未已。中國民質偷惰，亦有由來。凡有知之士，宜相鑑戒。然則佛法可滅絕嗎？不。昔日佛法獨盛，故其末流的弊病愈滋。今則扶衰不暇，怎可令其斷絕？佛家卓爾冥證，萬事一如（事事皆如，故曰一如。即所謂一葉一如來）。蕩然無相而非空，寂然存照而非有。智周萬物，故自在無掛礙。悲孕羣生，惟大雄無恐怖（雖悲而無怖於險惡）。仰之莫測其高，俯之莫極其深。佛教的道理是偉大的。我們只要會通其哲學思想，而滌除其宗教觀念，則所以使人解其縛，而興其性。豈可遠離人羣以爲道嗎？」（《十力語要》）

5 論宋代儒家思想規模

宋代開國，規模最小。熊十力先生評論宋代說：

「宋代，只北宋百餘年間稱爲治世，而國土淪於胡人，不能復舊。宋太祖以寬仁爲懷，兢兢業業，不敢有所恣肆。但因鑑於五代之禍，切於防弊因而武事不修，謹於守成，因而開擴不足。北宋君臣，都無雄才大略，周程諸儒，講學未久，而大命已傾，此是不可以急效責備他們的。南宋的趙構昏庸而私，開基太壞。孟子說：『雖與之天下，不可一朝居。』正是此時的寫照。幸而二程門下的後學，或參朝列，與權奸力抗，或在野講學，日以義理浸漬人心，朱子、張欽夫、呂伯恭，尤爲聖學與國命所寄託。南宋無明主，而以杭州一隅，繫二帝三王的傳統達一百五十年，不是理學的功效而是誰的力量？方正學所作《遜志齋集》，時稱說宋代社會之美，外國人的遊記亦如此說。」（《十力語要》）

對於宋代的思想發展，熊十力先生甚贊宋儒的功勞。他說：

「中國文化，既被佛家傾覆了。直到兩宋時代，大儒輩出，才作中國文化復興運動。他們都推本於晚周底儒家，定孔子於一尊，卻無形地繼踵了董仲舒漢武帝底故步。魏晉人上追晚周，派別卻多（後人提及六朝，便以清談家了之，而不肯細察當時學術流別）。宋人比魏晉似覺規模狹隘，然而他們所以宗主儒家，也有道理。儒家有兩個優點：⑴是大中至正，上可以極廣大高明，而不溺於空無，下可以極切有用，而不流於功利。⑵是富於容納性，他底眼光透得遠大，思想放得開闊，立極以不易爲原則。應用則主順變精義（儒家根本思想在易）。規模極宏，方面儘多，善於採納異派底長處，而不專注、不傾軋。他對於道家法家等等，都有相當的攝受，這也是不可及之處（《大學》格物的主張與名家不相忤。荀子言禮治，亦有法家影響。《周禮》言政治經濟，也有法家精神。《易．繫辭傳》說治理，大致在輔萬物之自然，絕不自任以宰物。儒家各派都守這個原理，是與道家相通的）。所以宋儒特別提出儒家來，做建設中國文化的基礎。他們在破壞之餘，要做建設事業，自然須有個中心勢力，不容如魏晉思想那麼紛歧。因此，宗主儒家，尚不算他們規模狹隘的特徵。」（《十力語要》）

熊十力先生又說：

「有人動輒歸咎宋儒無救於國家的衰弱。不知，自典午以迄於五季，中國無生人之氣是由來已久。元人崛起時，如大颶風，掃蕩歐亞，無人敢抵擋，此殆有氣運，難爲解釋。而謂諸儒不能挽救中夏的危弱，未免責之太苛。然宋儒亦有二失：一是只定孔孟爲一尊，而排斥諸子過甚，則思想不宏放，即力量終欠活躍。二是宋儒只言復仇，復仇，只是復趙氏的仇。何足鼓舞羣情？若能如鄭所南、王船山、呂晚村、顧亭林諸先生，盛倡民族思想，則兩宋局面，或當不致是那個樣子。」（同上）

熊十力先生雖稱言宋儒之功，對宋儒的缺點也有所批評說：

「宋明儒，都以靜屬體，以動屬用，此等處亦有病。吾人於用上而識其本體，則知用之相，雖是變動不居的，而用之體，畢竟真常寂靜的，所以，就用上說，雖是動的，而確是即動即靜的。體若無動，如何能顯現爲大用流行呢？」

「宋明諸大師自有時說到創的意思，不過他們的根本主張，總是偏於減的，所以他們的末流，不免空虛、迂固，抑或狂廢，絕少活氣。」（《十力語要》）

「靜中固然不能沒有動，但吾人纔多著意在靜，便已把日常接觸事物的活動力減卻許多。所以他們雖復高唱格物致知，而其弟子已沉禪悅，而憚於求知。他們雖復不忘經世致用，而卒以養成固陋偷𢿋的士習。因爲他們把主靜造成普遍的學風，其流弊必致萎靡不振，這是不期而然的。」（同上）

「宋明諸老先生，吸收佛法禪學，正心誠意的功夫有餘，格物致知的功夫終嫌其短。雖辨別王伯（霸），而頗近迂談。孔門子由子路治兵理財的策略，尚非他們所敢企及。」

6 論元明儒家思想改造

元代以邊塞部族入主中國，其興也速，其敗也速。熊十力先生對於元代評述說：

「元代傾覆中原，當時蒙古族的威勢，已橫行世界，歐洲所過，如狂風掃落葉，至今留下黃禍的紀念。而其侵宋，苦戰累年，至殞一大汗於蜀土。當日宋人之抵抗可謂不弱。文天祥、史可法、鄭所南，皆富於民族思想。宋少帝覆於海上不及百年，而鄂之徐壽輝、陳友諒、明玉珍首舉義旗。明太祖繼起，遂光復華夏。」（《中國歷史講話》）

「明朝以三江爲根據地而光復神州，因三江地區，爲南宋理學諸儒遺教所被最廣最深的地區，故光復之切，實基於此。明代疆域，北方視漢唐稍削，而南方則超過漢唐，截長補短，差與漢唐比隆。武功僅遜漢武帝唐太宗二人。而較後期唐代皇帝累次受辱於西北諸胡，則又超過甚遠了，文臣善用兵，尤爲明代的特色。然太祖晚年，太過猜刻。永樂的慘酷，比太祖更甚。繼世復無令主。上比兩宋諸帝，都走昏庸相繼，又若一轍。明朝三百餘年，中葉後最壞。」（同上）

「理學跨越前代甚遠，黃梨洲的話確而不誣。明儒對禪宗的瞭解，比宋代諸師確深，其離禪而歸於儒，大抵由歸寂而證會生生，所得也甚深。」（《十力語要》）

「自王陽明倡學南方，繼承朱子而去其短，宗主象山而宏其規，灑脫無滯礙，雄放而任自然，其後學多有擒生龍搏活虎手段。宋學傳至王陽明是別開生面，當此之時，君昏於上，學盛於下，自是而思想自由，而人材眾多。」（同上）

「由歷史眼光而論，自秦政混一，以迄於明代，稱明世的，只漢唐宋明四代。實則四代之中，皆治日短、亂日多。而二千餘年來，直是夷狄與盜賊交擾的局面。先後出生於此等局面下的仁人哲士，或參佛道以耽玄（六代以來，文學聰明之士，鮮不雜二氏）。或周旋於凶夷狗盜帝制之下，立補偏救弊，稍息生民之功。間有一二睿智之士，有抉破藩籬的思想，而在思想界長期錮蔽之下，亦無緣得到同聲同氣的感應，而立就湮塞。千歲睡獅，沉淪不醒，疲憊乏力，真是可憫得很。」（《十力語要》）

「宋學屢經變化（詳《讀經示要》）至晚明諸子，學不囿於一途，行各踐其所知，庶幾已近晚周的風氣，可稱謂盛況。如船山、亭林、習齋、二曲、梨洲諸老，上追晚周諸子的宏規，下足以吸納西洋科學與民主思想，而矯其功力與攘奪的流弊。此期哲學，仍繼續程朱以來反佛學精神，而依據大易，重新建立中國人的宇宙觀與人生觀，建立功勞的人，是王船山。晚明王船山、顧亭林、黃梨洲、顏習齋等，持論益恢宏，足以上追孔孟，下與西洋相接納。至於典章制度，民生利病的搜考，自杜佑輩而後，迄晚明諸子，所究益精博。堂堂巍巍，有淳大氣象。諸儒注重實用與實測，乃王學之反響。此等精神，清儒早已喪失淨盡。直至清末，始漸發露，而西洋科學方法輸入，賴此爲之援手。」（《十力語要》）

對於明代的民族思想，熊十力先生特加層層申論說：

「晚明諸子，值逢東胡內侵，乃奮起而致力於學術思想的改造，這時期的學者，大抵反陽明，而於程朱心性學的根本精神，則確守而更加虔誠，以矯王學末期狂放的弊病，然諸儒皆嚴毅而不致局礙，廣博而備極深厚，崇高而不失愷弟，他們矯枉而無或過正，所以爲美。」（《讀經示要》）

「明季諸子，始盛揚民族思想，在其前者，雖有鄭所南《心史》，王洙《宋史質》，而均無人注意（霜青按：鄭所南《心史》以鐵罐沉埋於蘇州寺的古井中，至崇禎亡國前一年始出土，致無法有人注意）。及至王船山、呂晚村、顧亭林諸儒，則發揮光大，千載久閟的義蘊，一旦赫然，如日中天，晚村在當時宣傳最力。晚村學宗程朱，而深惜程朱未明此義，發願以救其失。船山著書極多，深憤中夏聖作明述而成的崇高的文化，乃人道的極隆，不幸爲夷狄、鳥獸所殘毀，其書字字句句，皆是悲心流露。世人徒知《黃書》，其實，船山各書，隨在可見其民族思想的活躍，直至咸同間，始由曾滌生刊行，而影響於清末的革命思想甚大。」（《十力語要》）

熊十力先生痛惜忠君思想之害說：

「明季漢族力量甚盛，本不當亡於東胡，然而竟亡了，則是忠君思想所誤。宋學短處，在以忠君爲天經地義，不可侵犯，始於漢代，至宋代孫復益申張此種說法。當時張江陵、熊襄愍之雄才大略，如取而代之，或民主、或君憲（江陵襄愍皆有賢嗣，可以繼世），則中國萬不至亡，雖百東胡無能爲。然而二公的不敢革命，由於爲忠君二字所阻。江陵爲一有力之責任內閣，延明祚者數十年，而天下猶惡其無君。襄愍爲東胡所畏憚，而東林黨必欲置於死地（襄愍〈獄中與友人書〉說：環顧宇內實無第二人，弟之命可遽斷乎？襄愍自知之明，自負之重如此）。而東胡的必入關內，可說勢不容止。王船山《黃書》，倡可禪可革的說法，也哀傷明季的天下，誤於忠君，而延頸以待東胡的宰割。此真痛心的事。明季不亡於東胡，我國家民族，決不至此。」（同上）

7 評清儒媚事東胡

清代是另一邊塞部族入主中國，其作風顯然與蒙古人不同。熊十力先生對清代學術思想有很精闢的分析。

首先，他指出：

「清世帝王，以邊地夷人入主（古之所謂夷狄，乃野蠻之稱，並非謂與漢族不同種），大興文化事業，網羅天下知識分子，朝廷開四庫館，廣事編述，地方則省府州縣，各設置志局，全國知識分子，無論大小，可謂網羅殆盡。」（《中國歷史講話》）

「自清咸同以來，亦務求對內猜忌，康熙知道八股當廢，而終不廢，就是愚民之術。」

（《讀經示要》）

「晚明新宋學，漸起生機，而東胡謀所以摧殘，乃利用漢奸，行收買政策，以網羅天下士子，而束其思想於無用的考據。」（《十力語要初續》）

熊十力先生在指出清廷網羅士子的愚民之術後，接著痛斥清代學術發展方向之不當說：

「清儒爲學的動機，無非爲名爲利，樂受豢養而已。清代名儒，在京師則交接王室與公卿，在外則投封疆大吏幕府，乃至州縣衙署，亦畜嘉賓，江藩《漢學師承記》，首列無恥的閻若璩，一代衣缽之傳，實即在是。清儒以名利的私心鼓動其中，而聰明亦足供博覽之用，以宋學不便於己，則大加掊擊，而以無用的考據自逞，漢儒尚能講求當世之務，清儒則無是種精神。」（《讀經示要》上卷）

「清儒當異族專橫，莫可自行發抒，寧錮智慧於無用之地，聊以卒歲。考察清儒的作爲，誠有這類情事。人若志不弘毅，氣則銷盡，宛轉偷生於故紙中，力不足尚，智不足稱，其初但隱忍爲此，及其徒相習成風，轉而以漢學高自誑耀了。」（《十力語要》）

「清儒的流毒最甚的，莫如排擊高深學術這一件事。」

既指出了清代學術界之過失，熊十力先生又嚴詞批評清代的知識分子說：

「晚明諸子，上追晚周諸子的宏規，下足以吸納西洋科學與民主思想，而矯其功利與攘奪的流弊，何圖生機剛啓，大運已傾。閻若璩胡渭等輩，以考覈之業，錮智慧於無用，媚事東胡，以此率天下，而羣然仿效。明代大儒的端緒，斬絕殆盡，民智民德民力的墮沒，亙二千年，至是而益加頹廢。」（同上）

五、論民國思想界及中西文化

民國思想界，是一個空前紛亂的時代。從歷史上看，有戰國時代孟子的攻楊伐墨所形成的儒道之爭與儒墨之爭。有秦始皇焚書坑儒與漢武帝獨尊儒術的儒法之爭。有漢代以後歷魏晉隋唐的儒佛之爭。宋代理學雖已融通儒佛，禪宗雖已使佛教中國化，其爭論並非完全中止。迨及清朝獨標漢學而重考據，遂又啓漢學宋學之爭。這些思想上的紛爭，對民國思想界，都有著他們的歷史投影。自鴉片戰爭後，西方文化思想，隨船堅礮利以俱來，遂又有新舊中西文化之爭。其後馬列主義輸入，使民國思想界更形紛亂。

放目民國思想界，只有梁漱溟、熊十力數人，能在毛澤東統治下屹立不搖，梁漱溟敢在毛面前罵「共黨幹部生活在九天之上，人民生活在九地之下」。熊十力是反共思想的先覺，在民國二十七年，艾思奇的《紅色哲學》由開明書店出版，風行一時，熊十力獨向黃本初先生指出：「近年辯證唯物論風行，青年受害不得了。東土先哲意思喪失盡了。」（見熊十力手書原文）他要以《易經》哲學建立反共思想體系。迨及大陸變色，他仍在共黨統治區內，寫《原儒》、《明心篇》、《乾坤衍》等書，以發揚孔孟思想，共黨對他也似乎「黃巾不敢犯康成」。

對於民國思想界的紛爭，梁漱溟視中國文化絕不能產生科學，自不足解決中西文化之爭。熊十力則有融通中西、平章華梵、六通四闢的一套哲學體系，正足以總結這一時代的文化。所以，一九六八年出版的《大英百科全書》中已刊載他的小傳，視他爲當代中國最偉大的哲學家之一。

1 評民國開基未穩

對於民國肇造，他批評說：

「袁世凱以凶狠野蠻手段，盜得總統的權柄，以威劫利誘的狡術，弱天下的風骨，消天下的生氣，來逞他旦夕的私願，不爲中國子孫著想，不爲民族存亡打算，諸多名士多依袁世凱，去走方鎮，招集朋黨，大肆活動，學校只有虛名，並沒有眞學問的講習。」（《讀經示要》上卷）

迨日本開始侵華，他又說：

「袁世凱若能以正治國，則民國開始的基礎便很穩固，怎會有倭寇趁機侵入的局面？」（同上）

2 論民初思想界

對於民國的學術，熊十力先生評論說：

「清之末葉，西化東漸。挾盪海排山的力量，以臨疲敝的我族，羣情驟憤，清帝因以不能支持。帝制變更，而昏亂滋甚。禍患可以更端迭出，而創新也無希望。清儒反對高深學術，而徒以考據的瑣碎知識是尚，將何以維繫其身心？何以充實其生活？民質不良，至清室而已達極點。士習於浮淺、無深思遠慮，逞於僥倖、無堅卓志節，安於自私、無公正抱負，偷取浮名、無久大志業，苟圖囂動、無建樹計畫，輕易流轉、無固執操守。爲學則喜趨時尚，而無所守。喜新的不必有得於新，時尚而已。守舊的更不知舊學果爲何物。保存國粹的聲音，出於口，而實未曾經於心。此是清末民初的情形。」

3 論西方科學

對於民國以來，高標科學而反固有文化思想的怪現象，熊十力先生也特別予以評論說：「西化東漸，而吾人自無根底，遂不堪抉擇外來文化，以供我融合創造，種種剽竊，都失其依據，生吞活剝，終成爲乖亂。文化破產、精神破產，日甚一日，不得全委於外力，吾人實當自反。三十餘年來，六經四子，幾投廁所，或則當作考古資料加以玩弄。昔日以經籍爲常道所寄，崇信而不敢輕叛的觀念，迄今蕩然無存。學者各習一部門知識，或且稍涉雜亂見聞，而無經籍起其信守，無大道可爲依歸，身心無與維繫，生活力如何充實？此是我所不能無憂的事。今海內研究哲學之士，於本國學術，既賤視爲無物，不知古人著書雖無體系，而其思想囊括大宇，窮深極幽，絕非零碎的感想。善學者由其散著的文字，以領會其無盡的意義，而因以自窺天地的純全。則道備於己，官天地，府萬物，富有日新，而無窮盡，凡是有這種知見的人，而能説是無物嗎？今學子都不肯虛心求固有學術，本根盡剝，而唐慕外人，誠使有深造於外人，若玄奘於無著世親學，猶值得俯首稱慶。不幸今人於外學，絕不深求，甚至於中外均無所究，而即欲以邏輯自標，以論道自貴，吾恐大道非淺薄可窺，邏輯亦不當如他們那樣瑣碎。」（《十力語要初續》）

現今學術複雜，科學重要自不待言。而綜會各種科學思想，以深窮宇宙實相（實相猶言實體），人生真性，不能不有賴於哲學。像對於社會政治各種問題，高瞻遠矚，察微洞幽，數往知來，得失明辨，爲羣眾的先導，作時代的前驅，勵實踐的精神，振生人的憂患，此皆是哲學所有的事。現代學術分工太細，專才雖多，而通識或少。古代哲人學術，有包羅萬象的氣概，今不可期望於科學專家，而哲學家似應勉爲其難，上追古人博大的宏規。

今當吸收西洋科學之際，而固有哲學思想，正須研討發揮，以識古人的大體，見中外的異同，辨其異而觀其同，而後可得中外融通之道。求當世的急務，勉言行的相顧，昔儒務實學，故坐而言，可以起而行。今人騰諸洋裝册子或報章雜誌者，皆浮詞濫調，不可見之於行。今人只是權利與浮名及淫樂諸下等欲望發展，完全無人生的意義與價值可言，其所以如此者，正由其不識人生真性，故無所歸趣，只任下等衝動，向外奔逐去。學者之所應致力者太多，而今日大學文科，不論是教者、學者，乃多以瑣碎而無關大義的考據是務，豈不可惜！如因一胡人傳的文理欠順，便疑此胡人爲唐代的祖先，又或以大禹爲蟲，諸如此類的事，已足慨嘆！更下等的是，拾唯物史觀的餘唾，以述我國歷史，依他人的花樣，而剪裁我國的史料加以鋪陳，何可探究我國真史？

4 評中國學派得失

熊十力先生並非不知中國學術思想之缺失，在〈閱張稷若學案〉一文中，已析論各家學說之短處。張蒿菴，字稷若，乃明季儒者。熊十力先生指出說：

「蒿菴學言，衡論漢以後各派的思想，曾指出：綜核的說法，可除去蒙蔽；其病必至於苛察（此評漢以來的法家，漢宣帝、明帝、張江陵皆苛察）。權謀的說法，雖可開昏塞，其失必成爲譏詐（漢文帝與蜀昭烈、諸葛武侯，皆參用權謀，而不致失於譏詐，由於有儒學以端其本；文帝心契賈生，賈生即是儒學；昭烈、武侯皆深於儒）。曠達的說法，雖可破拘攣，必至於敗壞名檢（莊子的學問，其流失必至於此種地步，魏晉人都是如此）。清淨的說法，雖可息囂競，必至於廢人事（道家者流，如陳希夷、譚峭、鄧牧諸公，皆是思想家，而皆果於遺世）。報應的說法，雖可以勸善懲惡，必至於覬倖而矯誣（顏之推《家訓．歸心篇》深信佛家報應說，其覬倖來生福利的情緒，與所述諸神異事，陷於矯誣而不自覺，今日皈佛的人皆是如此，但顏之推實不爲惡，而今人則作惡而已，卻因怵於報應，乃以皈佛俸僧圖解免，其覬倖矯誣，當亦爲佛所深惡）。緣業的說法，雖可以寬恕寡慾，必至於疏骨肉而怠修爲（深信緣業的說法，則天屬的愛易弘揚，僧徒卻以此棄人倫，凡事悉由夙業而定，則自修易懈，尤其對社會政治諸問題，每不措意，此與報應的說法有關，皆佛教流弊）。養生的說法，雖可拯殉欲的害處，必至於貪天而違命（貪天者不祥，此等人形軀雖存，實爲廢物）。詳上所論列，綜合權謀二種思想，屬法家縱橫家的遺風；漢以來主張事功的人，固然用其術，不肖的人更用來角逐於權利之途。曠達清淨二種思想，是老莊的遺緒；凡詩文家，所謂名士或大夫階級，鮮不由此。報應緣業二種思想，是佛道的遺緒。民間頗爲普遍，公卿與名士信者亦多。養生是道家枝流餘裔，亦盛行於民間。蒿菴考察中國社會思想，可說是熟詳了！」（《十力語要初續》）

5 評西方哲學流弊

評論了中國學術思想，熊十力先生也衡論西方思想說：

「吸收西學，在今日固爲理勢的必然，而反看我數千年來，所奉爲常道的六經，則西洋各種學術的端緒，我國未始不具有，只是未發展而已。西洋科學的成功，何以不見於我國？西學的端緒，我國雖有，而前此竟不獲發展，其故何在？是因爲崇聖經、守常道，而即物窮理的智慧不能啓發？經義本自宏通，豈能任此咎？是因爲廣漠的國土，自秦一統後，除亂世可不計外，每當太平時代，人們皆安於田野，而風物怡和的興趣多、理智追求的功用少。陶詩所謂『山氣日夕佳，飛鳥相與還，此中有真意，欲辨已忘言』。我國學人，樂冥悟而忽思維，尚默契而輕實測，往往如此，這大概是科學不發達的原因？後一說，頗可研尋，環境影響，不容忽視。然而西學在我國，既非絕無端緒，則由人家的成功，而強起力追，固可事半

功倍。」（《中國歷史講話》）

「西人遠在希臘時代，即猛力向外追求，雖於窮神知化，有所未及，而科學上種種發明，非如此無法得到。今天有人說，中西人生態度，須及時予以調和，始得免於缺憾。中土聖哲反己的學問，足以盡性至命，這種道理如日月經天，何容輕議？至於物理世界，則格物的學問，西方人所發皇的，正是我們今日所當挹取的，又何可忽視？今日文化上最大的問題，即在中西之辨，能觀異以會其通，庶幾可以內外交養，而人道亨，治道具。吾人對於西學，當虛懷容納，以詳其得失。於先哲的經典，尤須遍布遐陬，使得息其臆測，覩其本然，融會中西之業，此爲首要基礎（《易經》正是融會中西之學）。」（《讀經示要》上卷）

「西洋人嘗有一種猛厲闢發的力量，隨任可以發見，好像不可抵禦的樣子，與我們的性情，大有不同，且自古已然。從前，曾見希臘人物畫，及我國西漢人物畫像，較其氣象，我信中西人由來便異。希臘像，爲人踞地作勢，縱勢欲前，如鷙鳥的將舉翅飛去，如猛獸的想與他獸相搏，其活潑潑地，富有生氣，生龍活虎，猶難以比喻。西漢造像，好似昂首天外，挺然獨立，此種超然岸然的風度，亦自可貴，而絕不現猛獸鷙鳥的氣象，此是與西方人不同之處。」（《十力語要初續》）

「西洋思想家，皆有我國墨翟、許行的作風，故足鼓舞一世，變黑暗爲光明。若如我國名士的虛詞，豈能去改造宇宙？」（《讀經示要》上卷）

熊十力先生也進而對西方思想提出批評說：

「西方人狃於物競的習氣，始終未離獸性。要知道，人與動物，其本雖不異，但人既進化，而能發展其秉彝的善良，則怎可不致力於性分的涵養，而偏逞其種種侵略的獸性呢？近世科學技術發展，人類驅於欲望，而機械大備，又不得不用來以求一逞，於是相率趨於爭鬥，而兵器的窮凶極慘，真是未知所底。爲矯激說法的人，或歸咎科學不爲人類造福，反爲人類造禍。我固不以此種說法爲是。科學於人生大道（此中道字，非指本體，乃謂事理的當然。如貧富必求其均，此只是當然。強暴侵奪，必予以懲創，亦只是當然，他皆準此而知），所發明的甚多，其影響於人類精神的又甚大且遍，此固有識之士所共知，無須深論。我固不肯輕視科學，但亦不敢以科學爲萬能。我以爲人類如欲獲得真的幸福，絕非可僅注意外部，如環境與制度的改良（此中環境與制度，包括物質生活的條件及政治社會結構而言）。而內在的因素實在至爲重要。所謂內在的因素者，必性命之理有所得（盡性、至命，是爲理有所得），而後嗜欲不淫，嗜欲不淫，則萬物相安於各適（萬物各得其所是爲各適，即彼此有互助而毋相侵。我國三代及漢唐盛時，對遠方慕化來屬的各國，皆不侵其土地、不奪其政權，而一任其自由，此乃中國人的哲學思想一向如此），相親如一體（《論語》主張四海皆兄弟、《禮記》主張天下一家、宋儒主張民胞物與。六經的學問，遠自堯舜以至孔子，歷代相傳，其爲學，皆反己而自識本體，故有天地萬物一體的宏量，由於能實證此理的緣故）。心靈超拔，而至樂不待外求（心靈不役於物欲，故爲超拔，超拔故無待，無待則樂自足，便無所求於外了。孔顏之樂即此緣故），利用咸宜（利用一詞，包含至廣，凡政制、經濟制度、器械、工程技術，通稱利用。宜即是義。彼此均利，毋有利於此而不利於彼的，亦無有利於彼而不利於此者，故皆安生於正義之中，是爲咸宜），而小己齊攝大體（各個人爲小己。各國家、各民族之在人類全體中，猶小己。小己互相融攝而成一大全體，豈容孤存？豈可自利？），唯達於性命，見得自己本體，始能有此效用（達性命、見本體二語，乃是複詞）。這是因他的同體惻怛之誠，出於不容自己。」

熊十力先生對西方學者如孔德、達爾文、羅素的思想，有如下批評：

「孔德說哲學興起，而宗教便成過去，此說欠妥。至說科學興起而哲學便成過去，尤爲無理。關於宇宙本體的參究，當屬於學問，而不可屬於宗教。」

「人類中心觀念，本不可搖奪，只是舊的解釋錯誤，自達爾文氏的進化論出現，乃予以新的解釋。今站在進化的觀點上說，自然界從無機物，而生物，而動物，而人類，層層進化，人類進至最高級，他漸滅卻獸性，而把宇宙的真善美發展出來。易言之，宇宙底真理，在人類身上才表現得完足。所以說：『人者，天地之心。』所以，人類中心觀念，得進化論而益有根據。」

「中西學者皆有反理智一派，中國如老莊，即是。羅素於康德、柏格森，亦目爲反理智者，甚爲錯誤。康柏二子之意，似只說理智不可以得本體，故理智的效用有限，而不是說理智可以擯斥。柏氏且自言非反理智者，何可誣妄他。但柏氏談直覺，說的不甚明瞭，時與本能混視爲一體。本能即是習氣，習氣纏縛於人，茫無涯涘，不可窮詰，隱然爲我身的主人公，非有極深的靜定工夫，不能照察而加克除。柏氏猶在習氣中討生活，實未證見自性。其言生的衝動，這種衝動即是習氣。」

6 論心理學

熊十力先生主張「心與生命是一而不二」，視「心理的活動，即是生命的活動」。他評論今天西方的心理學，只是動物的心理學，動物的心理活動，實際上卻是生命力為軀體所役使，而無有自動。因此，應說動物的心理活動，只是軀體的活動，即物理的活動。兒童的心理活動，也近於動物。科學的心理學，方法是注重實測，在解釋心理現象方面，以神經系統為基礎，這種說法，必至於以物質為心靈的本源。其實，神經系統只是心的作用憑藉著來發現的。若說為心理的基礎，便是心靈從物質而生的唯物論。須知，心物兩方，其實體是一，以心為物之本，固不可。以物為心之源，亦大謬。實測術，用來觀察人類的心理的活動，固非完全錯誤。因人類猶保留有動植物的生活機能與知覺、本能等作用。這是實測術逞能的範圍。像高級心靈，如所說的仁心，則只有反己體認而自知，不是實測術所能達到的。

萬物發展到人類，才有仁心顯露。植物初出現，生命雖由潛而顯，尚被形氣所錮蔽，難以發現心靈。動物出現，只有低級的知覺等，於保護個體以外，其他皆無所知。還是為形氣所錮蔽。到了人類，仁心既顯露，始得破除形氣的錮蔽，常以仁心對治小己的私慾，而周行乎天地萬物，無偏無繫，由此，可見心靈是全體性，換句話說，吾人生命與宇宙生命渾然為一。

哲學的心理學，是熊先生自創的一說，其進修，以默識法為主，也輔之以思維術。默識法，是反求吾內部生活中，而體認得炯然恆有主在，惻然時有感來。有感而無私意私慾的雜念，有主而不可違。這就是吾人所固有之仁心，也是與天地一體的仁心。識得此心，不可說只守之而勿失，還要在事物上磨練，隨事隨物，知明處當，以擴充吾之仁。這是孔門敦仁之學。與程明道識仁，只以誠敬二字有所不同，因程氏言存而遺感，言守而無爲，卻是老子致虛守靜的宗旨了（見《明心篇》）。

7 論西方宗教

在天理、人欲、宗教方面，熊十力先生也有異乎一般人的見解。他說：

「嗜欲這一詞，包攝至廣，像食色、權勢、名譽，乃至一切向外馳求，無所饜足的誘惑，皆可名爲嗜欲。命即是性，性即是本心，本心澄明，無所染著，無有倒妄，吾人能保任此心，使其恆爲主於中，則一切嗜欲皆是本心的發用，自然有則，而不致狂亂以逞，故說是不淫。有人問：本心即性、即命，既是吾人所本有，何須保任？答：人有形骸，乃本心運用的資具，然資具既成，便自有力用，足以障礙本心，像主人以奴僕爲資具，而奴僕亦可乘勢，以欺主人。故凡嗜欲不當於理時，皆由於形骸的力用使然，即皆由資具的乘勢使然，這不是本心。王陽明說：一切的惡，是由於順軀殼起念。佛家亦以爲：身見，爲眾惑的根本。孟子以從小體爲戒，小體即是形骸。《新唯識論．功能章》，談習氣處，及《明心篇》談宗門作用見性處，並宜深加研玩。有人問：資具既然能礙此心，卻如何保任？答：不正的嗜欲起時，本心的明光，原未嘗泯滅，像在隱然監督吾人而告以不可隨順此嗜欲。吾人於此，正須因本心之監督，而努力存持此監督的主人公，勿令嗜欲得障礙本心，此即是保任。孟子說操存，就是這個意思。德國哲學家康德所說自由意志，我以爲即於保任工夫中見出，若無保任工夫，即被一切嗜欲淪溺了，豈有自由意志可說？可惜康德不知在自由意志上，來認識自家與宇宙萬有同體的真實本源，而猶別覓上帝與靈魂，此是大惑。總緣西洋人一向以本體爲外在的物事，而憑理智去追求，不悟及反己即可自得。有人問：保任意義已聽過了，形骸既是本心的資具，此與本心是否爲二元？答：否。否。心物非二元，只是一體，現似二用，此中現似兩字，注意，非可以心物作二元物事看去，新唯識論宜加研玩。」

「神的意義，可析言以二：即依他與自性。但二者雖可分說而究不可分，不可分而又不妨分說，其妙處在此，其難窮究處在此，其不可思議處在此。印度外道以天神爲創作者，與西洋受自希伯來的一神教，皆於依他與自性二義，可分說而不可分，不可分而又不妨分說處，未能透悟，故不免差以毫釐而謬千里。此輩依超越感而盛揚依他，而忘卻超越萬有的一神，此爲吾所依的他，即是我的自性，原不是外在的，吾人便不可以擬人的觀念去測神。孟子說：『盡心則知性，則知天』。是一般人所不悟的。諸佛菩薩嚴斥造作的說法，豈有私見？差以毫釐，謬逾千里，何忍不予嚴斥？後嗣不見祖輩意思，徒分門戶，終不悟依他或一神的意義，未可過分非難。但繩其缺失，則在認出自己的自性神，與超越的一神，原來不是二個，而末學無知，只持門戶，不求真理，必欲力拒外教，甚至流爲無神論。眾生迷妄可哀，至此而極！」

由於一般人對古人所遺哲學思想，不加深究，亂作解人，諸如德慧、本智、本心、理智等名詞的關係，俱不瞭解，且常故意與西方思想混淆，自誤誤人。熊十力先生於此特別分析說：

「人能涵養其本有的性智，而勿放失，則後起的理智作用與一切知識，亦皆是性智的發用。性智是本有，是先天的。理智即所謂慧，是從經驗發展出來，是後天的；但後天的並不是別有來源，實即依性智故有，唯後起乘權，而恆迷其所本有。如理之思，其本身即理，亦即是能，亦即攝所歸能，無心外的物可名爲所。認識論，在如何求得如理的思想。德慧一詞，本於孟子，德慧，即最高的智慧，無有倒妄，故以德慧爲名。實則，德慧即是本體的發用，雜染盡而明體顯，非修養功深的人，不會有此發現。常人所說的理智，則由於我人於實際生活中，以爲有外在世界，因實用的需要，乃向外逐物，而發生知解。此知解力漸漸發展盛大，而成爲一種明辨作用（明即明睿或明察，辨是辨析）。這就是理智。此是由實用陶鍊得來，未能離染，故與德慧截然殊異。《新論》卷上〈明宗章〉，談量智處可參看。此義要加詳說，當俟《量論》寫成。哲學雖不遺理智，畢竟當超於理智而趣入德慧，方是極詣。」

「明儒黃梨洲譏世儒向外求理。然在科學，固貴外求，若就哲學而言，雖亦設定外界，不遺物理，但其究極，要在反己而識自根自本，不可以向外覓本根。自本自根一語，本於莊子。莊子此語甚妙，蓋深得《易經》的宗旨。梨洲對向外求理的人加以譏笑，若以對治西洋哲學的弊病，自是良藥。」

當然，熊先生的這些說法，在中西思想未融通前，是不會爲西方宗教家所接受的。

附錄

一 熊十力著作及有關文獻

熊十力先生的著作，計有以下各書：

《新唯識論》（文言本）
《新唯識論》（語體本）
《破破新唯識論》
《十力語要》
《十力語要初續》
《佛家名相通釋》
《因明大疏刪註》
《中國歷史講話》
《韓非子評論》
《原儒》

《體用論》
《明心篇》
《乾坤衍》

熊十力先生的著作，在臺灣流行的情形如下：

民國四十九年三月十日，徐復觀教授交廣文書局重印《讀經示要》並爲作序。四十九年五月出版。

民國五十年（辛丑）十二月，徐復觀教授交廣文書局再版《佛家名相通釋》並爲作序。

民國五十一年元月，語體本《新唯識論》由廣文書局再版，徐復觀教授作序。

民國五十一年六月，《十力語要》由廣文書局再版。

民國六十年元月，《原儒》由明倫出版社再版。

民國六十年四月，《因明大疏刪註》由廣文書局再版。

民國六十一年十一月，《韓非子評論》由蘭臺書局再版。

民國六十二年四月，文言本《新唯識論》由香港唐君毅教授寄臺灣周紹賢教授交文景出版社出版。

民國六十三年三月，《十力語要初續》由樂天出版社再版，謝幼偉教授作序。

民國六十四年三月，《中國歷史講話》由智仁出版社印行。《破破新唯識論》由河洛圖書出版公司印行。

民國六十五年四月《乾坤衍》《明心篇》由學生書局印行。

在臺灣，能見到的關於熊十力先生的文字，計有下列各篇：

敬園：〈談熊十力與馬一浮〉。載民國四十九年七月一日《暢流》半月刊五十五期。

周開慶：〈懷熊十力先生〉。載民國五十年十月十六日《中國一周》。

居浩然：〈熊十力先生剪影〉。載民國五十二年《傳記文學》三卷一期。

王化棠：〈談熊十力〉。載民國五十五年七月十六日《暢流》半月刊。

李霜青：〈一代大儒熊十力思想研究〉。載民國五十五年八月二十四日《思想與時代》一四四—五期合刊。

周開慶：〈深通儒佛的熊十力先生〉。載民國五十六年四月《學園》二卷八期。

以上均在熊十力先生逝世之前發表者。熊十力先生逝世後，發表之紀念文字有：

徐復觀：〈悼念熊十力先生〉。載民國五十七年七月《香港華僑日報》。

居浩然：〈熊十力先生象贊〉。載民國五十八年《傳記文學》十五卷二期。

周紹賢：〈悼念熊十力先生〉。載民國五十八年《四月建設》十七卷十一期。

陳文華譯．哈米頓著：〈熊十力哲學述要〉。

徐復觀錄：〈熊十力先生遺稿〉二篇。此二文均載民國五十八年十月一日《中華雜誌》七卷十月號。

徐復觀：〈熊十力先生生平的隻鱗片爪〉。載民國五十九年一月一日《中華雜誌》八卷一月號。

牟宗三：〈我與熊十力先生〉。載民國五十九年《中國學人》創刊號。

其他見於書籍中與熊十力先生有關之文字，如胡秋原先生所著的《少作收殘集．序文》，及《一百三十年來中國思想史綱》，以及在臺灣再版的賀麟的《當代中國哲學》等，不勝枚舉。

對於熊十力先生著作評價，見仁見智自然各有不同。

徐復觀教授在重印《佛家名相通釋》序言中說：

「黃岡熊先生之學，規模闊大，氣象深閎，而系統之嚴整，辨析之精密，殆非先儒及並時治哲學者所能企及。其《新唯識論》一書，對我國文化既已窮高極深，搜玄討賾矣。而其書之理論結構，方之西哲名著，亦絕無遜色。若非積累融鑄，體驗思辨之功，曷克臻此。」

「先生治學，自周秦諸子入，及列宜黃歐陽大師之門，則潛心佛學中之唯識宗。終乃由易傳以會歸於孔子。唯識宗重解析辯證，其思考之訓練多得力於此。」

又說：「天資遲鈍者，輕讀佛典，將益增其精神之迷悶，《名相通釋》一書，蓋先生為好學深思者破除迷悶，直指門庭而作也。」

牟宗三教授說：

「熊師的那原始生命之光輝與風姿，家國天下族類之感之強烈，實開吾生命之源而永有所嚮往而不至退墮之重大緣會。吾於此實體會了慧命之相續。熊師之生命實即一有光輝之慧命。當今之世，唯彼一人能直通黃帝堯舜以來之大生命而不隔。此大生命是民族生命與文化生命之合一。他是直頂著華族文化生命觀念方向所開闢的人生宇宙之本源而抒發其義理與情感。他的學問直下是人生的，同時也是宇宙的。」

名政論家陶希聖先生說：

「宋明時代的理學，是中國思想又一次發皇。宋代理學家中，言及氣象宏大，義理精純，當推張載。明代則以王夫之獨能遠紹張載。王夫之以下，唯熊十力先生能繼承此一學脈。」

謝幼偉教授說：

「黃岡熊十力先生，一代大哲，千百年來，我國學術界中罕見之一位學人，雖程朱陸王，未必能與之相比。其學雖以繼承我國傳統思想自任，然實有超乎我國傳統思想之上者。所謂青出於藍，對我國文化固有發揚光大之力。在今日復興文化聲中，熊先生著作之流行，自屬必要。」

王化棠先生對熊十力先生的著作曾作體系上的說明云：

「根據十力的自述，獲知他計畫中的三部大著，屬於本體論的叫做《新唯識論》，屬於知識論的叫做《量論》，屬於宇宙論和人生論的叫做《大易廣傳》，他認爲這三部著作是儒學的骨幹，有此三書，而後儒學的規模，始能燦然悉備。現在他這三部鉅著，其已完成的除了《新唯識論》外；餘如《原儒》雖是《大易廣傳》的提要，但亦可視爲《大易廣傳》的完成。至於《量論》一書，今日是否又相繼完成，則因迄未獲有消息，殊難懸揣。以十力的年老力衰，而又丁此遽變，恐怕自他的《原儒》一書問世之後，即爲孔子因獲麟而絕筆之時，這就不能不令我們爲中國儒學的續絕存亡而惄然以憂、惕然而懼了！」

居浩然教授說：

「熊先生的理論體系，博大精深。有佛學名言辨析的謹嚴，而不耽空溺寂。有易傳老莊的空靈，而反歸於夫子的醇厚。」

「民國十一年到北京大學任教，主要的講稿爲《新唯識論》：這本著作經過多次修改，最後於民國二十一年（一九三二年）自印出版。這是文言文本，另有語體文本於民國二十七年改寫。民國三十一年完成。《新唯識論》簡稱《新論》，是熊先生的主要著作。唯識原是佛家的一個宗派，由無著世親的唯識論而來。這一宗派一方面在四大皆空的基礎上說明『法相』（略當於哲學上的現象）之所以成立，另一方面將說明的程序倒轉來，也就可以從法相探究實性或實體（即哲學上的本體）。無著世親原來的說法極爲繁瑣，因爲要融攝各派思想和理論，綱羅既多，強加組織，其中難免穿鑿。熊先生提出其精華，融入《易經》的體系，乃有《新論》的創作。」

胡秋原先生說：

「在哲學上主張恢復孔子精神，戛戛獨造者，有畢生孤寒爲學之熊十力先生。先生之主著有三：《新唯識論》（始印於九一八前後），《讀經示要》（印於戰時），《原儒》（印於大陸）（其思想最簡單之要點可看《中華雜誌》七卷十期哈米頓短文及其與某君書）。先生之學，蓋以《易經》爲『內聖』之學（哲學），《春秋》《周禮》爲外王之學（政治）。他以『窮理盡性以至於命』爲《易經》之總綱。本體即理，理者，一本而萬殊。一本爲萬化之根源，萬殊指萬物及其法則。理在人者爲性，理流行不息，爲吾人與萬物共有之本體。故當發自性固有之德用，使萬物各暢其性，共進太平。又以『即用顯體』說一本萬殊之關係，又以內證外求說哲學、科學之區別。並以印度唯識及西方之創化論論證之，所說亦與現象學有相通處。又以《易經》有科學，《春秋》有民主，《周禮》有社會主義。又以兩漢以來中國歷史爲夷狄盜賊更迭爲帝之局，孔子之大道未明。故欲以儒家思想爲主，參以諸子，西洋思想亦當和會，以爲人類將來之需。凡此所云，一部分已散見於其九一八前論學書札。他已在五十七年五月以八十四歲的高齡辭世了。」

「先生於我有師生之義。嘗勉我以事功，並屢諷示欲我繼續其學。先生大力精思，至意無非欲國人自知其自性，共宏愛其族類之心。此實儒學之血脈，爲我無刻或敢忘。」

熊十力先生的思想，已形成了反唯物論的主流。大陸撤守後，國民黨在三十九年二月，由蕭贊育先生主動召開了三民主義哲學研討會。蕭贊育先生即《十力語要》中的蕭化之，對熊先生的本體哲學頗有認識，此次會議，即採取了熊先生的心物一元論的見解。

熊十力先生的反共思想，是根據於《易經》思想而產生的，可說是由《易經》思想以建立反共哲學體系的先知先覺。直到大陸撤退，　蔣中正總統在臺灣復職視事，越南總統吳廷琰於民國四十九年一月十五日訪華謁晤　蔣總統時，談到《易經》哲學是馬克斯主義的剋星，是反共的思想，中國人要獲得反共勝利，必當從發揚孔孟哲學著手。蔣總統甚以爲然，便一方面成立孔孟學會，一方面根據《易經》哲學寫成〈解決共產思想與方法的根本問題〉，指中國的本體哲學就是太極，這太極就是西方所說的「絕對」「上帝—神」。但，唯物論者卻故意說太極是物質。孔子思想與唯物論有關。說孔子、孟子就主張唯物史觀。這是故意加以曲解。

陳立夫先生主持孔孟學會，成立易學研究會，以發揚《易經》哲學，期能由此建立反共的哲學思想體系，便與熊十力先生的主張前後合轍。

說到熊十力先生的思想，對今後學界的影響，正是方興未已。他的學生中，有唐君毅、牟宗三、徐復觀、胡秋原等。在《十力語要》一書中，與熊先生論學的師友、門生之名單如下：

張季同、張申府、敖均生、湯錫予、賴振聲、燕大明、王維誠、張東蓀、林宰平、張孟劬、德國李華德、胡子康、北京晨報、讀書周刊、鄧念觀、袁道沖、薛星奎、劉公純、韓裕文、張德鈞、王星賢、王　漢、周開慶、徐見心、朱進之、滿辛畬、唐君毅、劉樹鵬、徐令宣、義大利馬格里尼、李景賢、牟宗三、酈君、美國柏特、池際安（仲光、熊池生）、王伯尹、謝幼偉、徐復觀、楊　鈞、唐　生（君毅）、賀昌羣、蕭化之、劉冰若、任繼愈、鄭子琴、錢學熙、張默生、周封岐、張俶知、魯實先、薛偉猷、酈衡叔、蒙文通、周通旦、梅居士、陳亞三、張君勱、謝子厚、沈有鼎、胡世華、林同濟、張遵騮、陳從之、謝隨知、陶闓士、汪易鏵、賀自昭、孫穎川、鍾仲襄、李四光、曹慕樊、黎滌玄、劉海九、王　準、高磵莊、高贊非、劉念僧、王平叔、鍾伯良、潘從理、賴典麗、陶開士（梁漱溟之友）、李笑春、邱希明、嚴立三、彭雲谷、梁任公、陳真如、馬乾符、黃存之、黃艮庸、郝心亮、李敬特、高佩經、宋莘耕、張詩言、文德揚、胡　炯、余越園、胡展堂、韓庠生、馮炳權。

這些名單中，有許多人已是學界馳名，著作等身，其中許多人都受有熊先生一定的影響作用。但熊先生所繼承的是中國文化的慧命。而中國每一個人，尤其教育界，實應以發揚中國文化的慧命自任，方是正理。

對於熊十力先生思想的瞭解，的確並非易事。他的學生、朋友之中，都難免對他的思想有所誤解。在熊先生認爲，畢生最能瞭解他的思想的，是他的知己好友林宰平先生一人。這裏且引熊先生所說的一段話，以作結束：

「世人疑我是佛教信徒，只有宰平知道我究心佛法，而實迥異於佛學的趣寂宗旨。有人疑我是理學家，只有宰平知道我是敬事宋明諸先生，而實不採取他們的拘礙。有人以爲我的簡樸脫俗像老、莊，只有宰平知道我平生沒有變化氣質的功效，而心性所存，實以動止都合乎禮，爲此心自然的法則，是主要而不可亂的。宰平常戒責我的混亂，說我習氣橫發，而不知道檢點。有人把我看作儒家，只有宰平知道我只是學問的宗主在儒家，而所研究的範圍卻很廣博。有人疑我的新唯識論，外面是釋迦而內裏是儒家，只有宰平知道我的新唯識論是自成體系，既深入眾家學說，又超出眾家學說，是圓融無礙的」。

二　本書主要參考書目

《辛亥武昌首義紀》　臺北市湖北同鄉會印行。
《黃岡縣志》　臺北市學生書局印行。
《新唯識論》（文言本）　熊十力著，臺北市文景出版社印行。
《新唯識論》（語體本）　熊十力著，臺北市廣文書局印行。
《破破新唯識論》　熊十力著，自印，河洛圖書出版公司再版。
《十力語要》　熊十力著，臺北市廣文書局印行。
《讀經示要》　熊十力著，臺北市廣文書局印行。
《佛家名相通釋》　熊十力著，原由北大印，臺北市廣文書局印行。
《因明大疏刪註》　熊十力著，原由商務印，臺北市廣文書局印行。
《十力語要初續》　熊十力著，臺北市樂天出版社印行。
《原儒》　熊十力著，臺北市明倫出版社印行。
《中國歷史講話》　熊十力著，四川成都黃埔出版社印行，智仁出版社再版。
《韓非子評論》　熊十力著，人人出版社印行，蘭臺書局再版。
《明心篇》　熊十力著，自印。
《乾坤衍》　熊十力著，自印。

《一代大哲熊十力》李霜青著，龍泉出版社印行。

《熊十力先生紀念文集》徐復觀、牟宗三等著，龍泉出版社印行。

張君勱

江勇振　著

目 次

張君勱

一、緒論

就某種意義而言，一百多年來的中國近代史基本上是對西方衝擊的反應。一八六〇年，英法聯軍以後，西方的衝擊逐漸由通商口岸伸向內陸。「自強運動」標示了中國在求富求強的意願下，從廣義的器物層面，對西方文化從事採擇的工作。中日甲午之戰以後，西方文化的衝擊更進一步地突進了古老中國的政治制度與儒家傳統裏。於是從「戊戌政變」，經過嚴復的翻譯、梁啓超的「新民說」、立憲派與革命派的論爭，到「辛亥革命」，整個文化傳統蛻變的歷程逐漸展開，傳統文化解體的酵母在這個階段裏已經開始作用。從這個意義言，「五四」在近代中國思想史上的地位，與其說是一個突起的高峯，毋寧說是一片突起的山巒中的一個峯頭；幾乎所有「五四」時期所懸揭的思潮，我們都可以在前一個從「戊戌政變」到「辛亥革命」的階段裏找到源頭。

從上述的論點出發，我們對近代中國的思想，似乎不難從某一個角度來觀察它在波濤洶湧的現象之下，所具有的連續性或沿承性（Continuity）。人類的思想，不可避免地是客觀環境之下的產物。很自然地，近代中國的思想，在相當大程度的範圍內，是受到歷史條件或客觀環境的制約。一如汪一駒所指出的：「從一八六〇年以降，所有改革運動背後的主動力，是出自於知識階級（literati）對中國在國際上與國內衰弱情勢焦慮的關切。這種衰弱的情勢一日不改善，則運用新的方式——不論是改革的或是革命的——從事的實驗將一日不停。」在這種對於國勢衰微的焦慮感之下，國富民強就很自然地成爲中國知識分子所追求的最大目標。

然而，這種富強目標的追式是形塑於一種嶄新的概念架構之下。在意義上，它絕然不同於傳統中國所謂的富強的概念架構。一方面，它強調工業化的必要性，體認「富」是爲「強」的先決條件。另一方面，也是最具有歷史意義的，它是與社會達爾文主義密切地結合在一起。換句話說，社會達爾文主義挾帶著它從生物現象中所轉借來的類比，以「優勝劣敗」、「適者生存」的警語，促使晚清以來的知識分子在達爾文式的集體主義（Darwinian collectivism）之下，思索著富強目標的追求。這可以說明何以我們可以在嚴復、梁啓超、甚至張君勱的思想裏，看見社會達爾文主義與自由主義結合在一起的現象。自由主義之做爲一種道德的價值，做爲一種社會以及政治制度的表現，的確未能在中國的土壤上生根發芽。然而，在達爾文式的集體主義之下，它卻被曲解爲一種工具性的價值。就這個意義而言，自由主義之所以被擁贊，主要是因爲它被視爲釋放或培養國民的能力與公德心的唯一管道。而國民能力與公德心的釋放與培養，則是爲了國家富強的最高目的。於是原本是做爲一種道德的最終目的的自由主義，在近代中國思想裏，卻成爲完成國家富強的手段。

然而，隨著西方知識的增長，以及其他西方政治體制或意識形態的實驗或產生，中國知識分子逐漸了解自由主義之做爲釋放或培養國民的能力與公德心，從而達成國家富強的目的似乎是迂緩難待，甚至是完全不相干的。對這個目的而言，布爾希維克主義、國家社會主義、法西斯主義似乎更能提供有效的捷徑。一九三〇年代中期，「民主與獨裁」的討論，除了能說明自由主義之仍然被視爲工具性的事實以外；在意義上，它則標示了部分中國知識分子對其他捷徑的幻想與選擇。因此，我們很能接受史華慈（Benjamin Schwartz）從嚴復的研究中，所抽繹出來的中國近代思想史的一條線索。他說：「嚴復所譯介的英國自由主義，在『五四』以後並沒有在中國發揚光大。然而，他對（國家）富強的高度關切，以及他對西方文明中浮士德成分（Faustian element）的回應，一方面，一直是中國知識階級意識裏的基本特徵；另一方面，則與其後所湧現的各種意識形態——不論它們是被稱爲社會主義、自由主義或甚至是新傳統主義——糾結在一起。」

這種對於國家富強的追求，不但表現於知識分子的思想裏，而且深刻的反映於教育制度之中。在汪一駒對近代中國知識分子的研究裏，他發現在留學生的掌理之下，民國以來的教育制度具有下列三個主要特徵：對高等教育的重視超過初等教育；犧牲人文學科而注重工業技術與科學；在課程裏過度地採用外國材料。他接著指出：「在某種程度的範圍內，這些特徵不過反映了一個事實，那就是近代中國的教育，一開始就不是啓蒙個人的手段，而是一種強化中國的策略。」

從這種尋求國家富強的心理，回過來觀察張君勱的思想，我們可以很清楚地看出他一直沒有脫離嚴復所建立的觀念架構。換句話說，儘管他對西方的了解要超過嚴復，他卻依然是在達爾文式的集體主義之下來詮釋自由主義。因而，儘管他確實了解並認可自由主義的精神，他仍然會不自覺地表現出「各個人之自由發展，同時即為國家養成健全的分子」這種觀念。甚至並會進而表示：「自由學說之最大價值，在其能養成獨立人格與健全公民。……一國之大多數人民，不養成自由人格；不有自動自發之精神；不有自動自發之精神以參加國事，而件件賴政府之指示，則此國家之基礎當然不健全、不鞏固。譬諸造屋，西人以鐵筋洋灰為其梁柱，而我則以爛泥為牆壁。兩者經久性之長短，不待智者而後知。國家何獨不然!?」

五四新文化運動以後，隨著文化傳統解體的加速，各種不同的意識形態湧入中國。「新青年」所擁贊的「德先生」與「賽先生」，在二十世紀初期的中國固然是欠缺實際滋長的可能性。然而，做為抽象的觀念，它們卻分別地成為向傳統社會與文化秩序挑戰的利器。於是，胡適筆下向易卜生（Ibsen）借來的「娜拉」（Nora），成為從舊社會解放個人的象徵。而「賽先生」則逐漸在口號與宣傳之中，走向了相信科學可以解決一切自然、人文、社會問題的科學主義（scientism）。杜威（John Dewey）的實驗主義（pragmatism），在他的學生胡適等人的提倡以及他本人來華的演講之下，達到了它影響力的最高峯。然而，「俄國革命」以後，馬克思主義挾帶著它宗教性狂熱的色彩、科學化的外貌。它之既能解釋傳統社會的性質，又能肯定未來趨向的結論，較之僅僅強調方法與過程，而猶疑、謹慎於提出結論的實驗主義，更能打動一般被科學主義所征服的人們。民國八年，「問題與主義」的論戰，實標示了實驗主義在中國沒落的開始。此後，從一九二〇年代開始，左派的意識形態逐漸在中國知識界佔穩優勢的地位。

比較而言，在這一個思想大勢之下，以梁啓超、張君勱爲代表的一羣人可以說是知識界裏的少數羣。特別是對一生漫長得親見「戊戌政變」、「辛亥革命」、「五四運動」、「八年抗戰」，晚年流亡美國的張君勱而言，這種對比是特別顯著的。當以胡適爲首的自由主義者相率不談政治，專注於文化思想的方面一點一滴改革；而以陳獨秀、李大釗爲代表的左派強調以主義爲根據，從事全盤的根本改革時，張君勱等以《改造雜誌》爲中心的一派人，在態度上大致是介乎其間的。然而，當權力的結構逐漸以左、右派爲中心而兩極化時，張君勱卻選擇了第三條路：成立了「國家社會黨」——是爲今天「民主社會黨」的前身。在另一方面，當近代中國的主要思潮，從實驗主義過渡到科學主義的極端化發展時，張君勱卻似乎很不合時宜的擁贊唯心論（idealism），以及從事復興新儒家思想的工作。很明顯地，無論是就實際政治或是思想觀念的層面而言，張君勱以及他的追隨者是屬於少數羣；特別是在他們事實上已經幾乎完全失去實際的運作場的今天。

二、初探「政治國」：秀異領導的追求

1 早年時代

張君勱，原名嘉森，字君勱，另字士林，號立齋。清光緒十二年十二月二十五日（西元一八八七年一月十八日），生於江蘇嘉定。君勱的先世原住在嘉定縣葛隆鎮，至七世祖遷居寶山縣真茹鎮，是一個經商的家庭，累世業鹽。曾祖父秋涯，行醫鎮上，施藥濟貧，頗有善名。一直到祖父銘甫，方才登科甲。道光年間，以舉人署四川的縣令。在川十餘年，頗有政聲。銘甫於政事之外，仍潛心於學。並及於醫卜星相，而尤深於宋儒義理之學。後銘甫倦於仕途，退居田里，移家嘉定。命他的幼子祖澤——即君勱父親——習醫，以傳曾祖父之業。卒業後開設診所維持生計，是上海、南翔地區的名醫。其後，當君勱兄弟漸次成長時，祖澤復移居南翔經商。祖澤娶妻劉氏，生子女十四，成人者男八女五，君勱排行第二。

君勱自五歲起，與四伯父諸子及弟公權（原名嘉璈）同入家塾。喜讀書而領悟力高。他常能對《論語》章句提出問題，甚至塾師每爲所窘。幼年時，君勱常至羅店鎮訪友，據說他對羅店朋友家的街坊鄰人印象茫然，唯獨某家藏有某部好書，卻牢記不忘。更爲有趣的是，他在少年時，即嘗於黎明焚香讀朱熹的《近思錄》，很能顯示他溫和虔敬的性情。然而，他同時也是一個活潑淘氣的孩子。塾課既畢，每每獨出心裁，設計遊戲，與朋輩同樂，有「軍師」之稱。曾有一次戲操小舟，不愼墜水，幸因家人尋喚歸食，救回了他的小生命。

君勱十一歲時（一八九七年），奉母命考進當時很少人去唸的上海「廣方言館」。我們不能確知他入學的動機是什麼。但是，「廣方言館」每月津貼學生銀子一兩，與他父親「經商失敗，景況蕭然」之間可能有關係。當時，「廣方言館」的課程全排在上午，下午老師批改本子，學生則自習或上體育課。四天讀英文（包括數學、化學、物理、外國歷史等），三天讀國文（包括「三通考」、作策論等）。教授的方法是很傳統的，每一科都像讀四書五經，必須背熟。這些課程加上當時「江南製造局」所繙譯的自然科學書籍，使君勱了解「世界上除了做八股及我國固有國粹之外，還有若干學問」。當時教國文的袁希濤（觀瀾）是注意掌故輿地的學者，君勱對政治制度的興趣實由他所啓發。君勱在學的成績很好，曾經獲得第一名，獎品中包括「江南製造局」所譯的自然科學、製砲與航海的書籍。課堂之外，君勱還選讀一些古書，如《資治通鑑》、《曾文正公全集》、《日知錄》等。傳統的道德觀念在少年時就已深深地注入了他的血液裏。

光緒二十四年（一八九八年），康有爲、梁啓超倡導的維新運動遭受清廷保守勢力的反擊，只曇花一現，成爲「百日維新」這個歷史名詞。戊戌政變以後，清廷通令各省追緝康有爲與梁啓超。「廣方言館」門口高懸著的康、梁二人照片，很自然地吸引了君勱的注意。從此燃起了他對政治濃厚的興趣，注定了他一生致力於政治改革的生涯。

光緒二十八年（一九〇二年），清廷廢八股，科舉改試策論，君勱參加寶山縣鄉試，取中秀才。翌年春，馬良（相伯）在上海徐家匯天文臺創辦「震旦學院」。其宗旨爲吸收具有國學根底或出身科舉之士，用速成方法，教以拉丁、英、法、德文，養成繙譯人才，從事歐美科學書籍的譯介。當時剛自新大陸返回日本的梁啓超，不但將震旦學院招生的啓事登在《新民叢報》上，並特別在同期撰有〈祝震旦學院之前途〉一文。文中強調「士生今日，不通歐洲任一國語言文字者，幾不可以人類齒」。而拉丁文（原文如此）又爲歐洲各國之語源，既通一國語文，自必溯其源；反之，先習拉丁文，後習任一歐洲語言，則事半而功倍，學問且更有根底。君勱在《新民叢報》上讀到這則新聞，無異於梁啓超向他宣稱：「中國之有學術，自震旦學院始。」立刻投考入學。根據君勱自己的記憶，課程全爲拉丁文。馬良教授的速度奇快，一周即教完一厚册，接著講西洋哲學，以及泰西特斯（Tacitus）的 *Germania* 等書。這種囫圇吞式的教法，是否可能具有成效，是很可懷疑的。半年以後，由於家裏付不起一個學期一百多兩銀子的學費，君勱便輟學了。

離開震旦學院以後，君勱改入南京高等學校。光緒三十年（一九〇四年）考選留日學生，君勱寫了一封長信請求父母准許他參與考選，結果未能如願。然而，君勱這次的學生生涯卻又注定是短暫的，這一次是以一個留日學生發起的愛國行動做爲背景。庚子事變以後，俄國藉口維持秩序及敉平拳匪，除了參與聯軍進佔平津的行動外，並派兵二十萬入東北。企圖以既成的事實，強迫中國單獨與之談判，而達成控制東北的目的。在日本主戰派的影響之下，留日學生以鈕永建爲首，組織了一支由藍天蔚率領的「拒俄義勇隊」（後改名爲「學生軍」）。一百三十多個學生志願參與行動，五十個學生承諾在東京擔任工作，甚至有十二位女學生志願擔任隨軍護士。另一方面，除了通電各省，喚起國人的同情外，並推派鈕永建與湯爾和返國游説當時的北洋大臣袁世凱，表示願隸其麾下抵抗俄國。在清廷方面，則將此學生的愛國行動視同於庚子年保皇黨支持的唐才常的「自立軍之役」。而清季的民族主義確實無異於一把兩面刀，它一方面固然可以引起國人對列強同仇敵愾的心理，而另一方面，它的發展卻也是對清廷政權鞏固的一種威脅。很自然地，清廷透過日本政府強迫解散「學生軍」，並禁止留學生從事軍事訓練。返國游説袁世凱的鈕永建與湯爾和則幸運地躲過了緝捕而逃抵上海。這時日俄戰爭已在我國東北展開，年輕的君勱在愛國心的驅策之下，也列名參加上海學生開會響應而組織的義勇隊。事爲校方所知，以其爲革命行爲，除了勒令退學以外，並交地方官嚴加管束。君勱在國內的學生生涯從此結束。

從南京高等學校退學以後，以「廣方言館」的英文基礎，君勱經由友人的介紹，到湖南擔任一年多的中學和師範學堂英文教師。據説他在湖南授課時，有一次論及國際情勢以及列強對華的侵略，語調之激昂，竟使學生嚎啕大哭，甚至暈倒於地。從這個故事回顧君勱之曾經列名參加上海的「拒俄義勇隊」，再加上他少年時代曾在黎明焚香讀《近思錄》的事實，我們可以透過這種溫和虔敬的性格中，看到一個深深地浸潤在文化傳統之中的行動主義者的雛型。

光緒三十一年（一九〇五年）冬，帶著預備留日而積存的四百多元的薪俸，君勱從湖南返回故鄉嘉定。翌年春初，在故鄉與元配夫人沈氏結婚。婚後不及一月，君勱即赴日留學。

2 留日時期

光緒三十二年（一九〇六年），君勱留日的宿願得償，由寶山縣保送赴日習理化。這時君勱剛剛邁入二十歲。在這年三月匆匆地更易服裝，剪去辮子，辭別家人以及蜜月期裏的新娘，與七個同行的夥伴自上海啓碇。抵達日本東京以後，因爲不能適應席地而坐的起居習慣，君勱居然罄囊購置桌椅等器用，使室内的陳設完全中國化。時與友朋相過從或聚餐，高談闊論。

這年秋天，君勱考入早稻田大學政治經濟科預科。寶山縣給他的公費原是讓他赴日習理化，然而君勱素對理化不感興趣，一心只想攻讀法政。這一個改變違背了寶山縣保送他赴日的目的，半年後便停止供給公費。這時，君勱自己的存款也已用盡，幸而他爲《新民叢報》撰稿，每月可得六十餘元，足夠兄弟二人的生活費（其弟公權此時正就讀於慶應大學）。然而翌年，光緒三十三年（一九〇七年），《新民叢報》停刊，君勱兄弟二人的經濟來源完全斷絕，只得求助親友，每月得十三元，僅僅足夠伙食費。當時窘迫的情形，可以從他們兄弟所用的手帕看出一二。他們兄弟將手帕剪成兩片分用，繼而再分而各用四分之一。

然而，對君勱而言，日本確實是個「美麗新世界」。君勱自己表示他與現代學術正式接觸，是在日本留學的時期。從早稻田大學的預科到大學部，他主修的是政治經濟。當時，日本大學裏除了講義以外，所用的參考書大都是英文本。對於除了看書以外，日文相當不高明的君勱而言，英文就成了他求知的工具，也是他用以參加考試的媒介。而在這五、六年的日本留學生涯裏，對君勱一生有決定性影響的，是他在日本學術界呼吸到日本人對德國學術的宗主。他回憶當時日本大學雖然採用英文參考書，但是教授經常提起的都是德國學者，如華格納（Adolf Wagner）、許摩納（Gustav Schmoller）等。這種宗主德國學者的風氣引起了君勱對德國學術的興趣與羨慕，埋下了他日後留德的伏筆。根據一個當代學者的說法，君勱甚至在此時已對德國的唯心論產生了興趣。

君勱東渡那一年（一九〇六年），正是梁啓超與革命派論戰最為激烈的時期。年方二十歲，君勱居然能夠提筆撰文，而且能夠在針鋒相對的氣氛下，站在論戰者的圈外，冷靜而穩健的提出自己的意見。他生平第一篇譯著〈穆勒約翰議院政治論〉，是摘譯自穆勒（John Stuart Mill）的《代議政治論》（*On Representative Government*）。這篇未完全刊載的譯稿，等於是他在早稻田大學的讀書心得。像嚴復的翻譯一樣，君勱也是採取意譯的方式，並偶爾在譯中插入按語。嚴復在他所譯的穆勒《羣己權界論》（*On Liberty*）的〈譯凡例〉曾說：「原書文理頗深，意繁句重。若依文作譯，必至難索解人，故不得不略為顛倒。此以中文譯西書定法也。」我們對照穆勒《代議政治論》原文，可以很清楚的看出嚴復的譯例對君勱的影響。

就某個意義說來，〈穆勒約翰議院政治論〉奠定了君勱一生政治思想的一個里程碑。一方面，至少就政治思想這個層面而言，它使二十歲以前對君勱具有影響力的因素——如《新民叢報》——相對的黯然失色，決定性地確定了他此後政治活動所採行的方向。因此，當君勱說他對梁啓超毋寧是私淑而非師事時，我們確實可以從這篇譯文所提出而爲君勱一生所服膺的論點中獲得旁證。在清末以革命與立憲爲兩極的背景之下，君勱的立場無疑是屬於立憲主義者。梁啓超所鼓吹的立憲主張，對二十歲留日以前的君勱固然是一個應被考慮的因素，然而合理的解釋毋寧是穆勒的觀點說服了君勱，並提供他進而筆之爲文的理論基礎。穆勒討論「政體」，折衷於機械派（mechanism）與有機派（organism）之間，認爲一國政體的變遷既非可以任意抉擇或改革，亦非如植物之生長而不加以人爲的設計。於是穆勒提出改革政體的三個條件如下：

(1)政體必與其國民之性情行誼，毋相鑿柄。

(2)此政體之永續，必其民之行動力足以維持之。

(3)凡消極積極之行爲，政府之所需於民，賴此而後能善其事者，必爲其民之所樂爲，而力能任之。

穆勒這種對國民的性格、參與公共事務的能力、與公共精神（Public Spirit）的強調，以及反觀當時中國人民「公私道德之掃地」的狀態，促使君勱重估救國的途徑，而以改造國民爲首要之務。甚且，他更徵引利愷（William Lecky）對法國革命與英國改革運動的批評：認爲法國革命以後一連串的悲劇，在於它斬斷了法國人民與他們的歷史傳統之間的親密關係；而英國人的政治天才，在於他們能夠使舊制度調適新需要，雖無顯赫之名，而得幸福之實。他盛嘆這是盎格魯民族與拉丁民族得失、成敗之分判，更明白地頌揚從法國式的革命到英國式的改革，是西方政治進化的成例。

在另一方面，君勱一生所以擁贊民主政體的基本假定，實成形、奠定於他這個年方二十一而對穆勒一見傾心的時期。在他的譯文裏，專制政體之下的國民，由於「日夕惟刑憲之是懼，又安敢放言高論，思自效於國家前途，則其國民之思想活動，又安有進步之可期，然而習久成風，必成一麻木不仁之世界」。在這種情形之下，沒有不淪於劣敗而被淘汰的命運。因此：「專制國之末路，唯坐以待斃耳。」他完全相信國民的政治能力、道德水準——以至於此二者提高後的國富民強——的提高，只有在自由的立憲政體之下方可獲得。這是基於穆勒所提出的兩個命題：「一、凡權利必以自力自保，乃得安全；二、社會之旺盛，隨其智力之發達，而大增進。」如是，奠定了君勱一生對民主政治的信仰。認定民主政體的優點，在於它能開放國民自由的從事心智或實際的社會活動，從而經由這種責任的賦予，爲社會國家培育一個個具有參與公職能力以及社會意識的國民。很明顯的，這是從追求國家富強的心理背景之下，所完成的對西方自由主義的詮釋；個人與社會在一種生物的類比之下，被描述成一個有機的關係，而個人自由之所以受到尊重和強調，毋寧是因爲它能釋放出個人——細胞——的活力，以成就有機體——社會——的健壯。

從這個背景出發，君勱認定解救中國之道在依循西方政治進化的成例，採取英國式的改革。既採取英國式的改革，則無須從事對滿人持復仇主義的種族革命。何況事實上滿族已被同化，已與漢族同在苦樂榮辱與共的歷史傳統之內。正應共同在危急存亡之秋，共同致力於改革專制腐敗政府的政治革命。而且，就另一方面說來，無論主政治革命或主種族革命，目的均是在實現立憲政治。君勱很雄辯地指出，爲達成立憲政治的目的，種族革命實在是不相干的。他強調證諸近代各國的歷史，立憲的原動力無不是出於國民的要求，而非政府主動的給予。「國民之能力增一度，則政府之壓制縮一度。」對他而言，爲達成立憲政治的目的，真正相干而重要的實在是國民的思想和能力。

光緒三十二年七月，清廷頒預備立憲詔，予立憲派人士極大的鼓勵。梁啓超甚至表示：「從此政治革命問題可告一段落。」隨即有意組織團體，鼓動並培養國民的政治能力，而有次年「政聞社」之成立。是年十一月，張謇、湯壽潛、鄭孝胥等首先集合江蘇、浙江、福建三省熱心立憲運動的士紳，在上海成立「預備立憲公會」。次年，湖南、湖北、廣東都相繼出現了類似的團體，逐漸蔚成一股民間要求立憲的運動。然而，對於國會應該何時召開，這些團體並沒有一致的意見。就像張謇所說的：「主急主緩，議論極紛駁。」召開國會時間的急緩主張容或不同，它所反映出來的意義則一：在這個要求立憲的運動之下，人們傾向於素樸地相信只要國會召開、憲政施行，就可以獲得救亡圖存的效果。

相形之下，光緒三十三年（一九〇七年）君勱所發表的〈論今後民黨之進行〉，則顯得冷靜而深刻。能夠處身運動的狂熱之中，而仍具有理性反省的能力。他批評主張即時召開國會的人徒知國會制度的優點，而不知計慮如何召開國會以及召開以後的實際問題。他徵引意大利閣潮之迭起；比較英美與歐陸多黨制國家的政治，強調以當時中國落後的情形；人民知識又復落後，漫無紀律且感情用事，則政爭、閣潮之演出幾可預料。對於冀求力固國本，以禦外侮的中國而言，如何能容許這種重重衝突的發生。他指出他之所以強調日本完成立憲經過十餘年的時間，並非爲清廷設一藉口，並非認定國會不能即開。而毋寧是在未開之前指出應當預先籌及的問題，以免重蹈諸國之覆轍，反而阻礙國家之進步。

另一方面，君勱批評那些主張從緩召開國會的人徒惑於國民的低落程度，而不知考量國民程度的提高與實行立憲政治之間究竟有多少實際的相干性。根據他的看法，就議會政治的推行，至少就初期而言，與普遍國民根本思想的改良——亦即教育普及的工作——之間並沒有直接的相干性。他指出提倡教育普及爲基礎的人，根本的假設無異是在製造代議士，或改良國民的根性。前者既非教育所能達成，後者亦不可能收功於一時。因此，教育普及的目的或功效，毋寧是在開發民智，以求社會之根本改良，而非國會召開之先決條件。

一如我們在討論君勱前一篇譯文所得到的結論，這篇同樣是未完全刊載的文章在某種程度的範圍內，也確定了他一生中另一個重要觀念的雛型。他推崇近代各國革命與獨立的歷史是驚天動地的大事業。他指出這些大事業的產生，甚至可以說是由於一二學者的鼓吹，出於一二英豪的運動。因而他強調政治的改革，無一不賴少數先覺分子力倡於前、主持於後。他呼籲：「不患多數人之程度不足，只患少數人之不能團結以監督政府；不患少數人之智識不足以議事，只患少數人未慣於多數政治。」更特別的是他驚異於先進共和國選舉競爭之劇烈，不能釋然於先進立憲國政府重要提案屢被否決的事實。取代的是，他稱道日本預備立憲時期上下感情的和睦。頌揚後進的立憲國（在他的心目中，這極可能是指日、德）在中央政治改良以後，各方面之蓬勃發達大有莫之能禦的氣勢。在這種他一生服膺不輟的傳統儒家秀異統治主義（Confucian elitism）的觀點之下，他已開始——雖然未成體系——建構一種秀異分子鞠躬盡瘁於上，自由解放的國民如眾星拱月一般勤奮不懈於下，以至上下和諧的政治哲學。

自從清廷在光緒三十二年秋下預備立憲詔以後，梁啓超與其他在日本東京的立憲派人士即開始籌議組黨。經過一年的往返商討與抉擇，終於在光緒三十三年（一九〇七年）九月十一日，在東京成立「政聞社」。年方二十一歲的君勱除了是發起人之一外，復擔任「政聞社」的評議員，以及編纂科的職務。「政聞社」成立以後，無論是機關報《政論》的鼓吹，或是大批派遣社員往國內活動，其目的俱是在促成清廷速開國會。在派赴國內活動的社員中，君勱是其中之一。然而，由於他在北京陳三立家中，遇見了戊戌政變時參劾康、梁的御史蔡京台，陳不安之餘，立刻遣人購船票送君勱經由上海轉回日本。以是之故，當「政聞社」本部在次年初遷往上海後，君勱得以一面參與負責東京社務，一面繼續他的學業。

君勱對一般國民的水準，原就不抱任何樂觀的估計，他認爲：「以大多數之愚民，雖日哭訴於其旁，猶之無益，故欲藉輿論以反抗政府，真夢想也。」因而他強調今日政治的基礎，絕不能放在國民的身上。多數人的程度既然不足，則少數人必須團結起來，實地去從事一番事業。於是，他贊成侯延爽的意見，認爲「政聞社」應一方面經營生產事業，以充裕經濟的基礎；另一方面，社員應多入政界，以廣占勢力，奠定基礎。此後，即使在光緒三十四年（一九〇八年）七月，「政聞社」被迫解散以後，君勱仍一本這種從實際上用工夫的信念從事政治上的活動。

宣統元年（一九〇九年）六月，君勱與數位前「政聞社」社員，在日本東京成立「諮議局事務調查會」。目的在調查中央直省之權限和各項行政，以確定諮議局的權限，並改良直省的行政。八月間，該會出版《憲政新誌》，以便公布調查的結果，供各省參考。這是君勱生平所辦的第一個刊物。同年夏，君勱也嚐到了第一次講學的滋味：應早稻田大學熱海暑期訓練班之聘，講授「中國文化史」。翌年，君勱畢業於早稻田大學，是爲政治學學士。即使在這個革命的前夕，他仍然回國參加學部爲留學生所舉行的科考，此舉與他決心投身於實際政治的想法是一致的。該期主試恰巧是注重工科，他的政治學文憑僅能抵七十分，而與其他所試科目的成績合併後平均計算。由於君勱考試的成績優異，各科均滿百分。主試者特將他的文憑增爲七十五分，平均計算結果，列名優等。清廷授以翰林院庶吉士。時爲宣統三年五月。

武昌革命以後，君勱返回故鄉寶山。除擔任縣議會議長之職以外，並與弟公權在上海發起籌備「神州大學」和成立「國民協會」。前者擬仿早稻田大學規模，首以培養法律、政治人才爲目的，藉以養成國民的政治知識；與後者之欲養成國民政治習慣是相輔爲用的。在這個各省紛紛響應革命的時期，以梁啓超爲首的一羣立憲派人士也思索著他們行動的方向。有人主張立即投身政壇以謀發展；有人主張暫時養晦以待時局變化。有人主張聯結黎元洪；君勱則主張聯結袁世凱，意見紛紜不一。君勱分析當時中國的權力結構，指出中分天下的是以袁世凱爲首的舊官僚，以及中山先生爲首的同盟會。後來再加上以黎元洪爲首的「民社」，而成爲鼎足而三之勢。若「超然獨立，另標政綱」，固然是「立身高潔，不斤斤於政權」。然而在立憲國家裏，欲求輿論之實際功效，則單恃主義之高潔是不夠的；必須與人爭選舉、爭議席，是故聯結其一爲不可避免之途。以立憲派與同盟會在清末不睦的傳統，加以袁爲實力派，君勱自然是主張聯袁。然而君勱固已決心投身實際政治，卻絕非出於權力慾的驅使，而是一心想在中國建立實現議院政治與政黨政治的環境或條件。他強調藉聯袁「以擴張黨勢則可，藉此以接近政權則不可」。他非常了解從自居指導的地位，一變而與現政權結合，勢必不能得到國民的諒解。然而，在堅信中國必須造成一大黨以爲改革事業的中堅信念下，君勱之所以主張聯袁，一方面在藉他的勢力以發展支部於各省；另一方面則藉以吸收其手下有經驗、有才略之士，五、六年後，黨基大固，平日所想望的議院政治與政黨政治可得而實現。不但所以結合現政權的一片苦心得以大白於天下，亦爲國家前途鋪一坦途。

在構想聯袁以逐漸造成一個改革政治的中堅團體的同時，君勱並與湯化龍、林長民、孫洪伊等人於民國元年一月在上海成立「共和建設討論會」，一方面集合同志，討論民國的建設問題；一方面則作爲組織政黨的準備。四月，參議院遷往北京，各派政黨從五六月起，即大事活動，從事政團結合的活動。到八月間，除「共和黨」與「國民黨」相繼成立以外，「共和建設討論會」與「國民協會」亦於同月底合併爲「民主黨」。「民主黨」成立後，君勱以代表的身分，赴日迎接梁啓超返國，並親自筆記梁啓超十月下旬在北京各歡迎團體所做的演講，共十三篇。與藍志先合輯爲《梁任公先生演說第一集》，在十二月出版。

民國初成，君勱方期投身實際政治，試圖結合秀異分子（elite），以爲秀異領導的實現。卻因蒙古獨立的問題撰文批評袁世凱，而被迫出國。原來蒙古與西藏在辛亥革命以後，即藉口他們是清廷的屬邦，因清廷的覆亡，他們與中國脫離關係。到了民國二年十一月三日，蒙古與俄國訂立草約，給予俄人訓練蒙古軍隊的權利，並否認中國在蒙有駐軍的權利。二十日，「路透社（Reuter）」消息傳來：君勱與黃遠生等人在十一月二十一日創刊《少年中國》周刊，並在其上發表〈袁世凱十大罪〉一文。指責袁世凱「因循坐誤，一事不舉」，以致「內無整理之可觀，外啓強鄰之輕侮」。他指出袁世凱既不知防患於機先，又不知因應國際局勢於事後。因循延宕，一誤再誤。他更進一步指出袁世凱單知顧全權勢，甚至於犧牲政策以鞏固地位亦在所不顧；「一若國家可亡，而吾地位不可不保」。他甚至在文末鼓動全國國民起而詰問袁世凱誤國之罪。此文發表以後，袁世凱除禁止發行以外，並下令通緝。在梁啓超與張一麐的勸告下，君勱只得遠颺赴德。既作爲反對袁氏帝制自爲的先聲，亦爲袁世凱陰謀之下第一個放逐者。

3 歐戰福音

民國二年一月，君勱取道俄國首途赴德。在俄故都聖彼得堡（St. Petersburg）停留了兩個多月。結識了帝俄時代「憲政民主黨」（Constitutional Democrats, or Cadets）的領袖米留可夫（Paul Milyukow），以及若干朝野人士。當時，正逢羅曼諾夫（Romanus）王朝三百周年紀念，對街市喧闐的盛況留下很深的印象。另一方面，自從奧國在一九〇八年合併波士尼亞（Bosnia）與黑塞哥維納（Herzegovina）兩個斯拉夫人居住的省分以後，奧俄兩國的關係即趨於緊張。君勱在聖彼得堡，已經可以感覺到戰機繫於一髮的情況。

在聖彼得堡停留兩個多月後，君勱轉赴德國，進入柏林大學，攻讀博士學位。然而，當他來到這個他在留學日本時期早已嚮往的國度時，卻發現他彷彿既聾又啞。在日本所學的三年的德文，既不能使他聽懂一句話，看書的能力也非常有限。另一方面，德國大學學生選課自由，學校不排定課表的自由風氣，對當時仍在學問的大門前徬徨的君勱而言，確是一個既無助又痛苦的經驗。我們從他所選修的課程，如華格納的財政學、許摩納的經濟學、李斯德（Friedrich List）的國際法——開課者俱是他在日本留學時期耳熟能詳的大師——以及民法、刑法等等看來，日本留學時期，日本學術界宗主德國學術的氣氛，以及參與實際政治以圖救中國的決心，在在都決定了他選課的方向。在日後的回憶裏，君勱指出從清末到民初，國人求學常常非以學問爲終身的事業，而係以之做爲改良政治與救國的手段。他坦承自己在日本以及德國留學的時期，俱脫不出這種風氣的影響。在這種風氣之下求學，君勱自認實無多大心得。他舉例說，許摩納的經濟學屬於歷史派；華格納的經濟學則以演繹爲方法。然則何謂歷史派？何謂演繹法？兩派之間又有什麼不同，卻不知深究。是故他在回憶中感嘆的說：「雖兩三年中讀書甚勤，但始終站在學問之外，學問與自己並未打成一片。」

柏林的讀書生活大約一年，另一個終究決定性的確定君勱一生志業的事件發生了：那就是歐戰的爆發。由於英日同盟的關係，當時德國流傳著日本將助屬於協約國一員的俄國對德宣戰。因而黃面孔的人在街上走，常會接到從屋子裏擲出來的凳子。許多中國留學生在無辜的面對這種不友善的氣氛之下，紛紛回國。而對於一向關心政治的君勱而言，則抱著人生一世難能見到幾次大戰的想法，決定留德觀戰。自從歐戰開始，他買了許多地圖和書籍，每天研究戰事的進展。甚至，在牆上懸著的地圖上，按戰線的出入做標記，以顯示戰局的勝負情況。這種超乎尋常熱心的態度，引起了房東太太的注意，居然懷疑他是日本間諜。有一天，當君勱的德文老師來爲他上課時，他指著報上德艦被擊沉兩艘的消息，隨口說道：「你們德國到底有多少船，像這樣一天打兩艘，豈不要糟！」突然間，房門一開，房東太太衝了進去，說：「今天我才斷定你是一個間諜！」隨即報警。德國的警察在戰時的間諜疑雲之下，仍然尊重住宅自由的原則，只守在門口，禁止他外出。等到在國內習慣於警察自由出入人家的君勱了解這是一種公民權，而自動電請警察入屋搜查，證明清白無辜之後，已經錯過了午餐的時間，終於餓了一頓。

在新武器、新戰術層出不窮，大規模、大戰區拚鬥不已的歐戰之下，君勱所受的衝擊是震撼性的。在社會達爾文主義的傾向之下，他視這場大戰本質上爲各國教育、工業與科學水準的總競爭。在他最爲深刻的德國經驗裏，他看到德國在籌畫軍事、財政問題上所表現出來的驚人的效率，以及德國人那種舉國狂熱地參戰的情形，這在某種程度的範圍內，實形塑了他日後政治哲學的部分基本架構。在另一方面，這使得他認定中國在國家進化的階段上，仍沒有資格列於近代國家之林。當德、英、法傾全力於軍事專門技術的發展時，他發覺中國的政治組織、軍事行政、學術的獎勵、教育的普及，在在都需要急起直追，落後何只是數百步而已。於是，原本是一場人類大悲劇的戰爭，在君勱實用的目的下，卻一變而爲一部值得參考的天然教科書。他指出：「處此大戰之中，無論自何方面，無不可以下一種之觀察。且本此觀察，以聳國民之聽，則無在不可有益於國，而進之於高明之境。」他慨嘆力薄任重，對歐戰中外交、財政、軍事各方面的介紹，未能盡戰事現象的萬一。他甚至希望能夠成立一個「歐戰研究會」，分軍事、財政、外交、社會四大部門，參加者各就所長、所好，分別從事研究與介紹。他相信歐戰的事實有助於掃除中國人的天下觀念；在達爾文式的集體主義的傾向之下，他盛讚：「全國之工商家、財政家、工程家、化學家、乃至婦女工人，無在而非助戰之人。此可以窺一國之分子之不強固者，則國家本身萬無強國之理。」更有甚者，他居然進一步表示：「聞之世之言教育兒童者，則曰實物教育。吾國人之於世界知識，其能免於兒童之誚者幾何。何幸大戰忽起，以翻天倒海之勢，鼓盪吾人之耳。雖至無識者，必取世界地圖，考各國疆界大小，戰區所在。茶前酒後，常以歐戰爲談資，此真實物教育，而啓發吾人智識之最好機會也。此十餘國之大戰，雖不得謂絕後，要已空前。其所以昭示吾數千年關閉自守之民族者，至深且遠。」一場人類的大悲劇，在他啓迪國人的最高目的之下，已經不只是一部天然的教科書，事實上它已經等於是給予中國人借鑑的福音。

由於歐戰戰局的擴大，西歐戰場又因壕溝戰術而陷於僵持。君勱決心經由荷蘭轉赴倫敦，觀察他們的政局與社會情況，以判斷戰局的久暫以及勝負之誰屬。民國四年秋天，他自德國啓程，道經荷蘭時，訪問了曾經擔任我國幣制顧問，而當時是爲荷蘭國家銀行的總裁費司林（G. Vissering）。雙方暢談了四個小時，討論的問題，自歐戰中主要參戰國的經濟情況，到中國未來金融政策應循的方向。討論結束以後，費司林邀君勱返家午餐。臨別時，更對中國的改革提出他的建議。他表示中國是一個大國，對中國人來說，這構成一個重大的負擔。因此改革不能太驟，政策的選擇必須慎重；一個國家不能一再地用不同的制度來從事試驗。

渡過滿布著水雷，與德國潛艇到處出沒的北海，君勱在十月抵達倫敦。這個時候，國內袁世凱的帝制運動已經進入緊鑼密鼓的階段。君勱在《每日先鋒報》（*Daily Herald*）撰文抨擊袁世凱，該文後爲《北京導報》（*Peking Leader*）所轉載。據說，袁世凱知道這篇文章以後，曾經電令駐英大使查究，而以中山先生在倫敦被公使館囚禁的往事警告君勱。然而，儘管如此，君勱的留德生涯，仍然是因爲計劃參與討袁的行動而暫告一個段落。在他自己日後的回憶裏，他說民國四年秋天，他之由德國經由荷蘭赴英的另一個理由，是因爲知道國內「籌安會」成立，準備返國協同友人推翻袁世凱。而在另一個記載裏，他則表示討袁軍興以後（雲南護國軍起義在該年十二月二十五日，時他已在英國），梁啓超立即電邀他返國加入行列。他於是放棄博士論文撰寫的工作，匆匆返國。兩種說法儘管在時間上稍有出入，而說明了他因討袁而返國則一。用梁啓超的話來說明，君勱是「國變亦正棘，執友在戎行。萬里奔命歸，庶往共存亡」。

民國五年三月，君勱自英啓程返國。爲避開戰區，原擬繞道非洲，後以時日迂緩，決定冒險經過西伯利亞陸行。於是，他放棄已購船票，傾盡餘資，經由瑞典、挪威，再轉經歐俄，抵達聖彼得堡。在七日的行程裏，身上僅有的十三銅元，就成爲他以麵包開水充飢的最後倚賴。從聖彼得堡返國這段餘程的旅費，則是貸自他的表兄——當時的駐俄公使劉士熙。四月，君勱抵達杭州。因爲反袁而宣告獨立的浙江督軍呂公望堅留，他未能轉赴雲南協助蔡鍔，於是受任浙江省交涉署署長。不久，並兼主上海《時事新報》。

君勱返國以後，再度面對了聯邦制的意見。而由於袁世凱帝制運動的刺激，這一次聯邦制的呼聲更加高漲。一向敏於觀察、切於實際的君勱，則明白指出當時擁贊聯邦制的人多不真正了解聯邦制的真相。徒以對中央權力濫用的反動，而擬以想當然耳的聯邦制做爲牽制之方。他強調聯邦制之不可能做爲改良政治的手段，就猶如民國成立以後，移植而來的責任內閣、議會監督、司法獨立等等制度之不能改良中國政治一樣。聯邦制度最基本的三個要素——省或州憲法的訂定、省或州主權的釐定，以及省或州固有的自治基礎——如果不曾具備，則非但制度本身無以實行，弊亂且將叢生。「墨西哥非共和而聯邦乎？既共和矣，則中央應舉法治之實；既聯邦矣，各邦應收自由發展之功。然而喪亂頻仍，治平無日。此皆積極條件之不備，而惟以法律制度爲治具之有以致之也。」君勱很切實地指出：民國雖已成立，真正的輿論何在？憲法之名固有，法治之實又何在？而聯邦制又不能捨公民或公民團體的意志而另求基礎，則聯邦制之不適於中國是不辯而明。

有趣的是，君勱似乎並不絕望於國民政治知識的低落。他明白地指出辛亥武昌起義是黎元洪與其同志所爲，而非湖北民眾之功；雲南首義是蔡鍔與其同志所爲，非各省民眾之功。他接著表示：「吾爲此言，凡以見一省之大，其政治作用，全在其領袖者之一二人，而地方之公民不與焉。其領袖而善也，斯其所表現者善；其領袖而不善，斯其所表現者不善。」他並不憂慮因爲國民水準低落而聯邦制不得實行的事實。重要的毋寧是如何釐定中央、地方的權限，一掃政治上凌亂的情形，則系統確定，國本自立。至於中國終究應採取中央集權或地方分權的制度，則是在國家進化至另一階段以後再行考慮的問題。因此，國人應該推許爲偉人的，並非爲美國奠定聯邦基礎的傑弗遜（Thomas Jefferson）、哈米爾頓（Alexander Hamilton）。在他這個時期的秀異統治主義（elitism）之下，十九世紀初，領導普魯士從事政治、社會的「再生運動」（Regeneration），而深受十八世紀人道主義與愛國思想影響的斯泰因（Baron von Stein）與哈登堡（Karl von Hardenberg）就成爲他心目中「世有其人，雖爲執鞭所欣慕焉」的英雄人物。

民國五年六月六日，袁世凱羞憤而死。副總統黎元洪繼任爲總統，恢復民元約法，並重召段祺瑞爲國務總理。此後，對德參戰與否逐漸成爲一中心問題。這年冬天，君勱判斷德國必敗，於是除撰文宣述以外，並奔走南北陳說。據說以加富爾（Camillo di Cavour）作爲自我影像（Selfimage）的梁啓超，就是受了君勱的影響而力主參戰。此後大約一年——民國五年末到六年，是君勱在這個階段中，以幕僚身分從事實際政治活動最爲忙碌的時期。爲參戰問題、內閣問題以至張勳復辟的事件，奔走於京、滬、徐、寧之間，從事游說與斡旋的工作。然而，也就是在這一年的活動經驗裏，使他對當時政壇的內幕以及北洋諸元老的能力、性情有了進一步的了解。秀異領導的企求，在一年多的實際經驗之下頓然崩潰。於是辭去了擔任不過數月的總統府秘書的職位，轉任北大教授。

民國六年底，君勱的情緒是在一個低潮的時期。對實際政治極端失望以後，他決心退而求其次：以治己爲先。在日記裏，他甚至爲自己明白定下了次年的讀書方針：「第一，學書寫聖教序；第二，讀漢書，每日二十頁；第三，習法文；第四，編大學國際法講義。」頗有趣的是，在日記裏他特別說明他所以明白定下次年讀書方針的理由，完全在儆戒自己「平生所志，往往以牽於外務，行之數日，又復舍此他求」。然而，儘管具有這種自知之明，終其一生，它卻一直是君勱不能突破的兩難之局（dilemma）。

就另一個角度分析，君勱是從未放棄他對秀異領導的追求。只是在失望於實際政治以後，他轉而希望從另一個層面來完成罷了。民國七年初，他致書梁啓超，談及發起「松社」的目的和功用時，雖然指出政治與社會事業兩皆不可爲。然而，卻深信成立以讀書養性、敦品勵學爲宗旨的「松社」，既爲救世良藥，且爲「吾黨對於社會，對於自身處於無可逃之地位」。當他在政壇上結合現成的秀異分子的希望幻滅以後，他似乎寄望於透過一個修養團體的成立，以結合少數可信任的軍人政客於一堂，經由個別成員對知識、科學的研究或心得交換，而爲政壇培養或創造一個秀異領導羣。

民國七年十一月。歐戰結束。梁啓超以個人身分赴歐，做爲中國赴和會代表團非正式顧問的計劃，也在十二月初確定。君勱與蔣百里、劉崇傑、丁文江、徐新六、楊維新等六人既做爲梁啓超赴歐的助手，亦做爲同行的夥伴。對君勱個人而言，這一次的歐遊則意外地成爲他思想演變的一個新的里程碑。

三、航向「學問國」：普及知識的努力

1 歐洲新思潮

民國七年十二月二十八日，梁啓超等一行七人，自上海啓程。以船位短缺之故，丁文江與徐新六取道太平洋與大西洋。其餘五人則搭乘日本的「橫濱丸」，繞過麻六甲海峽，穿過印度洋，再經由蘇伊士運河，橫渡地中海，最後繞上大西洋抵達倫敦。第二次從事歐遊，而第一次舟行的君勱，居然是五人中最畏海行的人。一上船，立刻解衣高臥，並將嘔器置於枕畔。然而，數日後卻又以大航海家自命。在四十五天的行程裏，他們的生活是非常有趣而豐富的。每天早上，每人各抱一本書，在甲板上高聲朗誦，一直到中午爲止。午睡以後，打三兩趟的球、散步或下棋。通英文的學法文，通法文的學英文，每天上午大家高聲誦讀，彼此互爲師生。彷如一羣旅行中的學生。

民國八年二月十一日，丁文江、徐新六在倫敦與君勱、梁啓超等一行五人會合，開始爲期大約一年的歐遊生活。以巴黎爲中心，他們的遊蹤西起英國，北及比利時、荷蘭，東入德國、瑞士與意大利。在忙碌奔波的行程中，巴黎附近的白魯威（Bellevue）是他們停駐較為長久的地方。從十月上旬，他們從意大利返回巴黎，一直到十二月上旬啓程遊德為止，兩個月的時間裏，他們蟄居在白魯威的寓所。幾間小小、樸素的樓房，在早到的寒冬裏，就成為他們消化、整理十個多月來見聞的工作場。在梁啓超常帶感情的筆端下，他們「同住的三、五個人，就把白魯威當作一個深山道院。巴黎是絕跡不去的，客人是一個不見的。鎮日坐在一間開方丈把的屋子裏頭，傍著一個不生不滅的火爐。圍著一張亦圓亦方的桌子，各人埋頭埋腦，做各自的功課。這便是我們這一冬的單調趣味，和上半年恰恰成個反比例了」。

對於原本攻讀國際法，而且又對實際政治問題具有高度研究興趣的君勱而言，第二次的歐遊確實是充滿著挑激性。從《凡爾賽和約》，到俄國的革命、德國的憲法、法國的政潮、英國的政黨，可以說從戰後風雲際會的外交折衝，到各國內政的重組，都成為他注意的焦點、筆下研究的對象。然而，歐洲確實變了。這一次的歐遊，對君勱而言，是一個嶄新的經驗。在物價高昂、罷工頻繁的社會現象下，他在歐洲的社會裏，逐漸注意到社會主義的思潮。從美國記者賽門（Frank Simond）和英國教授歐溫（Urwin）的訪問中，他在知識分子的態度裏，意識到傳統的歐洲政治社會制度已面臨考驗。另一方面，俄國「十月革命」的成功，以及歐洲各國社會黨激烈的宣傳與行動，進一步地促使他實際地考察社會主義在各國實行的異同。

君勱對於社會主義是一見鍾情的。他在〈俄國憲法譯後記〉裏，明白指出他對俄國革命所服膺的兩點：一是勞動為人人共有的義務；二是排斥歐洲列強的侵略政策。他認為實行前者，「可以去游談坐食之輩。號為讀書君子，稍知勞力之苦，庶不致以小民生命為兒戲」。

實行後者，「可以知政治上之兼併，終必陷於殺人流血，此世界大戰是爲殷鑑」。他甚至於頌讚「此二端者，真人類平等之理想，而斯世大同之塗轍也」。社會主義所包含的平等與和平的理想，能很自然地爲帶有非戰傳統的中國人所擁贊應是理所當然的。然而，在另一方面，對於一向研究國際法而且素持漸進主義的君勱而言，俄國的無產階級專政以及強迫徵收私有財產的政策，他卻認爲不可苟同。很巧的是，他適時地找到了一個修正而且較爲卓越的替代物；不但包含了社會主義的理想，而且保留了議會政治的實際。這便是他們到達歐洲那年——民國八年，德國革命後所制定的「威瑪憲法」（The Weimar Constitution）。

「威瑪憲法」對君勱一生思想的影響是決定性的，特別是它從另一個方面——做爲一個外來因素——形塑了君勱此後政治哲學的主要架構。他推許「威瑪憲法」堪與美國憲法、法國第一共和憲法鼎足而三，爲代表三個時代的憲法。「美國憲法所代表者，十八世紀盎格魯撒克遜民族之個人主義也；法國憲法所代表者，十九世紀民權自由之精神也；今之德憲法所代表者，則二十世紀社會革命之潮流也。」對這部公認具有許多進步特徵，規約著戰後德國度過十五個困頓歲月，而終被納粹撕毀的憲法，君勱列舉出六項特點：(1)單一國制（Unitary State）與聯邦國制（Federal State）之調和：廢邦爲州，中央權限雖擴張，仍保留地方獨立之實；(2)總統制與責任內閣制之調和：多數黨組閣，惟總統民選。大政方針，取決於總理與總統之同意。法律案之可否，總統有訴諸人民之權；(3)代表民主與直接民主制之調和：以議會代表民意之外，國民有創制與複決之權；(4)蘇維埃政治與代議政治之調和：俄國實行無產階級專政，德國則除保留議會以外，設立一勞資合組的「營業會議」

（Betriebsrat），有出席並提出法案於議會的權利；(5)個人自由主義與社會主義之調和：尊重、承認個人自由與私有財產的原則，惟土地與大生產業之與公共利益有關者，政府得依法徵收爲國有；(6)勞工階級與資本階級之調和：歐美各國僅承認工會組織，德國則不但在憲法上明白規定勞資平等，且合組之爲「營業會議」。他表示：「此六端中，前四者吾名之曰政治條件；後二者吾名之曰社會生計條件。關於政治條件，德與英、法、美無絕大異同。惟不以議會爲唯一主權機關，而以國民投票爲最終解決之地。此德國憲法上直接民主精神，而英、法所不逮者也。以云社會生計條件，則英、法憲法中向無此等規定，彼工黨方力爭之而未能得者。此德國憲法上社會革命之精神，而英、法所不逮者也。吾自十九世紀之經過，推二十世紀未來之局。昔焉以法國爲政治革命之先驅，而全歐轉相效法；則今後各國所取則者，其在社會革命之先驅之德國乎？」

君勱這種推崇德國威瑪憲法而貶抑俄國革命的態度，很自然地違反了「五四」以後瀰漫於國內知識界的「蘇維埃熱」。他自己的解釋是列寧的作爲固震驚一世，堪稱前無古人。然而卻絕非他人所可能或可以模仿的。他舉例說，以亡命客而在數日內完成武力政變；背棄協約國，單獨與德議和；利用經濟、社會的不平等，鼓吹世界革命；無視經濟上的影響，強力即行國有主義等等，在在都因爲列寧的天才與自信力而得以完成。德國的革命則不同，它是「建築於五十年訓練之上，醞釀於四年戰事之中。有國民爲之後盾，無一革再革之反覆。及新政府既成，以各方之互讓，議定憲法。雖社會革命之理想，並未完全實現，然規模具在。循此軌道以行，則民意成熟，自然水到渠成」。同時，他更強調革命必須慎選手段。我們是學習列寧之解散舊國會？抑是模仿德國之開國會？是學習列寧無產專政？抑是像德國一樣，將選舉與被選舉權普及於國民？他很熱切地表示他對列寧的崇拜未必在他人之下，然而正由於他「以為所以指示人人共由之路，厥在理性，而不在感情。……聖人亦有言：教人者在示以中庸之道。其過於中庸者，聖人不欲以之率天下焉。誠如是言，則吾國人之所當學者，厥在德之社會民主黨之腳踏實地，而不在列寧之近功速效焉必矣！」

君勱感慨於德國革命以後，半年不到而「威瑪憲法」已成。他強調憲法的完成是國民意見統一的表現。而以德國平日黨派之不相容，人民好分析辯難的習慣，居然能夠有和融一致的表現。他於是強調中國應當學習德國人互讓與和衷共濟的精神。同時，他又強調「威瑪憲法」的完成，完全是基於無數思想家與實行家經過長期的奮鬥而灌溉、孕育出來的。「有無數仁人義士為之後先疏附，雖觸刑網而不悔。乃以造成此有宗旨、有紀律之團體。去君主、去軍閥，如摧枯拉朽。如是，彼之所以得有今日，其種子實伏於數十年之前。語有之：『臨淵羡魚，不如退而結網。』憲法者，魚也，社會民主黨之奮鬥，則結網之功也。若徒羡其得魚之易，而忘其結網之苦，又未足與語學德意志者也。」

於是，儘管君勱對德、俄革命有高下的評價，然而，那毋寧是基於制度與政策的考量與選擇。在基本上，他對德、俄革命的觀察與分析，改變了他前此對秀異領導的追求。他開始覺悟從前以華盛頓、格拉斯頓（Gladstone）、俾斯麥、加富爾的影像自許，以為上述諸人的事業可以由一二人旦夕而成，實在是一個不可企及的幻夢。他聲言必須廓清舊日的政治活動與黨派關係，而別求改良政治的基礎。而改良政治的基礎則在於國民知識的提高。「蓋判斷得失，決多少數。其最終之一步，不能舍國民而他求。欲求有此種能力之國民，方法甚多。而根本上不外教育普及，人人自覺，人人有知識。夫而後可以語夫政治，語夫選舉。」另一方面，他強調轉移國民知識、心態的事業，絕非空言所能奏效。必先有人提倡，世人方能和之於後。他將曾國藩風俗之厚薄繫乎一二人心之所嚮的傳統儒家信條，與柏格森（Henri Bergson）「生活之創造，是爲人類自由自在之行爲」的生機論（vitalism）相結合。宣稱：「一部二十四史之改造，視吾一二人心理之轉移而已。」在這種朝向秀異分子領導於上，開明的國民奮發於下的政治哲學裏，他不禁高呼：「吾志立矣！吾心決矣！凡世界政治、社會改革，無不始於一二人之心力。百折不回，以與舊社會奮鬥，而終致於光輝燦爛之一日。……吾儕且勿求速效，且勿問他日之收穫。待之十年、二十年、三十年、四十年、五十年，再與此舊社會、舊政體較短長、度得失可焉。」

值得注意的是此次的歐遊，是爲君勱一生思想中的一個重要分水嶺。如前所述，初到歐洲，君勱往來於倫敦與巴黎之間，所注意的俱是和會外交之内幕。在那年六、七月間，當梁啓超、蔣百里、徐新六邀他同訪柏格森時，他居然以哲學是空論，立言固然微妙，而無裨實事的心理謝絕參加。在他的心目中，救國仍是少數秀異分子從實際政治上下工夫的事業。然而，從「山東問題」到《凡爾賽和約》的簽訂，他與國民對威爾遜「十四點原則」滿懷希望與讚頌的輿論同樣的受到傷害。他憤怒地以爲「協商國」所謂的正義、人道，都不過是欺人的名詞。對於一個素來研究國際法的人而言，這個打擊是致命的。他開始懷疑以此類條文做爲一生研究的對象，則除了其中的縱橫捭闔外，還有什麼可得之物。更何況縱使窮一生之力，盡窺外交的奧秘，對於世界人類又有什麼益處？然而，何去何從？他在學問追求的方針上，毋寧仍是游移不定的。

真正改變一刻的來臨，是在民國九年的一月一日。原來在民國八年十二月，君勱陪同梁啓超等人遊德。君勱所開列的訪問對象，很可以想像的均是政、軍方面的人物。一行人到達慕尼黑以後，梁啓超憶起日本人所著的《歐洲思想史》裏的泰山與北斗：柏格森與倭伊鏗（Rudolf Eucken）。於是由君勱致書倭伊鏗，在民國九年正月一日赴耶納（Jena）正式拜訪。有趣的是，原本僅擔負翻譯工作的君勱，卻在大約一個半小時的談話裏，被倭伊鏗誠懇的態度所感動。更有甚者，當他們一行由耶納遊歷華爾堡（Wartburg）返回柏林時，倭伊鏗承諾爲梁啓超所寫的《新唯心主義與舊唯心主義的異同》已經寄達。君勱深受感動之餘，以爲「以倭氏七十老翁，精神矍鑠一如年少，待異國之人親切真摯。吾乃生一感想，覺平日涵養於哲學工夫者，其人生觀自超人一等。視外交家之以權謀術數爲惟一法門者，不啻光明、黑暗；天堂、地獄之別」。於是，立刻決心放棄舊有之學，將所藏有關國際法的書籍束之高閣。送別了梁啓超等人，繼續留德，向倭伊鏗請益。

這一個在當時看來確屬鉅大的轉變，雖然就君勱日後的發展而言，並非是另一個職業角色——例如，學者或哲學家——的選取。然而，它確實在相當大程度的範圍內，重新確定或塑造他思想的內容或傾向。在耶納的新生活、新世界裏，他曾經表示：「渡歐以還，將自己生世細細一想。覺十年來爲經世一念所誤，躑躅政治，至今不得一當。其鍥而不舍乎?!其棄之而別圖安心立命之所乎?!此兩念往來胸中，不能自決。近月以來，痛下工夫，斷念吾第二生命之政治已略決定。……此念既定，胸境頓然開朗。去了一政治國，又來了一學問國；每日爲此學問國之建設作種種打算。」他甚至進一步地宣稱：「吾之學問國之建設，正在發端。……尚有一言請公（林宰平）轉達國中同志者：數年來以政治爲飲食、水火之君勱，已斷念政治矣。吾同志誠有出生入死之舉，以急國家之難，則弟之赴湯蹈火，決不人後。若夫現實之政譚，別敬謝不敏。吾且暫別加富爾、俾斯麥、格拉斯頓，而與康德、黑格爾爲儔侶矣。」

然而，君勱之航向「學問國」，卻絕不會而且不可能是以捨棄「政治國」作爲代價的。一如他自己所了然的，政治是他的第二生命。在他宣稱「若夫現實之政譚，則敬謝不敏」以後不到一年，他又寫下了〈懸擬之社會改造同志會意見書〉。將他觀察德、俄革命所得的結論，引申、採借爲改造中國的藍本。文中，他再度強調今後中國的改造，必須拋棄人或舊日黨派的結合，而代之以主義的結合；棄絕政客的播弄，而代之以羣眾運動。在政治方面，以內閣制的政府向直接民選的國會負責。同時，爲調和勞資雙方的利益，仿「威瑪憲法」，設立生計會議。在社會方面，則大企業實行社會所有制（Socialization）。這篇文章所代表的意義，不僅在說明了君勱之捨棄「政治國」是不徹底的。同時，更是爲他日後進一步闡述他的民主社會主義的雛型。

民國十年十二月，君勱陪同「講學社」聘請來華演講的杜里舒（Hans Driesch）由德國啓程返國。次年一月，抵達上海。除隨同杜里舒編譯講稿外，並籌辦「中國公學」。君勱在這一年裏的活動，以參加上海「國是會議」，接受「國憲草議委員會」託付的憲法起草最爲重要。這部憲草完成後，以《國憲議》之名出版。值得注意的是，這個時候的他一改從前對單一國制的主張，而改主聯邦而聯省的制度。希望透過較小單位的行政區域，養成人民的知識和政治能力。如此，既可以小規模地從事制度的實驗；實驗的結果，復可以做爲各省相互觀摩的根據。另一方面，可能是深受戰後歐洲社會主義思潮高漲的影響，君勱在「國憲議」裏居然表現出濃厚的理想色彩。在他強調工商的發展必須建立在合理的工廠法與社會福利制度之上時，他明白反對者必定以廉價勞工做爲與外人從事競爭場的基本條件。他說：「爲此言者，以致富爲國家第一目的，而他事則視爲第二義焉。何也?!其意若曰：國家不可不急急於求富，而工人則以奴隸牛馬待之，可焉。」他宣稱：「一國之生計組織，以公道爲根本，此大原則也。若有問我苟背此原則因而不能圖工業之發達則奈何?吾應之曰：世界一切活動，以人類之幸福爲前提。十九世紀以來，以圖富強之故而犧牲人類。今思反之，寧可犧牲富強，不願以人類作工廠之奴隸牛馬焉。此義也，吾國人之所當奉行，而十九世紀以來急切之功利論，則敝屣之可矣。」也許是戰後歐洲社會主義思潮的影響，也許是戰後帝國主義威脅暫時的消褪。然而，無論如何，這是君勱一生中唯一能擺開國富民強的首要目標的時期。

2 人生觀論戰

相對於二十世紀前半段的情勢而言，五四運動時期所提倡的「德先生」與「賽先生」，注定是欠缺實際上發芽滋長的可能性。然而，做爲抽象的觀念，它們是受到了高度的禮讚；這尤以被視爲近代文明之根源的「賽先生」爲然。胡適在民國十二年的一段話，可以說非常深刻地描繪了現代中國人對「賽先生」禮讚的程度。他說：「這三十年來，有一個名詞在國內幾乎做到了無上尊嚴的地位；無論懂與不懂的人，無論守舊和維新的人，都不敢公然對它表示輕視或戲侮的態度。那個名詞就是『科學』。這樣幾乎全國一致的崇信，究竟有無價值，那是另一問題。我們至少可以說，自從中國講變法維新以來，沒有一個自命爲新人物的人敢公然毀謗『科學』的。」「科學」這個名詞在現代中國雖然享有如此崇高的地位，有趣的是，擁贊科學的人卻多半不是科學家或科學哲學家；而毋寧是那些有興趣於運用科學及其相關的價值、假定，來批評甚至取代傳統觀念的科學主義者。

然而，由於中國對西方了解的日漸廣泛與深入，使得整個情況趨於複雜化。歐戰的結束，實標示了中西文化交流的一個新的里程碑。原被視爲具有相同思想傳統一元體的西方文化，在中國新知識分子的學習與了解之下，逐漸分解成一個個不同的單位。他們愈進一步地了解歐洲與美國，他們愈加清楚的看出其間的分裂、衝突與不安。一如我們在君勱的戰後旅歐感想中所看到的，中國知識分子逐漸發覺他們原先所努力模仿的制度，在西方卻已是激烈爭辯的論題焦點。被他們認爲是傳統中國所欠缺的民族主義，現在卻成爲戰爭與殖民主義的誘因；而自由的價值所面臨的挑戰，有商業上的保護主義、政治上的集權主義與人類福利方面的社會主義。原被中國知識分子視爲富國根源的資本主義生產體系，現在卻成爲資本家剝削勞工階級的淵藪；原被中國知識分子視爲強國根源的代議政體，卻成爲富商操縱的工具。而在另一方面，從歐洲存在主義者與唯心論者的言語上，他們又聽見對工業社會、科技文明不滿的聲調。在這一切混亂與複雜的西方真相之下，對部分中國知識分子而言，歐戰及其所顯示的科技的毀滅力量，無異證明了西方文明本身也是問題叢生的。這種見解的最顯著代表，便是梁啓超的《歐遊心影錄》，以及民國十年梁漱溟所發表的《東西文化及其哲學》。

梁啓超首先抨擊了決定論（determinism）對人類意志與道德的威脅。他說：「這些唯物派的哲學家，託庇科學宇下建立一種純物質的純機械的人生觀。把一切內部生活外部生活都歸到物質運動的『必然法則』之下。……不惟如此，他們把心理和精神看成一物，根據實驗心理學，硬說人類精神也不過一種物質，一樣受『必然法則』所支配。於是人類的自由意志不得不否認了。意志既不能自由，還有什麼善惡的責任？」其次，他並很生動地描繪歐戰後歐洲人對科學文明的失望。他說：「當時謳歌科學萬能的人，滿望著科學成功，黃金世界便指日出現。如今功總算成了，一百年物質的進步，比從前三千年所得還加幾倍。我們人類不惟沒有得著幸福，倒反帶來許多災難。好像沙漠中失路的旅人，遠遠望見個大黑影，拚命往前趕，以爲可以靠他嚮導，那知趕上幾程，影子卻不見了，因此無限悽惶失望。影子是誰，就是這位『科學先生』。歐洲做了一場科學萬能的大夢，到如今卻叫起科學破產來。」另一方面，梁漱溟則以思辨的方式，比較中國、印度、西方三種文化。他說西方文化是向前要求，是奮鬥的，代表人類生活的第一個階段；中國文化是調和、持中，回想的隨遇而安，代表第二個階段；印度文化則是反身向後要求，想根本取消當前的問題或要求，代表第三個階段。然而針對時勢的要求，他的結論是：「第一，要排斥印度的態度，絲毫不能容留；第二，對於西方文化是全盤承受，而根本改過，就是對其態度要改一改；第三，批評的把中國原來態度重新拿出來。」

這種對科技高度發展的懷疑，以及對東西文化從事等量式的重估，很自然地違反了科學主義者的觀點。一直到大約兩年之後，科學主義者終於找到一個現成的機會提出反擊。這個導火線就是民國十二年二月十四日，君勱在清華大學所發表的一篇演講：〈人生觀〉。

君勱在清華大學演講的靈感，是借自倭伊鏗的《大思想家的人生觀》（*Die Lebensanschaungen der grossen Denker*, 1890）一書的題目，其主旨在指出科學並非萬能的。由於聽講對象是即將赴美修習科學的學生，他特別提醒他們不要因爲久讀教科書的關係，以爲天下一切事物都具有公例，都受到因果律的支配。他指出人世間大多數的問題都沒有如此明確的性質，而這些問題並非哲學上高深的學理，而實存在於日常生活之中。於是，他指出人生雖然是人人習以爲常，卻因彼此觀察點的不同，而產生不同的意見。因而結論是：「天下古今最不統一者，莫若人生觀。」爲了證明他這個看法，並說明無論科學如何日益精進，人生觀的問題絕非科學所能解決，他進一步地指出人生觀與科學之間根本不同的性質所在。他列舉科學的特徵是客觀的、論理的、分析的、因果的，以及自然現象的一致性（uniformity of the course of nature）；而人生觀的特徵則是主觀的、直覺的、綜合的、自由意志的以及獨特的（unique）。對於這麼一個不爲科學所介入的人生觀，君勱是頌讚有加的。他認爲思潮的變遷就是人生觀的變遷，他甚至強調古今大思想家的貢獻，就在於他們對人生觀問題所提出的意見。他說：「譬諸楊朱爲我；墨子兼愛；而孔孟折衷之者也。自孔孟以至宋元明之理學，側重內心生活之修養，其結果爲精神文明。三百年來之歐洲，側重以人力支配自然界。故其結果爲物質文明。亞丹斯密，個人主義者也；馬克斯，社會主義者也；叔本華、哈德門

（Hartmann），悲觀主義者也；柏拉圖、黑格爾，樂觀主義者也。彼此各執一詞，而絕無絕對之是與非。然一部長夜漫漫之歷史中，其秉燭以導吾人之先路者，獨此數人而已。」

君勱這篇文章由《清華週刊》轉載，他的好友丁文江讀了以後勃然大怒。以爲如果科學不能支配人生，那麼科學還有什麼價值可言！二人辯論了兩個多小時沒有結果，爲了「玄學的鬼附在張君勱身上」，爲了「要提醒沒有給玄學鬼附上身的青年學生」，丁文江於是在《努力週報》上提出反駁。一場大約有二十個人物參加，演成約有二十五萬字數量的大論戰於焉展開。雙方各徵引了不同宗教、不同哲學體系裏的大師或權威來支持自己的論點。而就雙方參加論戰的人數而言，科學派無疑是佔盡了上風。在丁文江科學主義的觀點之下，世界上一切事物均是科學所處理的對象。而所謂的科學方法，不過是將世界上的事實分類，以求出它們的秩序。所謂的科學公例，則是對這種分類秩序所做的説明罷了。人生觀固然是一個不容易被分類以求出秩序的對象，然而，這只能説是困難的增加、時間的延長，科學方法絕不因此而不適用。一如傅樂詩（Charlotte Furth）所指出的，丁文江對科學公例的了解，一方面是受了他做爲一個地質學家的限制，另一方面則是受到傳統漢學方法的影響，一直是停留在用歸納方法所得出的全稱經驗通則（universal empirical generalization）的層次。他不了解科學的理論並非是對於經驗事實的敘述或描繪，它們毋寧是一種模型（model），它們與資料之間的關係是類似地圖與實際地理之間的關係一般；它們的正確與否並不建立在它們與資料之間的直接關係，而在於它們是否在所屬的模型裏成功地履行了它們的功能。在這種對科學理論有限度的了解之下，丁文江很自然地認爲「梁任公講歷史研究法，胡適之講紅樓夢，也是科學」；很自然地宣稱：「許多中國人不知道科學方法和近三百年經學大師治學的方法是一樣的。」

整個論戰從一開始就是主題混亂的，君勱的演講與其說是界定了人生觀的性質，毋寧說是對決定論的不滿，對科技文明對現代社會衝擊的憂慮。等到丁文江的論點集中在他所謂的「科學的知識論」，以及中西文明的比較以後，討論的主題就益加注定要遠離科學與人生觀之間的關係了。君勱的第二篇文章，很自然地是依循著丁文江的論點而反擊。他引用翁特（Wilhelm Wundt）對知識的分類：確實科學（Exakte Wissenschaft）；精神科學（Geiste Wissenschaft），而表示為了對稱起見，將「確實」科學之名改為「物質」科學。雖然他對「物質」科學中的生物學、心理學提出質疑；雖然他——修正了清華演講時的論點——指出精神科學並無公例。然而，無論如何，他的目的仍是在指出人生觀不同於物質或精神科學，是絕非科學所能介入的。事實上，他對科學的抨擊或懷疑，與其說是在理論或科學的本身，不如說是在於它對社會的衝擊。他憂慮決定論的提倡將導致人類自由意志的喪失。他說：「科學以對待（relative）、以因果為本義。有力而後生動，……物理上之因果也；思想與腦神經相表裏，生理上、心理上之因果也；生命之基礎在細胞，生物上之因果也；社會之進化，視其國之地理氣候如何，歷史上之因果也。若此云云，豈無一面之真理？然學生腦中裝滿了此種學說，視己身為因果網所纏繞，幾忘人生在宇宙間獨來獨往之價值。」

最值得注意的是，君勱把科學與人生觀，或者唯物論與唯心論，甚至經驗派與理性派之間的異同，套到了傳統漢學與宋學之爭的窠臼裏。他在表列歐洲唯物派與漢學家、歐洲唯心派與「孔孟下逮宋明理學家之言」的對照表以後，表示：「據上表觀之，則兩派之短長得失，可以見矣。唯心、唯物兩派之立腳點之是非暫不問，若就其應用言之，關於自然界之研究與文字之考證，當然以漢學家或歐洲唯物派之言爲長。……其關於人生之解釋與內心之修養，當然以唯心派之言爲長。」於是，君勱之所以抨擊科學的人生觀，主要是因爲他將之視同爲支離破碎、不食人間煙火的漢學末流。因此，他強調：「當此人欲橫流之際，號爲服國民之公職者，不復知有主義，不復知有廉恥，不復知有出處進退之準則。其以事務爲生者，相率於放棄責任；其以政治爲生者，朝秦暮楚，苟圖飽煖。甚且爲一己之私，犧牲國家之命脈而不惜。若此人心風俗，又豈碎義逃難之漢學家所得而矯正之乎？欲求發聾振聵之藥，唯在新宋學之復活。」

如果我們把這個論戰的背景擴大，我們可以很清楚地看出它實在不過是西方已發生的爭論的延續。寬泛而言，論戰雙方的立場，可以從一八九〇年代以後，實證主義與反實證主義思潮之間的對抗中找到來源。就以君勱而言，他的許多論點都可以追溯出它們在歐洲的根源，而且是必須放在當代西方對自由意志與決定論的爭論這個背景上來觀察。相對於十八世紀以來物理科學的進展，在一八五〇年代以後，生物學與心理學上的進展，也似乎顯示了在人類以及人類社會中發現類似定律的可能性。對倭伊鏗以及柏格森這一類唯心論者而言，這種決定論的世界觀是必須排斥的。因爲當這種世界觀移植到人文的領域以後，這種「必然性」的觀念將會排除自由意志的概念，連帶的摧毀了人類對行爲的責任以及人類精神的獨立自主性（autonomy）。

然而，有趣的是君勱採借了柏格森、倭伊鏗對決定論的世界觀的抨擊，卻轉移了它的重點，結果使之成爲一個相當中國式的論點。在西方自由意志的觀念之下，原是強調行爲的意義以及行爲的責任。在君勱的筆下，自由意志轉而成爲理學中良知、良能的概念。因此，他說：「人類何以具有對與錯的道德意識、責任的意識以及時而顯現懺悔之意？道德決定的因素是基於內心而非外在的。這種心理上的決定是源自於自由意志而非決定論。」在良知、良能的概念之下來詮釋自由意志，則所謂精神與物質的對立，很容易的轉化爲理學概念下的「理」與「氣」。於是物質或「氣」成爲蒙蔽精神或「理」的來源：「人之生於世也，內曰精神，外曰物質。內之精神變動而不居，外之物質凝滯而不進。所謂物質者，凡我以外者皆屬之。如大地山河，如衣服田宅，則我以外之物也；如父母妻子，如國家社會，則我以外之人也。我對於我以外之物與人，常求所以變革之，以達於至善至美之境。雖謂古今以來之大問題，不出此精神物質之衝突可也。」透過這種「理」、「氣」相對的概念來觀察西方文明，則以科技發達做爲特徵的西方文明，並非由於科學在道德上的中立性，而造成一種「無價值」的世界；而毋寧是造成了一個「求物質之快樂」、「求一時之虛榮」、「計較錙銖」、「拓地致富」、「一若人生爲物質爲金錢而存在，非物質金錢爲人生而存在」的物質文明。當然，由於受到生機論的柏格森以及行動主義的唯心論（actiuistic idealism）的倭伊鏗的影響，君勱筆下的「心」因而帶有相當濃厚的西方式動力的色彩：「惟以心爲實在也，故勤加拂拭則努力精進之勇必異乎常人。」甚至，在人類的「心」從「氣」的蒙蔽中解放出來以後，自由意志所發揮、表現的精神生活「推至其極而言之，則一人之意志與行爲，可以影響於宇宙實在之變化」。

「大家加入這個『科學與人生』的討論。這一場大戰的戰線的延長，參戰武士人數之多，戰爭的曠日持久，可算是中國和西方文化接觸以後三十年中的第一場大戰。」對於這麼一個「中國和西方接觸以後三十年中的第一場大戰」，雖然並沒有一個實際上的仲裁者，毫無疑問地是科學派打贏了這一場戰爭；科學派的勝利，與其說是在於他們的雄辯，毋寧說是由於科學主義征服了當時的時代心靈。這種思想界瀰漫著科學主義的現象，可以從日後成為新儒家運動健將的徐復觀與唐君毅兩位先生身上得到有趣的見證。徐復觀曾表示：「憶余年少時在滬購一書曰《人生觀之論戰》，于京滬車中急讀一過，内容多不甚了了。惟知有一派人士，斥君勱、東蓀兩位先生爲『玄學鬼』；玄學鬼即係反科學、反民主、罪在不赦。自此，『玄學鬼』三字，深入腦際。有人提及二張之姓名者，輒生不快之感。」唐君毅對這個論戰所感受的經驗亦復類似。他說：「時愚尚在中學讀書，唯已粗知好學，嘗取諸先生之所論而盡讀之。顧愚當時對於君勱先生等所倡之意志自由及直覺理性之言，皆不解其義，而自立論加以非議。後于凡玄言之及于超現象以上之本體，而似違日常經驗及科學知識者，皆所不喜。故愚後習哲學，亦喜西方經驗主義與新實在論之言者，幾達十年之久。」很顯然，科學派的勝利是基於科學方法本身所具有的聲望。科學的領域於是由自然界擴展到社會的層面，科學派似乎已握有解開人生與宇宙奧秘的鎖鑰。而君勱等人則由於對人生觀提出思辯式的解答——一種不受人歡迎的方式——而失敗。畢竟，現代人是要求客觀性做爲判斷真確性、可靠性，以及賦予地位與否的標準。

3 政治教育

當人生觀論戰接近尾聲之際，君勱在同年的九月十五日與胡善恒、徐六幾、郭夢良、瞿世英等四人，以共同對唯心史觀的擁贊，在北京西山的「靈光寺」締結盟約。目的在集結一羣同好，以唯心史觀做爲中心概念，透過《同人雜誌》的宣傳，影響並吸收新成員，一方面，做爲組織政黨的準備；另一方面，則爲「吾國思想界，成一種新分野」。似乎君勱所試圖力挽狂瀾的，不只是那令人悲觀的現實政治，而今又加上了他視爲人類精神大敵的機械主義、科學主義。

九月底，君勱因江蘇省長韓國鈞的聘請，由北京抵上海，主持創設「國立自治學院」。兩年後，民國十四年，改爲「國立政治大學」。學院的臨時校舍設在愛文義路與麥德赫斯路口轉角處的一棟舊洋房。君勱對新生的選擇與學術訓練的要求規定得頗爲嚴格。除了邀請各方面的學者專家，如：張東蓀、羅文幹、瞿世英、潘光旦、章太炎、蔣百里等任教或作學術演講以外，他本人所擔任的課程非常廣泛，包括唯物史觀批判、英倫政治，甚至還包括時事的研討。一如他在民國十三年赴武漢講學時，在江輪上所賦的詩句：「不因哲學忘政治，不因政治忘哲學。」對該年九、十月間直皖兩系的江浙之戰，他甚至取而做爲講演探討的對象，而以《國內戰爭六講》的題目，由「自治學院」出版。事實上，主持「自治學院」的工作是艱苦難熬的。其中，尤以財政上的困難最不易解決。有時經費且遭否決，迫得君勱必須南北兩京兩地奔波，爲學院的生存而奮鬥。然而，也就在這一個忙碌於學院行政瑣事的時期，君勱初嚐了戀愛的滋味。

君勱原娶有元配沈夫人，惟婚後不到一個月他即赴日留學。此後，一如我們在論述中可以很清楚看出的，爲了奔走國事，他是經年在外。夫婦二人既殊少相處，加以志趣相左，終告仳離。然而，對於自謂「家室及著作與辦學盛業，均不足累，而以身許國之念自矢」的君勱而言，卻注定是要在他感情生活上激起了浪漫的漣漪。民國十二年，在北平籌備印度詩人泰戈爾招待會中，經由郭夢良、黃廬隱的介紹，他結識了來自福州，畢業於北京女子高等師範的王世瑛。度過十餘年的索居生活後，他不禁萌發了慕情之思。翌年六月，王世瑛率福建女師學生到上海、南京、杭州等處參觀，二人終於獲得相處了解的機會。在十幾個日子裏，感情的酵素充分地工作著；那時，雖當「自治學院」經費遭受否決而需全力奮鬥之際，然而，每日的約會仍是不能間斷。此後，福州、上海兩地，情思是暫託魚雁往返相寄。也許由於羅曼蒂克氣氛的作用，向來不善於作詩的君勱，在這個三十後期的歲月中，卻也擁有了一段「詩的年齡」；在經常閱讀的書籍中，除了政治、哲學之外，加入了詩，甚至還開始嘗試創作。民國十四年，被李璜形容爲「態度大方，頭腦冷靜，較君勱尤有黨魁的堅強明朗」的王世瑛，接受了君勱的求婚，在福州舉行結婚典禮。不讓孔德、柏格森、倭伊鏗、愛因斯坦諸大哲以夫俊逸妻賢慧專美於前。這時君勱三十九歲，新娘二十六歲。

民國十五年七月，革命軍誓師北伐，進展迅速。九月，克武漢。對君勱而言，軍事形勢的急劇變化所可能產生的政治局面是他所急欲了解的。十月，他獨自秘密地赴武漢考察。家人與學校均以爲他失蹤，莫知所措。不意十天之後，他安然自武漢歸來。次日，即召集全校師生演講，題爲〈武漢見聞錄〉，描述並評判國民政府種種的革命措施。據說，他此時已斷定北洋軍閥必敗，並預料了國共的分裂。在演講中，除了說明了立國的基本條件以及個人主張外，他還批評國民黨的訓政理論，並力促學生們必須堅持民主政治的原則。

然而，君勱卻不曾想到他自己也會被局勢的變化所波及。民國十六年三月，革命軍克南京、上海，以君勱爲「進步黨」的「餘孽」，「國立政治大學」爲國民黨黨部接收。四月，國民黨開始清黨。而共黨所策動的「南昌暴動」（八月）、「廣州暴動」（十二月）相繼發生。君勱目睹俄國式的激烈行動在國內發生，爲使國人明確地認識共產黨的本質，乃於是年十二月撰寫《蘇俄評論》。書中強調國人切勿輕易地將中國在俄國世界革命的理論之下，做爲俄國政治化學實驗室裏的實驗品。他指出稍知外情，稍注意俄國政局的人士，都可以看出俄國政治殘酷的實質。列寧等所謂的經國大業，對人民所描繪的一如天堂，實則地獄、糞土而已，絕不值我國羨慕和效法。

「政治大學」被封閉以後，君勱在上海無事可做，於是深居簡出，開始著手翻譯拉斯基（Harold Lasski）的《政治典範》（*The Grammar of Politics*, 1925）。每月由商務印書館供給二百元預付的稿費，維持生活。讀書方面，則除擬撰寫《現代歐美哲學思潮》一書以外，君勱發覺興趣上逐漸有轉向故學的傾向，有心想放棄外國學問而專讀舊書。然而，讀書寫作的生活，絕非「不因哲學而忘政治」的君勱所能長期忍受的。很巧的是，在十六年秋冬之交，君勱在偶然的機會裏結識了當時在上海主持青年黨黨務的李璜。二人一見如故，於是開始了頻繁的交往。由於兩人在政治上的見解，在當時的空氣下一無發抒的機會，君勱便約李璜在上海創辦《新路雜誌》。雜誌的籌款與印刷由君勱負責，發行則歸李璜。每期兩人負責撰寫一篇長文，偶而加上一篇短文。二文均用筆名；君勱多用「立齋」之名，李璜則用「春木」二字。《新路》每期印行三千份。君勱在《新路》上重要的文章至少有九篇，可惜今日不易得見。十七年年底，《新路》出版到第十期，停刊。

《新路》停刊以後不久，李璜醞釀已久的籌辦一所學術式的高級黨務學校的想法也趨於具體化。民國十八年春，李璜與左舜生在上海英租界開辦「知行書院」，以加強青年黨幹部對現代思潮及政治知識的認識。邀請了君勱、張東蓀、潘光旦、梁實秋等人，每人不支薪，義務教兩個鐘點。君勱所負責的課程是「歐洲政治思想史」。

君勱住在英租界的西摩路，距「知行學院」所在的威海衛路、同孚路口很近。每週上課兩次，他都步行前往。在十八年端午節前的某一個下午四時許，當君勱下課步行返家的途中，被綁匪數人挾入汽車，絕塵而去。君勱被拘囚的地點就在上海警備司令部附近，他每天早晨都可以聽見警備司令部的號聲。綁匪每天以電話向君勱的家人恐嚇，索鉅額贖金，並表示若遲延，將送割耳回報。據說，當時大家主張準備銀錢贖人，而冷靜、堅強的張夫人認爲君勱是一個窮書生，綁匪可能不是爲錢，必定是以爲「知行學院」係君勱所辦，綁票或具有政治作用。根據君勱自己的回憶，如此僵持二十多日以後，綁匪以遷延日久，最後的恐嚇是斬首棄之大西路旁。君勱久處拘囚之室，又因被綁架時腿被車門用力闔上撞成重傷（此後君勱不良於行，以至老年，更是步履艱難），於是發誓如有儲蓄而不納，定遭天殃。情勢居然急轉直下，綁匪不但將之釋放，並且贈金六十元。

是年秋天，君勱以上海居不易，赴瀋陽寄寓於羅文幹家，由羅文幹向張學良借七百元。不久，返回上海，以七百元購買船票轉赴德國。

四、再入「政治國」：政黨政治的企望

1 國家社會主義

民國十八年秋天，君勱再度迫於政治的因素，第三次赴德。經由倭伊鏗的鼎力推薦，在耶納大學講授中國哲學，凡一年餘。民國二十年八月，以燕京大學校長司徒雷登（Leighton Stuart）的電邀，君勱離耶納東行，取道波蘭、歐俄、西伯利亞，實地考察蘇俄第一個五年計劃的實行。而恰於「九一八事變」前夕經由瀋陽抵達北平。旋即接受燕京大學的聘請，講授黑格爾哲學。

在君勱返國以前，張東蓀、胡石青、湯住心、徐佛蘇等人已在北平洽談組織「憲政黨」，並擬定政綱、黨章的初稿，只待君勱返國做最後決定。組織新式的政黨，可以說早在民國十年底，當君勱即將自德啓程返國時，就早已成爲他的心願了；「懸擬的社會改造同志會意見書」是一個具體的例子。然而，從民國十一年返國到十八年再度赴德國，八年之間，組織政黨的嘗試卻一直是停留在醞釀的階段。君勱深爲德、俄社會主義者狂熱的行動所震撼，認爲今後「造新黨之機，非深通歐戰後嚴守紀律接近民眾之心理不可」。其態度與要求自然出於審慎與嚴格。因此，他自德返國，會晤張東蓀、胡石青等人以後，表示「憲政黨」名稱太過陳舊，建議改稱爲「國家社會黨」。

民國二十一年四月十六日，中國國家社會黨創立於北平。同時，並組織「再生社」，於同年五月二十日創刊《再生雜誌》。《再生》創刊號發表了融合君勱、張東蓀與胡石青三人的意見，而由張東蓀草擬的〈我們所要說的話〉一文，長凡三萬餘言，揭櫫了九十八條綱領。在這個揉和而成的主張裏，做爲基本信念的是國家社會主義以及它所涵蘊的計劃性。因而在政治方面，爲了在立法與行政、效率與民主之間獲得均衡，他們希望能建立一種政治制度，在原則上合乎民主政治的精神；在實施上則摒除了黨派操縱的作用。「在平時，不拘兩黨或多黨都能運用，即假定無黨亦可運用；而在緊急時候立刻可以集中全民的意思與力量，不分黨派。……這樣的制度……倘使成立，則民主政治的弊病便減去殆盡了。並且說得極端一些，在這種制度下，萬一只有一黨，表面上或許有點類似一黨專政，而實際上卻依然是民意政治。」似乎英國戰時的國防或混合內閣，在他們的心目中卻成爲適用於平時，得以集中全國力量，免去閣潮的理想政治體制。

另一方面，他們指出近代由於科學知識的發達，知識趨向於專門與分工，政治已非僅具有一般常識的人得以勝任。因而，他們主張現代政治不但要借重專家的知識，並且必須使專家佔有地位，不被黨派的勢力所左右，不因政潮的更迭而上下。而政務上各部門之所以交由專家處理的目的，在期望透過專家的設計，使得行政趨向於專門化、穩定化、敏捷化與統一化。在這種傾向於技術統制（technocracy）的觀點下，他們很自然地會表示：「到了今天，無論任何經驗豐富，學識充足的人亦決不能憑一個人的腦力足以應付這個難局了。所以必須集合無數人的智慧而形成一個極大的智慧。其中有固定的原則；有全盤的計劃；有統一的配置；有分層的步驟；且有修改的餘地。」

在經濟方面，如果我們回顧清末梁啓超與革命派之間的論爭，即可看出君勱等對中國的針砭與梁啓超是一致的，亦即認爲中國的根本病因是在於貧窮而非不均。然而，有趣的是，他們所提出的藥方卻是接近革命派的，亦即國家社會主義。當然，在名詞類似的表面之下，是有相當大的實質上的不同。最顯著的，他們所擁贊的部分是由國家統制的計劃經濟。他們表示：「我們以爲這個有計劃的經濟之實施，在經驗上與方法上是人類最可寶貴的一件事。」在這種國家主義的經濟政策之下，中國必須完全自給自足，在國際上它是對外競爭的一個經濟單位；其次，全國的經濟發展完全由國家統籌計劃和決定；其三，以公平合理的方法吸收或轉移大部分私人經濟的社會生產剩餘價值，做爲國家用於再生產的資本。

至於他們的教育政策亦是深深地嵌入國家社會主義的軌道。他們的教育目標：軍事訓練的普遍化；生產能力的普遍化；共同生活的新道德習慣的創造與養成，不脫嚴復以來所擁贊的廣義的德、智、體三育的範圍。然而，在國家社會主義之下，教育的工具性，教育之做爲強化中國的工具而非啓蒙個人的手段，在這裏實獲得了高度的發揮。他們指出：他們的教育改革案，其精神尤在於把教育視爲造成民族團結的惟一方法，以及重建國民經濟的最佳途徑。「我們的意思是必須辦到人人都受教育，受教育的結果，是把他變成民族國家的動員之一；於是每人都是生產者。換言之，即我們的目的在把全國人每個都要變成軍事動員之一與生產動員之一，這樣才是教育的成功。不然，說一句乾脆的話，簡直不必要教育了。」

與此同時，日本對中國的侵略更日漸赤裸裸地展開。繼「九一八事變」、「一二八」淞滬之役，日本又在民國二十一年三月九日成立「滿洲國」。君勱目睹當時舉國震動，人心離散的情況，不禁慨然以拿破崙雄視歐洲時，發表〈告德意志國民書〉（Addresses to the German Nation）的菲希特（Johann Fichte）做爲自我影像。他指出當時中日的關係就猶如十七世紀以後的法德：「日人於甲午戰後，嘗奪遼東半島，正如路易十四世（Louis XIV）奪德之斯托拉斯堡（Strasbourg），……考其九一八以後之所爲，更與十九世紀初期法人操縱分崩離析之德國者相肖，僞滿之成立，非即拿破崙造成之蘭因河同盟（Confederation of the Rhine）乎？」他推崇菲希特爲十九世紀初領導普魯士從事「再生運動」中最傑出的一人。「蓋菲氏學說，超於軍事政治與教育三者之上，爲之建立其最高綱領，乃其所以成爲德意志民族復興之經典也。」他強調國恥之來，不起於外而起於內。欲求雪恥，不在於責人而在於反求諸己。於是，他指出我們從菲希特的演講中可以汲出三個重要的原則：當民族大受懲創的時候，必須痛自檢討過失；既檢討過失以後，必須從民族在歷史上的成績，用分析的方式表彰而發揚光大，以提高民族的自信力；綜而言之，民族的復興，以內心的改造爲唯一途徑。「菲氏演講之精神，皆本諸其哲學中之所謂自我之精義。此自我之感覺銳敏，乃能辨別恥辱與光榮。此自我發於外而爲行爲，乃盡其職分之所爲。試問全國人人能盡其自我之責任，而國家焉有不強者乎？」

從君勱對菲希特的推崇裏，我們可以很明顯地看出他對國家民族的光榮與強盛的渴望。在這種尋求國家富強的大目的之下，他很自然地無法意識到菲希特的學說與納粹黨政策之間的相似處——例如泛日耳曼主義與經濟的民族主義。菲希特演講集在納粹黨的集會裏，猶如《聖經》一樣被高聲朗誦的事實，除了更加使他確信它是德意志民族復興的經典以外，並不能使他批判地注意到它之帶有帝國主義色彩的事實。更有甚者，淹沒在「俎上肉」對自救、自強的強烈渴望之中，他不禁無意識地羨慕、讚美納粹違反凡爾賽限制軍備條約的巧思：「敵人限德之軍艦噸數，而德人以同樣噸數增加火力之袖珍艦報之；條約上不許德人設備飛機，而德人則想出先製材料，臨時拼合之法以報之；他人奪其煤田，德人則發明煤質液化之法以報之。」納粹德國之從歐戰後的屈辱之中站起來，進而展開對外侵略的過程，在君勱國家民族至上的情緒裏，似乎無意識地淡化了它侵略的印象，而成為民族復興的好榜樣：「日人之謀吾國，猶之拿破崙之氣吞全德，非有德人一八一三年之解放戰爭，與一八七〇年之大勝，乃至世界大戰後一九三三年廢《凡爾賽和約》之宣告，則吾國之生存能力將不復為世所承認，而吾國之獨立平等，將末由取得。誠以國家地位，除以戰勝取得之外，無他法焉。此之謂民族之志氣，民族之抱負。嗚呼！為今日之中國人者，除此志氣除此抱負外，尚何第二事之可言乎？」

然而，頗為諷刺的是，做為一個中國的菲希特在實際上是一種不可能。民國二十二年，君勱在燕京大學發表〈一二八淞滬之戰〉的演講，報告十九路軍英勇抗戰的紀實以及上海之行的感想，被迫去職。君勱於是專心從事組黨和著述的工作。同年四月，中國國家社會黨在天津舉行第一次全國代表大會。除通過政綱、黨章外，並選舉君勱、張東蓀、胡石青等十一人爲中央總務委員，君勱並兼任總秘書。

事實上，君勱的國家主義除了是源於一種實際的要求以外，還有它哲學上唯心論的基礎。他服膺黑格爾所謂的：「國家者，乃普遍意志與全體意志之合一體，個人惟在此普遍意志中乃能發揮其自由。」根據他的看法，個人的自由完全建立在國家強盛的基礎上：「個人自由，惟在民族大自由中，乃得保護乃能養成；民族之大自由若失，則各個人之自由亦無所附麗。」在這種推論之下，個人自由之所以能被充分地認可，完全是在國家達到富強的條件以後。換句話說，如果國家或團體尚未臻於鞏固強盛，個人之必須犧牲一己以培養或成就大團體是一種自明之理。然而，君勱對國家團體的認同並非是以個人自由做爲代價。值得注意的是，他認爲個人自由的發展是國家強盛、鞏固的基礎。他強調在君主專制的政體之下，國民之所以納稅、當兵與守法均由於法令的威力，所養成的是大多數奴顏婢膝的國民。他痛言國人在兩千年來的君主政體之下，立身行己與處世待人的原則均是在政府與父母的命令之下，而不自覺其本身應有的責任。這種命令式的政治、命令式的道德，根據他的看法，是中國之所以衰弱的根本病根。他強調當中國民族面臨生死存亡的關頭時，必須推求既亡失敗的理由，以確定今後自處之道；必須比較各民族在歷史上的短長得失，以分辨今後行動的方向。在《明日之中國文化》一書裏，他表示就中國、印度、歐洲民族三、四千年的比較歷史而言，我們可以獲得一個結論：「以精神自由爲基礎之民族文化，乃吾民族今後政治、學術、藝術之方向之總原則也。」他指出這個原則的建立，是「鑑於今日吾族之劣敗與歐洲之勝利而知之；鑑於吾族思想上之束縛馳驟與歐洲學術上之輝煌騰達而知之；鑑於印度喀斯德（Caste）、吾國家族主義之流弊與歐洲獨立自尊之人格之養成而知之；鑑於國人之自掃門前雪與歐人之各爲其己而不忘國家之急難而知之。誠舉國上下識之真而持之以定，循此方針以養成四萬萬獨立人格爲祈嚮。其終也，人人以誠懇真摯之心，形諸一己之立身；形諸待人接物；形諸團體生活；形諸思想與政治；形諸國際之角逐，何患吾族文化之不能自脫於沈疴而臻於康強逢吉乎」。

從精神的自由這種觀點來看個人的自由，則個人與社會或個人與國家，這兩個在西方思想裏原本是難以均衡與協調的觀念，在君勱的思想裏不但不構成矛盾，而且成爲兩個互相補足的因子；精神的自由，在這種概念架構下，毋寧是意味著個人能力充分地釋放：「精神之自由，有表現於政治者、有表現於道德者、有表現於學術者、有表現於藝術宗教者。各個人發揮其精神之自由，因而形成其政治、道德、法律、藝術。在個人爲自由之發展，在全體爲民族文化之成績。個人精神上之自由，各本其自覺自動之知能，以求在學術上、政治上、藝術上有所表現。而此精神自由之表現，在日積月累之中，以形成政治、道德、法律，以維持其民族之生存。故因個人自由之發展，而民族之生存得以鞏固。」如果我們可以說君勱所擁贊的，已不只是自由主義的理想而且是它的精神，主要是因爲在精神的自由這種概念架構之下，他看不出在個人的自由與國家的強盛之間有任何實質上的矛盾存在；對於他而言，它們所代表的毋寧是一體的兩面，而且個人的自由還是國家強盛的保證。

民國二十二年五月，《塘沽協定》簽訂。二十三年三月，溥儀稱帝。二十四年十一月，殷汝耕在日本卵翼之下，成立「冀東自治政府」。日本的侵略行爲有增無已，全國反日的氣氛隨之日漸激昂。中國國家社會黨在上海所舉行的第二次全國代表大會，除了選舉君勱連任中央總務委員兼總秘書外，並發表宣言，主張立即抗日。然而，君勱之主張抗日，絕非是情緒性的，而是基於他對中日之戰終究不可避免的體認。他憂慮當時洋溢於國中的主戰言論泰半是情緒性的：「大抵憤敵人之凌侮，乃不惜拚一切以爭之。至於準備之詳細計劃，鮮聞有人道之者。」他援引孔子所說的：「暴虎馮河，死而無悔者，吾不與焉。必也臨事而懼，好謀而成。」爲了讓國人「稍窺現代戰爭之內容，更望其本孔氏『好謀而成』之意，將政治、軍事、財政、經濟、技術五方面，振作一番，庶幾開戰之後，支持日久，可以一雪恥辱，而確保吾族之生命」，他甚至動手翻譯德國歐戰英雄魯屯道夫（Erich Ludendorff）的《全民族戰爭論》（*Der Totale Krieg*, 1935）。

《全民族戰爭論》出版於二十六年一月，不過半年，「七七事變」發生，中日戰爭終於全面展開。

2 立國之道

七七事變以後，國民政府邀請各界代表分批舉行「廬山談話會」，以團結全國力量從事抗戰。君勱在赴北平商討黨務以後，溯江而上，轉往廬山，參加第一批的談話會。會中，他以參與民國建立者之一的身分，表明擁護政府抗戰的決心，並表示如果政府提出憲法問題，他願意對憲法的制定貢獻意見。會後，君勱仍然留在山上避暑，不想時局變化極速，七月二十八日，北平棄守；三十日，天津陷落。當君勱憂慮局勢的惡化，下廬山準備自九江搭江輪返上海與家人團聚的那一天——八月十三日，日軍開闢了第二戰場，對上海展開了攻擊。由於江陰要塞已遭封鎖，君勱只得先行設法抵達已遭日機空襲的南京。然而京滬間的陸路交通在這個時候也已經在日機嚴重的威脅下，君勱只得暫留南京。此後，由南京、武漢而重慶，君勱隨著國民政府西移，戰火殘酷地隔絕了他與妻兒之間的懸念。一直到三年以後——民國二十九年，他的夫人帶著五個孩子由上海飛到雲南，一家方得慶團圓。

就某個意義而言，抗戰爲中國帶來了空前的團結。七七事變以後，國民政府成立了「國防參議會」，以汪精衛爲主席，包括有黨外人士與社會賢達共十五人。然而，由於人數太少，不足以包容廣泛的意見；加以職權太小，僅能聽取報告略提質問，頗不符合實際的需要。於是，在南京撤守，國民政府遷往漢口以後，爲順應各界對擴大職權、增加人數的要求，而有由一百八十人組成的「國民參政會」的成立。「國民參政會」成立的意義除了是集思廣益、團結全國力量以外，更重要的是國民政府在事實上容許其他政黨的存在。關於這一層意義，民國二十七年四月間，國民黨與各事實上存在著的政黨之間的交換信件有具體的說明。在國家社會黨致國民黨蔣總裁書裏，君勱援引「萬物並育而不相害，道並行而不相悖」的古訓，並強調國家社會主義與三民主義在精神上並無二致。國民黨蔣總裁的覆書，則強調保障言論、出版、結社、集會的自由，願與各界人士「共相策勉」、「共赴國難」。

對於「興趣徘徊於學問與政治之間」的君勱而言，戰爭在實際上是剝奪了他施展抱負的可能性。年逾五十，空有滿腔熱血，卻無以效命沙場。政治上的參與，組織一個他所嚮往的戰時聯合內閣，又是一種事實上的不可能。更有甚者，戰爭所造成的顛沛流離，且根本地剝奪了平時的讀書環境，沒有參考書籍，沒有稿約。除了每周出席「國民參政會」一、二次以外，君勱的生活起居頓然化約成靜止狀態。然而，也就是在這一段閒暇期間，君勱得以從容地把他二十年來所擁贊的國家主義的建國綱領，完成一個體系性的發揮；這便是《立國之道》一書的產生。

《立國之道》一書的完成，是在民國二十七年五月至七月，在這三個月的期間內，君勱每天上午口述兩、三個小時，而由馮今白筆錄。除了出席「國民參政會」以外，即使在日機轟炸之下，工作仍然繼續進行。嚴格說來，《立國之道》並非一部學術性的作品，而是一種建國方案的陳述。基本上，君勱希望以之做爲全國討論中國政治出路的一個共同基礎或草案。他以爲要解決當時中國政治、經濟與文化的難題，必須基於兩個基本原則。首先，是建立民族的自信心，有了自信方有生存的意志，而意志是奮鬥的根源。其次，他強調民族本位的立場。他指出當時的若干論戰——如民主或獨裁；社會主義或資本主義；中國本位或西化——俱有國際思潮的背景。他表示如果國本不立，民族本位的立場喪失，則處於洶湧、紛歧的國際潮流中，永無自立自強的一日。他強調我們必須對先進國的制度加以公平的觀察，再斟酌自己的國情，自定去取或加以修正。根據上述兩個原則，他提出三個建國的方案：(1)修正的民主政治，(2)國家社會主義的計劃經濟；(3)發揚傳統特點、吸收西方長處的文化政策。

一如我們在先前的討論中所指出的，君勱雖然了解並認可自由主義的精神，他卻毋寧是強調它之做爲釋放或培養國民的能力與公德心，因而達成國家富強目的的工具性價值。從這個背景出發，他對民主政治的認可亦不出於這種傾向。他回顧兩百年來英、法、美三國的政治史，指出民主政治的現象是：國內安定，武力競爭的事變少；人民有法律的保障，能安居樂業；思想自由，學術發達；農、工、商高度發展，專制時代無法望其項背；雖經歷多次大戰與經濟恐慌，均能安然穩渡。我們可以很清楚的發現，在上述的列舉裏，君勱所關切的與其說是民主政治對個人公民權的保障，毋寧說是民主政治對國家安定、富強所能提供的工具價值。在這種對國家安定、富強的追求之下，雖然君勱了解納粹獨裁政治具有在內政、外交上種種方便而迅速的好處，然而由於它所不能解決的繼承問題，以及隱藏不同意見、推行武力政策直至崩潰前夕的特點，在君勱的觀點下，納粹獨裁政治雖可能有一時的赫赫之功，實未能爲國家求長治久安之計。值得注意的是，這種長治久安的要求同樣是君勱眼中的傳統民主政治所不能達成的。閣潮的迭起、黨派的操縱、資本主義下的壟斷與獨佔，俱是破壞政治安定的因素。於是，他提出他所謂的修正的民主政治。

君勱所提出的修正的民主政治共分爲十一項總原則：

(1)國家之特徵，在乎統一的政府，應以舉國一致之精神組織之。

(2)國民代表會議由全體公民每若干萬選出代表一名組織之。凡黨綱公開、行動公開、不受他國指揮之政黨，一律參與選舉。

(3)中央行政院由國民代表會議選舉行政員若干名組織之，各黨領袖一律被選，俾成爲舉國一致之政府。

(4)第一次國民代表會議議決五年以內之行政大綱，此大綱與憲法有同等效力，非行政院所能變更。

(5)國民代表會議之主要職權，在乎監督預算、議訂法律，不得行使西歐國中之所謂信任投票制以更迭內閣。預算爲確立財政計劃與其數字之方法，其通過與否，不生政府責任問題。

(6)國民代表會議關於行政大綱之執行，得授政府以便宜行事之權。

(7)行政院各部長除因財政上舞弊情形或明顯違背法律外，不宜輕易令其去職。

(8)行政大綱中每遇一年或告一段落之際，由國民代表會議或其他公民團體聯合推舉人員，檢查其實施事項與所宣布者是否相符，若言行相去太遠，得經國民代表會議議決後令其去職。

(9)文官超然於黨派之外，常任次長以下之官吏，不因部長之辭職而更動。

(10)國民代表會議之議員，宜規定其中之若干成員須具有農工商技術或科學家資格。

(11)關於行政及經濟計劃，除國民代表會議議定大綱外，其詳細計劃由專家議定。

在君勱的達爾文式的集體主義之下，政府之所以成立毋寧是爲了國家而非爲了個人。國家的特徵既然在於統一的政府；安定與穩固的政府既然是爲首要的目標，則閣潮產生的因素必須排除。於是，一方面，由各黨派代表組成國民代表會議，再由國民代表會議推舉包括各黨領袖在內的代表組織行政院，在性質上它近於英國內閣與國會之間的關係，所不同的是，在這種制度下，行政院等於一個聯合內閣。另一方面，由國民代表會議擬定五年的行政大綱交與行政院執行，國民代表會議對行政院僅有監督預算與議訂法律的權力，而不得行使信任投票。在上述這兩層的設計之下，閣潮的產生是一種實際上的不可能。根據君勱自己的解釋，他所謂修正的民主政治的意義，在於將國家利益置於黨派利益之上，並且提高行政權的重要性，而以國民代表會議的立法輔助之。很明顯的，英、法在戰時做為權宜之計的聯合政府，卻成爲他所嚮往的理想政治制度：「今後之中國，常在艱難困苦中，惟有仿照歐戰中英之聯立政府，法之神聖聯合（Union Sacré），大家犧牲黨見，以一心爲國之精神組織政府。」他甚而進一步表示：「竊以爲今後中國之政黨政治，決無甲、乙、丙各黨輪流執政之可言。就國民黨、民主社會黨、青年黨之政綱言之，俱有傾向於民主與社會改良之意；既無左派之絕對共產主義者，亦無右派之資本主義者，則就經濟設施言之，自可協議一共同政綱。以云國防之鞏固、農工商之發展、教育之普及與夫交通之擴充，尤爲各黨之所同意而無待煩言者。如此言之，此聯合內閣之方式，行諸今後五年十年之內，則政府安定之效見，而庶政治可蒸蒸日上矣。」換句話說，君勱所謂的修正的民主政治，在企求一方面實行民主政治，一方面又謀求國家的安定。他認爲對日抗戰在政治上對國人有三點啓示，「用簡單的術語來說：一、即是舉國一致；二、政府強固；三、人民自發自動。戰時固應如是，平時亦應如是。老實說，這即是立國之道」。

在這種以國家或民族本位做爲最高原則的立場之下，君勱在經濟政策上之採取國家社會主義是非常自然的。他首先從實際的觀點同時批評資本主義與社會主義。對於前者，他指出英國的工業革命歷經百年的發展，對於落後的我國而言，在時間上是絕不許可的。而且在自由的資本主義社會裏，私人的利益常與社會的利益相衝突。巴西商人之火焚咖啡，充分地證明了私人企業的生產常不符於實際的社會需要。而近百年來，每十年或十五年所產生的經濟蕭條的循環，更充分地證明私人企業無力長期維持經濟的平衡。最重要的是，私人企業絕不願意而且不可能從事我國所急需，而又缺乏基本原料、成本高昂的重工業。就我國而言，最缺乏的莫過於資本。「情形如此，猶不在生產上著想，而但求分配之平均；不明資本之重要，而但說資本主義之可惡；以此態度而譚經濟建設，不啻緣木求魚。」

就經濟的觀點而言，君勱指出他所謂的國家社會主義具有兩層的意義：一爲國家經營監督；一爲求國家的生存，將公私經濟立於國家計劃之下，以造成我國的集合經濟。其目的在求經濟的獨立以做爲政治獨立的基礎。他強調我國絕沒有西方式的資本家，在面對國際的壓迫下，勞資雙方必須合作，增加生產以造成民族工業。他認爲今日的中國絕無重演社會革命的必要。而毋寧是將公私經濟安頓在同一個總計劃之下來發展。他所開引的經濟建設原則是：

(1)爲謀個人生活之安全，並改進其智能與境況計，確認私有財產。
(2)爲社會謀公共幸福並發展民族經濟與調劑私人經濟計，確立公有財產。
(3)不論公有與私有，全國經濟須在國家制定之統一計劃下，由國家與私人分別擔任而貫徹之。
(4)依國家計劃，使私有財產漸趨於平均與普遍，俾得人人有產，而無貧富懸殊之象。

我們從前引的經建原則看來，他的靈感來源毋寧仍是模仿德國。儘管君勱一再強調納粹黨的正確譯名應當是「民族社會黨」，然而，在君勱的「國家社會黨」與納粹黨之間的類似處卻絕非是邊緣性的。主持德國四年計劃的葛林（Hermann Goering）所說的：「德國經濟力之發展，已成一平坦大道，以此可達到四年計劃之大目的，亦即是民族自由之獨立」，以及「經濟界應本自動精神而履行其責任，不僅注意盈虧方面之打算，更當注意政治上、社會上之要求。能如此，則不但物質方面有所成功，……即所謂經濟應爲國民服務云云，亦可成爲事實」。這兩段引文無一不可自然地出諸君勱之口。用君勱自己的話來說，「德國四年計劃之總原則，即德國民族社會黨所謂經濟爲民族而存在，而非民族爲經濟而存在」。儘管君勱抨擊希特勒的專政以及擴張政策，然而，至少在國家民族本位這一點上，觀點是完全一致的。

在《立國之道》一書中，最值得注意的是「文化政策」，它充分地表現了君勱的政治哲學。基本上，君勱的政治哲學是建立在傳統儒家的思想模式之上。這種思想模式是「從文化和思想著手的處理方式」（cultural–intellectualistic approach），因而，他表示：「我人以爲今後要改造中國政治、經濟，其下手處應先從人生態度著手，或曰人生觀應徹底改造。由此生活態度之改造中，乃生我們所要之新文化。有此新文化，不怕無新政治制度與新經濟建設。此新政治制度與新經濟建設，若無新人生觀或新文化爲襯托，恐怕便成爲無本之木、無源之水。」傳統儒家這種「從文化和思想著手的處理方式」的思想模式的邏輯結果，是強調道德的重要性以及秀異分子對民眾的表率作用。對於君勱而言，這種傳統儒家的信念，在西方的行動主義的唯心論得到了旁證。因此，當他討論到國民守法習慣的養成時，他強調政府必須以身作則。他援引「草上之風必偃」的儒家信念，說明如果政府——「風」——能以身作則，人民——「草」——是無法抵抗的。政府的作爲對人民既然有如此重大的表率作用，則「政府人員之黜陟，關係很大。用巧滑者，則天下風氣趨於巧滑；能用負責者，則天下風氣趨於負責。浮躁者多，則天下風氣趨於浮躁；厚重者多，則天下風氣趨於厚重」。於是，他提出一個非常儒家式的結論：「政府之知人善任，不僅影響事之好壞，且可以變更天下風氣。」

這種對秀異分子表率作用的強調，很自然地使君勱將政治人物的品格與能力視爲國家興亡的決定因素。他指出新文化本身不足以救亡，必須有新政治的相輔而行。因爲「一國之存亡，在乎政治家之深識遠見，懂得世界潮流之趨向與夫本國人情風俗邪正之故，自可使國家由衰而盛，由亡而存」。在他這種傾向之下，致力統一德國的俾斯麥、奠立日本富強之基的明治，都成爲使國家由衰弱而強盛的英雄。抱持著這種儒家基本信念的君勱，無可避免地必然討論到領袖人物的養成，然而，他對領袖人物必備條件的要求毋寧是近乎尼采式的超人。除了道德是先決的條件以外，在體力或精力上，他要像拿破崙一樣，「能不斷的騎馬而不疲倦，睡不擇地、不擇時。任何時皆可睡，任何時皆可醒，任何食品，他的胃部都能消化」。要像凱末爾（Mustapha Kemal Pasha）一樣：「在著《新土耳其發展史》（*Die Neue Türkei*, 1928）時，其中有一段文章，已講述了四十八小時，筆記者已換了幾人，而他依然講下去，毫無倦容。」在智慧上，他必須廣博精深到足以融會貫通「古今中外」，明瞭世界上的各種制度與思潮，「然後始可指出一個方向，率領全國不同的派別向同一目的進行」。

事實上，君勱這種傳統儒家的基本信念，已經是在舊有的基礎上加入了西方的動力色彩。這不但表現於他對理想領袖人物的描繪上，而且更加充分地表現在他對國民教育的原則與目標的論述中。儘管他運用傳統儒家「牧民觀念」下的「愛」、「養」、「教」三個字，作爲教育民眾的三個原則。他事實上卻遠離了傳統由上而下輸送的單向政治行爲。他所期望於民眾的不僅是服從，更重要的還是自動參與政治的精神。他強調如果國人希望西方的新制度成功地在中國生根發芽，則必須在舊有的生活習慣上痛下改革的功夫：「由明哲保身變爲殺身成仁；由勇於私鬥變爲勇於公戰；由巧於趨避變爲見義勇爲；由退而後言變爲面責廷諍；由恩怨之私變爲是非之公；由通融辦理變爲嚴守法令。」君勱對多黨制度的不滿，對英、法戰時內閣的稱譽，對戰時舉國一致的合作態度推廣運用到平時的擁贊，都必須放在這種政治哲學的背景下來觀察。在他這種政治哲學之下，「上層要有道德、有智識的政治家；下層要有自動、自發、自己辨別、自己判斷的民眾，上下能同心協力的工作」。在帶有濃厚行動主義的唯心論色彩的傳統儒家秀異統治主義之下，他淋漓盡致地表現了他那種秀異分子鞠躬盡瘁於上，自由解放的國民如眾星拱月一般勤奮不懈於下，上下和諧的政治哲學。

民國二十七年十月二十五日武漢撤守，《再生》移至重慶出版。十二月十日，君勱在《再生》上發表一封致毛澤東的公開信，勸其以國家爲至上，勿汲汲於一黨一派之利益，務必撤銷軍隊、特區，並放棄馬克思主義，服從蔣委員長的領導。他指出現代國家的特徵是統一，尤其是軍事權的統一。軍隊應隸屬於國家，絕不可使軍隊與特殊主義發生聯繫；同時，一國內必須只有一種法律、一種行政系統，方能成爲一個現代國家。他特別強調在對外民族戰爭之際，各界人士的思想應以救民族、救國家爲出發點，促進全國之團結，利於抗戰之持久。

這種基於國家民族本位的政治哲學，不但表現在這封「與人爲善」的規過信裏，而且具體地表現於他所創辦的「民族文化書院」，時爲二十八年冬天。「民族文化書院」的董事長爲陳布雷，董事有張羣、朱家驊、張公權等人，君勱則爲校長。計分爲經學（附子學）、史學、社會科學、哲學四個系。名爲書院，實則等於今日的研究所。比較特別的是，除了知識的追求以外，君勱希望重振傳統書院制度下的人格與生活教育。簡言之，其宗旨是在調和、平均發展中、西各偏重德性與知識的傳統。

3 憲法起草

民國三十四年一月，君勱出席在美國維吉尼亞州（Virginia）舉行的太平洋學會。會後，旋又代表我國出席四月至六月，由世界五十一國代表在舊金山舉行的聯合國制憲大會。十二月，君勱由美赴英，在倫敦考察工黨政績，並曾與著名史學家湯恩比（Arnold Toynbee）晤談。次年一月九日，君勱在法國得政府電，謂「政治協商會議」即將召開，促其即刻返國。於是，十一日自法啓程返國，十七日抵重慶，時會議已進行七天。君勱在協商會議中的工作，最重要的就是憲法起草。

事實上，一如君勱自己所說，他自青年時代即有志於制憲的事業。在留學日本時，他已熟讀威爾遜（Woodrow Wilson）的《國家論》（*The State*, 1889）、蒲徠士（James Bryce）的《美國共和政治》（*The American Commonwealth*, 1888）、洛克（John Locke）

的《政府論》（*Two Treatises on Government*, 1690）、穆勒的《代議政治論》，以及安森（Sir William Anson）的《英國憲法及其慣例》（*Law and Custom of the Constitution*）等書籍。民國初年，國會或私人團體討論或擬訂憲草之際，他亦喜與之往還，提供意見。《國憲議》一書，即爲民國十一年，他參與上海八團體國是會議所草憲法的説明。此外，每當外國新憲制成，他必定先求目睹，甚至親爲譯介。例如他在《改造》上所翻譯的「威瑪憲法」。至民國三十五年初，「政治協商會議」召開，他很自然地參加「憲草審議委員會」，從事修訂「五五憲草」的工作，爲他所嚮往的憲政制度繼續獻力。

參與「憲草審議委員會」的人士，除了君勱以外，有孫科、王寵惠、吳鐵城、王世杰、曾琦、陳啓天等十餘人。他們在協商會議期間擬就了十二點原則，做爲修改「五五憲草」的依據。其中，大多數是出於君勱的建議。會議結束以後，君勱即赴上海與北平視察國家社會黨黨務，於二月底返回重慶。這時，他覺得十二點原則就像十二條絲，而憲法像一塊刺繡；這十二條絲如果不結在一起，絕不足以名爲憲法的文件。於是，他便著手起草憲法。當二月底，憲草審議會召開時，他向主席孫科表示他自己已經擬好一個憲草，願意提供做爲參考。孫科立刻將之轉交給秘書長雷震，第二天上午迅速地印發給審議會各委員。於是，君勱不期然成爲現行憲法的最初撰稿人。

民國三十五年四月底，政府遷回南京，審議會結束，委員星散。六月，君勱回到上海。八月，吳鐵城電告：憲草將交付即將召開的制憲國民大會。七、八月間，君勱假上海八仙橋青年會舉行數十次的講演來宣傳這部憲草，一則爲國民解釋憲法的要義，一則希望使「全國人民瞭然於制憲之不易，羣策羣力於此次憲法之共同承認與其有效施行」。在心目中，他是以美國憲法尚未爲各州批准前，爲文或演講以勸各州贊同的哈米爾頓以及麥迭生（James Madison）自期。值得注意的，即使在這個完成制憲大業的時期，他對個人與國家之間關係的了解，仍是不脫離達爾文式的集體主義的軌道。他指出唯有保障人權，政府的地位方能愈加鞏固。更有趣的是，他甚至從兩種類型的憲法及其暫時的國運做爲立論的根據。他說：「我嘗考世界憲法史：第一曰、以人民爲基本之憲法，如英國數百年來逐漸演進之憲法，如美國獨立後人民自動制成之憲法，即屬此類；第二曰、聖君賢相之憲法，如德國於一八七〇年俾士麥制成之憲法，日本自明治維新後伊藤博文制成之日本帝國憲法，則屬此第二類。我儕幼時聞俾士麥、伊藤博文之名，與梁任公著《意大利建國三傑傳》中瑪志尼（Giuseppe Mazzini）與加富洱之爲人，則從而慕之，誠以此數人均爲安邦定國之人物也。然自兩次大戰之結果觀之，其爲聖君賢相之憲法，經不起外戰之試驗，爲狂風暴雨吹打以去矣。其以人民爲基本之憲法，則政府、人民鎔成一片，遇敵國外患，人民不特無怨言，反而愛國之心尤加堅強，其政府關於和戰大計因受人民監督，亦不至於犯絕大錯誤。獨裁國家決難與之比擬。」這種比較本身並沒有太多的根據做爲基礎，然而，充分地說明了君勱是從國家強盛的立場來擁贊人民的基本權利。

在這以前，君勱屢向朋友感慨地表示：「我從二十歲左右起，熱心憲法問題，中間也從事過憲法草案，隔了四十年後，所從事的還是一部憲草。」在他對政黨政治的企望裏，憲法是將全國各黨的政治活動納入同一軌道的基礎。他很切實地指出一國之內一定存在著思想不同、利害不同的人，將種種意見不同的人集合在一起討論國事，而期望國事能平穩地進行，確是一件很困難的事。然而，一國之內有種種意見、利害各不相同的人存在既是一件不可避免的事實，則建立一條共同的軌道來規約每一個人，使得各黨各派能夠在異中求同，獲得基本事項的一致同意（agreement on the fundamentals）就成爲一種必要。換句話說，君勱一生的憲法志業，無非是在實現其政黨政治的企望。

八月十五日，中國國家社會黨與中國民主憲政黨在上海通過兩黨合併，改名爲中國民主社會黨，並成立中央組織委員會，在全國代表大會召開前綜理黨務，君勱被選爲主席。九月六日，在國際飯店招待記者，正式宣布中國民主社會黨成立。該年年底，民社黨決議與政府交換文件，並參加制憲國民大會。君勱本人雖決定不參加實際政治，然而，他建議政府先與各黨人士制定施政方針。協商完成的施政方針共計十二條。三十六年四月，由三黨領袖蔣中正、張君勱、曾琦（代表中國青年黨），以及社會賢達莫德惠、王雲五在南京簽訂。

然而，君勱對政黨政治的企望卻注定又是一個幻影。杯葛憲法及國民大會的共產黨，在蘇俄的卵翼之下，進行武裝叛亂。局勢急轉直下。民國三十八年四月，君勱在黃疸病康復以後赴澳門，十月飛抵臺北，除謁晤當時引退的　蔣總統以外，並視察民社黨臺灣黨務。十一月抵印度，從事講學和著述的工作。民國四十年底，君勱離開印度，經東南亞各國，轉經印尼、澳洲，再赴香港。次年四月，以美國友人之邀，君勱啓程赴美。這是他第三次遊美，然而，除了中國以外，這注定是他一生中住得最久的一個地方。

五、重訪「學問國」：會通中西的嘗試

1 反共識見

「我們在冷戰中是否獲得了勝利？這不能單就歐洲而言，我們還必須看看亞洲。我們（在二次大戰）勝利以後的最大災難，是中國在共產黨的攻擊和陰謀之下的崩潰。」邱吉爾（Winston Churchill）在一九四九年四月一日做了上述的表示。對君勱而言，美國原可以使中國大陸免於淪爲共產勢力的命運；畢竟「在中國重大事件的發展上，美國之扮演重要的角色是沒有人可以加以否認的」。他指出《雅爾達協定》（*Yalta Agreement*）是美國在戰爭期間一項嚴重的外交錯誤。蘇俄在《雅爾達協定》中之所以能獲得鉅大的利權，其假定是中國必須對參加東亞戰爭的俄國付出代價。君勱反詰：基於同樣的理由，法國、比利時、荷蘭，甚至英國是否也都應該付出類似的代價？他表示他不能了解，從一九〇四到一九四五，美國斷然地拒絕日本對東北的要求達四十年之久，卻何以又願意讓蘇俄獲得進入東北的特權？五十萬方公里的一大片領土及其富源，就在一個銀盤上轉讓給蘇俄，君勱嘲諷地說：「謝謝美國的慷慨！中國在戰後是衰弱得沒有多少成功的希望來與蘇俄交涉。她向美國尋求道義與物質上的支持，而這就是她所得到的支持！」《雅爾達協定》在根本上即違反了美國在華的傳統「門戶開放」政策，更在實際上使得共產勢力進入我國的東北。

君勱指出：一九四五年，當希臘共產黨在雅典製造糾紛時，美國採取了強硬的態度，派遣史哥比將軍（General Scobie）赴希反擊。同時，他指出美國本身對華與對希的態度就是根本相反的。在希臘，美國不但供應希臘政府武器，派遣一個一直到營級爲止的軍事代表團，而且保留這個在傅利特將軍（General Van Fleet）率領之下的軍事代表團，一直到粉碎希共爲止。接著指出：如果美國在戰後像支持希臘政府一樣，採取類似的對華政策，則馬歇爾的任務絕不至於如此失敗，結果也必不如此悲慘。換句話說，美國政府應當在和談失敗以後，採取另一種策略，阻止中共勢力的擴張，並防止中國政府的削弱。他認爲如果美國當時能夠有這種較佳的判斷，馬歇爾的任務必能成功，且中國得以保全在自由世界裏。

悲劇既然已經發生，與其徒然感傷於過去，不如謀補救之道於未來。君勱指出，對抗共產中國的方式分爲兩個方面。其一是號召並加強中國大陸內部反共的民主力量；其二則是自由國家對自由中國的協助。君勱強調他堅信百分之九十的中國人都樂意見到中國成爲一個民主的國家，而不願見到革命與征服。中國人樂意維護他們有價值的古老傳統和信仰，而逐漸地邁向民主、科學與工業的秩序。與之相反的，共產黨「打倒封建主義」的口號，只不過是他們毀滅中國人文主義理想的傳統，以及將史大林教條強施諸中國的藉口。共產黨的黨和警察力量固然極爲凶殘，而且監視著每一個家庭和個人的行動，每個人的生活都被組織起來並嚴格的控制著；君勱指出，雖然沒有可靠的方法來了解一般老百姓的感受，然而，做爲一個中國人，了解中國漫長的歷史與中國人的特徵，他認爲老百姓在這種控制之下是絕不會快樂的。

在另一方面，君勱指出：中國一向是東亞乃至於全世界安定的保障。然而，一旦中國淪於共產勢力，中國共產黨是蘇俄的「密友」，則東亞安定的因素消失。共產勢力不但威脅到日本、韓國，並可及於中南半島、馬來半島和菲律賓，韓戰和越南戰爭提供了充分的例證。君勱呼籲世界上的民主國家必須放棄與中國共產黨和平共存的幻覺，他指出中共根本就是第三國際的一部分，他們既不同情、不願了解民主國家的實際，而且，在盲目的意識形態之下從事顛覆與破壞的勾當。君勱強調，韓戰充分地證明了中共從不遵守國際法的規定，從不希望與世界上其他的國家和平相處。他表示當我們與共產黨對抗時，以武力回答武力是最具有成功的希望。不承認中共政權、積極的支持中華民國、不准中共參加當時的對日和約，君勱指出，這是對付毛澤東「一面倒」政策的正確藥方。他強調臺灣是中國人民企盼著重獲自由、獨立於未來的希望。無論如何，臺灣是一個自由、獨立的中國的象徵，而自由的中國是自由、和平世界裏最有價值的資產之一。因此，君勱呼籲西方國家必須堅定立場，支持中華民國。美國必須以自由世界領導者的身分，領導亞洲國家團結起來對抗共產主義。他指出唯有如此，方能重建東亞自由和平的秩序。

君勱深信中共政權的壽命將是短暫的，在他的眼中，毛澤東無異於古代專制帝王的化身。他從中國歷史上找出秦始皇、王莽與隋煬帝來與毛澤東比較。他指出毛澤東的無產階級專政制度雖得自於馬克思，然而，其與秦始皇之君主專制，實有一線相承的關係。毛澤東以馬克思主義統一人民思想，與秦始皇之焚書坑儒可謂如出一轍。質言之，在二者的統治之下，人民同樣是被剝奪了信仰、思想、出版、講學、言論的自由。而土地國有與國營農場與王莽的「王田」，管制政策相近。同樣是想用土地公有的簡單口號來解決複雜的農業難題。尤以執行不當，致令共幹作奸犯科，耳目眾多，條目眾多，苛刻百姓，民多怨言。同時，毛澤東之能力固不及秦始皇與隋煬帝，好大喜功卻是其所心摹力追的。毛澤東之甘心為俄利用，一場韓戰，將愛好和平的中國百姓驅為砲灰，死傷人數達一百七十五萬人之多，浪擲於軍費的民脂民膏達七十二億餘美金之鉅。綜而言之，君勱指出毛澤東之為人與秦政、隋煬有許多相類之處：「第一、好大喜功；第二、敢為人所不敢為；第三、言莫予逆，有不從者去之殺之；第四、近功速效；第五、性情暴厲，一切出於衝動，不需周密思慮；第六、人力、人民任意犧牲，絕不愛惜。毛氏與王莽之相似，莫過於咬文嚼字。王氏念念不忘者為《周官》，毛氏所用名辭如人民公社，如階級鬥爭，皆出自馬克思字典，至其與人民生活之脫節，所不計矣。」

在另一方面，君勱反共的立場與傳統中國知識分子所強調的氣節是密切結合在一起的。對他而言，傳統中國哲學——特別是理學——並不僅僅是一種思想體系或藉以謀生的技藝。「為天地立心，為生民立命，為往聖繼絕學，為萬世開太平。」不但是我國先哲著書立說的宗旨，而且所言、所論，即是為身體力行、安心立命的準則。因此當馮友蘭發表〈學習與錯誤〉一文，向共黨俯首認罪時，君勱深為不齒，乃撰〈一封不寄信——責馮芝生（友蘭）〉。

他懇切地指出：「古今朋友相識，彼此有進言之雅，所以相規而爲善，不徒爲一二人之私，亦所以矯正天下之風氣也。……今讀足下〈學習與錯誤〉之文，乃令我身發冷汗，真有所謂不知所云之感。」他強調「書生之所以自立，曰讀書明理之餘，灼然胸有所見，本其所自信者，著之於簡册，垂之於天壤，其爲人人心理所同然者，則形之爲風俗，垂之爲傳統」。他不齒馮友蘭在共黨的威迫之下，顛倒是非，自棄立場。他指出即令「足下不發一言，中共未必置之於死地，北平城內噤若寒蟬者何可勝數，奈何足下竟不識人間尚有羞恥事乎？」考究原因，他認爲馮友蘭並未曾將中國哲學與其生命融而爲一：「證之足下今日之所爲，足以見將心一關看得太輕，而在外者看得太重，此乃中國哲學所以於足下絕未有受用之處，亦以見心口不一，口言而身不行之大戒，歷代哲人久已懸爲厲禁者，乃於足下之身證實之矣。吾國哲學之精神，在乎言行一致，本所自信書之爲文，即爲他日自己立身之準繩，而此種原則，尤當驗之於危難之際，故曰：『富貴不能淫，貧賤不能移，威武不能屈。』此之謂大丈夫。其成而建功立業也，則安國家利民生，其不幸而失敗也，則不移不屈雖死猶生可焉。孔子不屈於春秋之世，故爲萬世師表；孟子不屈於戰國之世，賤（張）儀（蘇）秦所爲，民貴君輕之言，至今爲人所稱道；韓退之（愈）不屈於佛，乃作〈原道〉之文；伊川（程頤）不屈於北宋之黨籍，令四方學者相從不舍；晦翁（朱熹）不屈於南宋之和議與所謂僞學之禁，乃成爲其先儒朱子；乃至文文山（天祥）不屈於胡元，成爲吾族之正氣；陽明不屈於劉瑾，黃梨洲（宗羲）、王船山（夫之）不屈於滿清，皆吾國哲學精神之所寄，民族英魂之所在也。」

很明顯地，君勱除了在政治上呼籲美國必須支持中華民國，以臺灣作爲自由與民主的基地，並與亞洲國家組成一反共聯盟以外，他並試圖從傳統中國知識分子所強調的氣節上，發揮中國知識分子「富貴不能淫、貧賤不能移、威武不能屈」的傳統精神，做爲反共的心理基礎。

2 復興儒學

在君勱晚期流亡美國的生活裏，最爲重要的是他從復興儒學著手，進而嘗試會通中西思想的努力。一如前節討論中所指出，對君勱而言，傳統中國的哲學與其說是一種純粹的思想體系，毋寧說是一種落實在人生層面，而做爲我們身體力行、安心立命的準則。從這個背景出發，我們可以很容易的了解君勱之致力於復興儒學，何以絕不是一種文化保守主義的表現，而毋寧是在「從文化和思想著手」的思想模式之下，試圖透過儒學的復興，從根本上重振民族國家的丕基，再進而達到會通中西的最終目的。

君勱慨嘆：「近百年來，國內學術思想淩駕一切而上之者，豈不曰西學東漸乎？始焉名之曰夷務、洋務，繼則慕而效之，曰變法、曰維新、曰革命。及第一次大戰以後，特別側重於賽先生與德先生。迄於最近，則四萬萬人受治於共產主義一尊之下矣。吾人試將中國與亞洲各國互爲比較，日本爲中國文化系統中之一分子，何以彼能應付世界環境，知所斟酌去取。印度人至今存其衣冠，絕不樂於服西方之服，其在思想上如泰戈爾、如甘地、如拉特克里希那（Sarvepalli Radhakrishna），且宣傳其印度之人生觀，向西方挑戰。其爲伊斯蘭教國，雖受西方之欺淩，其讀《可蘭經》自若焉，守其禮俗自若焉。吾中國數千年來獨立東亞，自命爲禮義之邦，何以於近一世紀中對於其所固有之文物，視若不足愛惜，且棄之惟恐不盡？」他在百般思索不得其解的情況下，提出三種可能的理由。其中，最重要的是，他認爲由於中國沒有宗教的心理，對固有的文物制度缺乏固持的態度。他認爲信奉印度、伊斯蘭、猶太、基督各教的國家裏，宗教是爲其文化中的主要元素，上帝既被視爲造物主、全知而萬能，故心理上具有堅強的信心，不致以可有可無的態度對固有文物掉以輕心。即使是日本人，他們對固有的文物亦帶有一種「神聖不可侵犯」的宗教心理。「日本人移此宗教信心以至於其國體與儒教，雖經珍珠港後之大戰（敗？），而天皇制度能仍其貫，不聞有人起而攘奪之者；其於儒教，且自誇其能存其真面目，不聞有打倒孔家店之論調。」反觀我國，「佛教制度忽存忽毀，佛教造像，讓西人斬首做爲古玩出口。佛教經典，流傳至於高麗、日本，乃天台宗與法相宗典籍忽而失傳，轉向高麗、日本取回，乃得物歸原主」。然而，半個世紀以前的康有爲固然可以希望將儒學建構成一個中國的宗教，二十世紀五〇年代的君勱則深知這是絕不可能的。西方宗教的全盤採借亦是不可能，於是，唯有發揮孔孟的傳統，循理智的道路前進。

值得注意的是，對君勱而言，傳統中國的哲學即是理學——宋學。在他一生所堅持的觀點裏，漢學與宋學是兩種截然不同的學問。早在民國二十六年，他就明白地表示：「漢學家所研究者爲文字，爲名物，謂爲近代西方文字學、考古學可也；宋學家自心性之微處，以求人之所以行己立身，與夫治國平天下之道，其所研究有屬於形上學，有屬於心理，有屬於倫理，簡而言之，可稱爲哲學。」兩者既爲不同的學問，則衝突的產生應是一種實際的不可能。然而，君勱指出，由於漢學家與宋學家各自宣稱他們是研究聖人之道的唯一途徑，兩種在性質上應是風馬牛不相及的學問，卻不可避免地發生了爭執。他強調這種互相敵對的產生，是由於漢學侵入了宋學——哲學——的領域。

很明顯的，君勱的態度是一反民國以來揚漢學、抑宋學的風氣。對他而言，漢學家真是「碎義逃難」、「餖飣支離」。他指責漢學家率以注疏者的身分來探討經典，未能建構出一種哲學的系統，以做爲人生的指導原則。他們只是不斷地搜集事實、名物，猶如學術的「麵包屑」。他們窮心力於經典的披索，置史書於一旁，從未曾想到以他們的知識來推動當代的改革。在專注於字形、語辭與名物的追求中，他們無能對宇宙具有任何富想像力與原創性的觀點。他說：「至多，他們只是技藝匠，而非藝術家。」與之相反的，他盛讚理學家的貢獻。他指出：理學家是隨時準備著殉難，因此，文天祥能不屈於蒙古人而死，明朝覆亡時，許許多多的理學家能爲明室而犧牲。而即使是那些沒有殉國的人士，也都努力的保全了他們對明室的忠誠，或奮力抗清，或終生不事清廷。而有幸生於較爲承平時代的王守仁和曾國藩，更是充分地表現了理學家的真精神。前者敢於忤逆權宦劉瑾，力能敉平宸濠之亂；後者則在清季不屈不撓地平定了太平天國之亂，兩人是爲理學家裏成功的政治家。總而言之。君勱指出：「不論成敗，理學家真誠地固守著他們的信念。在私人的研究裏，在公務上，在國難時，在政權摧搖之際，他們一直是勇往直前的。」他反擊民國以來對理學家的輕蔑與抨擊，他強調：「明末顧亭林（炎武）氏與顏習齋（元）氏所以批評理學者，不外下列四點：

美國舊金山講義理學

1956年哈佛圖書館前

與其弟公權1956年左右攝

1967年與李璜夫婦攝於卜克利城住所前

⑴心性空譚；⑵主靜；⑶但知書本；⑷無補於救亡。顧氏之語，近年引之者多矣，無待重複，吾以爲一國之學術，有虛實、體用、精粗、養心與實用之分，不可一概而論。孔子、孟子之書，何嘗非空論，然所以定吾國人心者，其效用何如？柏拉圖與亞歷斯大德之書何異於孔孟。歐洲文化實以此爲濫觴。陽明學説在吾國明末流爲狂禪，傳至日本造成明治維新之業，此視其所以用之者何如耳。學問之屬於心性者曰宗教、曰哲學、曰倫理，此雖爲空、爲虛，而與實際生活互有關係。其他實科之學，如天文、地理、生物、化學、物理與農、工、商技術，此自爲實際生活所必需。理論爲實際之基礎，實際爲理論之應用，二者同時有用，不可但知其一不知其二也。」君勱感慨於王學在中國被目爲招致明朝滅亡的禍因，在日本，王學卻直接間接成爲促成仁人志士殺身成仁，建國濟民經綸產生的基礎。受到他德國經驗中行動主義的唯心論的影響，他期望回輸日本陽明學派活潑而富於實行的精神，戒除言而不行的弊病，從純樸的心地上，以旺盛的求知慾、明辨是非善惡的良心，改造風氣，並做爲我國振衰救弊的基礎。

君勱同時並提出整理傳統文化的方針。在宗教上，必須徹底革除頹廢的宗教。佛教的子孫廟、酒肉和尚和道士、廟產私有、佛事中打牌飲酒的惡習、佛道兩教人士缺乏教育的情況，均應一一徹底改革。各廟寺應置於一個組織之下來管理，僧人與道士並須接受十年的訓練，規定應讀的經典，應具備的知識，並通曉世界各種宗教的情況。很明顯的，君勱希望廟寺應在學術的基礎上成爲一個真信仰的中心。因而，他強調：「孔廟中但懸孔子一人之像，道觀中但懸老子一人之像，佛廟中但懸釋迦一人之像，實無濟於事。各宗派應發揮其精義，以期真信仰、真信心之確立。」在學術上，君勱指出：我國自漢以來專注於書本，而不知自然界爲人類知識之根源。宋明儒者雖長於思考，然而對於邏輯、分析與自然界的各種關係，實遠不及西方。君勱呼籲此後我們應開闊胸襟，採人之長，補己之短，同時不要昧於他人之短，勿忘自己所長。總之，學術的發展，由分而合，由合而分，大道並行，萬物並育。我們必須擴大識見、容納眾流，用分析的方法，審慎的去除蕪濫；採綜合的方法，以求會通之處，合中外古今於一爐而冶之。在道德上，以誠爲根源，誠由真心而來，可以質天地對鬼神，不愧屋漏。修身方面，必須有匹夫不可奪志的氣概，養成獨立自尊的人格。齊家方面，嚴格實行一夫一妻制。待人處世以信，寧笨拙，勿巧滑，勿諂媚，勿退後而譭謗他人。服務國家，必須忠於職守，勿鑽營奔走，勿朝秦暮楚。在政治上，負有政治領導責任的人，應知治國安民爲政府的唯一職務。勿以權力爲念，勿以權謀術數相尚，力遵道揆法守，以爲治人之途徑。「庶幾人民與之俱化，風俗趨於純厚。」在整個討論中，固然君勱仍是運用傳統儒家的德目做爲綱領，而且，固然在基本上他是信守著儒家的信念，然而，我們可以看出他是在新的時代之下，以新的觀點來詮釋舊有的觀念。當他談到傳統中國哲學的沿承性時，他說：「在中國，傳統之被小心地保存著是一件人所共知的事。然而這並不意味著說這個傳統未經過任何改變。自孔子卒後，許多新的觀念和新的學派產生——即使它們仍是在儒家的傳統裏。五經依然，而許多新的注疏卻從嶄新的觀點來詮釋它們。新的名詞被鑄造出來，舊的名詞獲得了新的意義。」君勱稱這種哲學發展是採取「舊酒新瓶」的方式。就某種意義而言，他本人就活生生地表現了這種「舊酒新瓶」的傳統。

君勱深信中國今日所面臨的挑戰是如何從內部改革，這牽涉到一個極爲重要的問題，即中國是應該完全放棄她的傳統，或者是應該依據選擇性的判斷，留下好的而拋棄不必要的。根據他的看法，中國的哲學思想具有下列三種特質：⑴予知識與道德以同等的地位，不若西方人之給予知識以最高的地位，以致知識的研究本身成爲一種目的；⑵遵循著通過時間考驗了的傳統，保留了一種沿承的意識（sense of continuity），他強調這對社會有穩定的作用。不像西方哲學家似乎樂於互相挑戰。因而，西方哲學固然富於競爭性，卻缺乏那種唯有經由集體努力方能得到和諧性；⑶在中國的思想裏，「圓通」的地位要高於原創性。君勱援引：「萬物並育而不相害，道並行而不相悖。」強調對立的觀點可以共存，而逐漸成爲一個和諧的整體。很明顯的，就集體、和諧這兩個觀念而言，它們不但構成了君勱政治哲學的基礎，而且也是他的學術王國的理想目標。

然而，君勱並不單純地將復興儒學做爲一種目的。他的終極目標是在中國哲學復興以後，能貢獻出她在兩千多年傳統中所傳承下來的優點，這加上西方思想的原創性與方法學的長處，將可以在嶄新而深刻的基礎上達成會通中西的目的。他滿懷希望的宣稱：「以吾國儒家哲學思想爲本位，刷新條理。更採西方哲學中可以與儒家相通者，互爲比較，互爲衡量，互爲引證。或者儒家之說得西方學者之助，更加明朗清晰；而西方哲學家言，因其移植吾國，更得以發展滋長。蓋惟有採西方學說之長，而後吾國學說方能達於方法謹嚴、意義明確、分析精到、合於現代生活。亦惟有以吾國儒家哲學爲本位，而後本大道並行、萬物並育之旨，可以集合眾家之說，以匯爲一大洪流，兼可以發揮吾國慎思明辨而加上篤行之長。」

君勱深信會通中西是可能的。他強調東西哲學只是就地理上的分布所做的二分法，二者的疆界實不易劃分。他認爲就思想方法與內容而言，東西哲學頗多彼此共通之處。其中，尤以中國與西方哲學的對比爲然。他表示中國雖然位於亞洲，然而思想方法毋寧是近於西方而遠於東方。他的理由是，中國不像其他東方國家如印度、阿拉伯與猶太等，是宗教的創始國。而與希臘人一樣，中國人著重於人類世界的研究，尤特重於人倫與道德的問題。他說：「試將中國思想與近代歐洲哲學互相比較，可發見彼此共同之點。讀周濂溪（敦頤）、邵康節（雍）、張橫渠（載）之文，不能不令人想像笛卡爾、蘭勃尼孳（Gottfried Wilhelm Leibniz）與斯賓諾撒（Benedict de Spinoza），以此六人同爲形上學體系之建立者，且屬於理性主義派故也。宋代哲學發展之中，其中一派著重於致知格物爲下手之方，彼等以爲所謂心者非自足乎己，而有待於外來之知識以增益之。其他一派以爲人心爲良知良能之本，能別善惡明是非。格物致知派類於歐洲經驗派所持之人心如白紙說；其主張『心即理』者，類於歐洲理性主義者之天賦觀念説。」對君勱而言，儒家——特別是孟子——與希臘——特別是柏拉圖——思想之間的類似處是特別明顯的。他指出：「孟子哲學之體系，依西方學者之分派言之，可名曰唯心主義者，與希臘之柏拉圖最相類似。柏氏之師蘇格拉底，爲雅典青年辨析名義，被判罪爲惑亂人心，至於服毒而死。柏氏追求蘇氏思想於各篇對話之中，所以記蘇氏之言行。此與孟氏以身殉道之旨相符合者一。柏氏自身歷訪雅典以外之各邦之主，希冀得君行道，被雪拉糾司（Syracuse）之暴君所囚，且鬻之爲奴。柏氏得友人援手，退歸雅典，創辦學院以終其身。此與孟子『用之則行，舍之則藏』之旨相符合者二。雅典當時詭辯學派盛行，認爲所謂是非云云，依人爲尺度，即是依人意之便利之別名。柏氏以蘇氏與雅典青年辯論勇氣、克治、友誼、智識諸德性，謂此諸德自有其正確意義，非人所能信口雌黃。此與孟子闢邪說之旨相符合者三。〈柏氏菲度〉（Phaedo）、〈菲特羅司〉（Phaedrus）各篇力言『思』之重要與物慾之戒，此與孟子大體、小體之旨相符合者四。柏氏分智識爲四層，理性爲最高層，理智爲第二層，意見爲第三層，官覺所觸者爲最下層。其以理性爲最高層，與孟子所謂仁義禮智之性，或簡言之，曰義理之旨相符合者五。柏氏以爲通真理之哲人，方能爲統治者，因而自鑄一名詞曰聖哲王者（philosopher-king）。孟子逕以堯舜之專名爲其理想的王者。此與孟子相符合者六。此六項就其大體之相同言之，故謂柏氏與孟子爲同一類型之人物也。」君勱甚至撰寫〈東西比較哲學——孟子與柏拉圖〉，試圖進一步的分析與比較。然而這項會通中西的嘗試，卻注定成爲他未完成的遺稿，民國五十八年二月二十三日，他以胃疾病逝於舊金山柏克萊（Berkeley）康凡勒生療養院，享年八十四歲。

六、結論

我們回顧君勱一生的思想，最爲顯著的特徵之一，是他一生思想高度的一致性。在他的思想裏，我們很少發現某些明顯的修正或放棄——如果還有這種現象存在的話。構成他思想基調的幾個基本概念，多是形成於早年，圓融於成年之後，而一直信守至晚年。其中，最爲顯著的是他對自由主義所具有的特殊的認識。這種特殊的認識，用本文的探討中所一再運用的術語而言，便是他那種從達爾文式的集體主義來詮釋自由主義的傾向。事實上，一如十年來許多對嚴復、梁啓超和五四運動所做的研究所顯示的，這種傾向對近代中國而言毋寧是具有它的代表性。我們甚至可以說，梁啓超的「新民說」對這種傾向提供了一個經典式的發揮。有如傅樂詩所指出的：「五四時代激進分子所擁贊的民主的觀念，是否遠超過梁啓超在他的『新民說』中所描繪的範圍是很可以質疑的。對梁啓超而言，民主制度之做爲一種個人與社會關係的新理想，是多於做爲一組政治的形式。與他類似的，大多數五四時代的狂熱分子也是從把個人自習俗的箝制中解放出來，而集體的參與建國工作的角度來理解它。」毫無疑問的，自由主義之做爲一種道德的目的，做爲一種社會以及政治制度的表現，確是君勱所能深刻了解而認可的。然而，在他那種國家至上的傾向之下，自由主義毋寧由於是做爲釋放或培養國民的能力、責任感與公德心的唯一管道，而成爲達成國家富強目的的手段。

與這種特殊的自由主義觀念息息相關的，是君勱那種衆星拱月式的政治哲學。一如我們在討論中所指出的，基本上，君勱的政治哲學是建立在傳統儒家的思想模式之上。因而，在他的政治哲學裏，除了自由主義是做爲釋放或培養一般國民的能力或責任感的媒介以外，幾乎是一套爲秀異分子而建構的「君王論」（The Prince）。所不同的是，它已不再只是傳統儒家的秀異統治主義。儘管他仍然運用傳統儒家「牧民觀念」下的「愛」、「養」、「教」三個字，作爲教育民衆的三個原則，他實際上是期望透過自由主義的酵母作用，造成以「自動、自發、自己辨別、自己判斷」的精神參與政治的國民。這在根本上是修正了傳統由上而下的單向政治行爲。在另一方面，儘管他那種傳統儒家「從文化和思想著手」的傾向，他心目中的理想秀異分子已不再只是一個道德的象徵。除了道德這個必要條件以外，他必須具備超人式的精力和學識，以及先知或大宗師式（Charismatic）的感召力。我們可以說，君勱的傳統儒家秀異統治主義，在實質上是滲入了濃厚的行動主義的唯心論的色彩。在這種舊名詞新詮釋的方式之下，他建構出一種有道德、有知識的秀異分子鞠躬盡瘁於上，而自由解放的國民如衆星拱月一般勤奮不懈於下，上下和諧不已的政治哲學。

然而，儘管如此，我們絕不能視君勱爲一個儒家或傳統型的保守主義者。單單是他的政治哲學就已經充分地顯示了他是從嶄新的意義下，來重新詮釋或選擇傳統儒家的信念。就某種意義而言，他對西方了解的程度，足以使他從西方的某一支思潮回顧、印證到傳統的信念，然後再反擊另一支被中國知識分子狂熱擁贊的西方思潮。對於這個論點，「人生觀論戰」可以說是提供了一個最佳的例證。我們從他之屢屢徵引柏格森、倭伊鏗、杜里舒等人的論點，以支持他那些頗爲傳統或保守的觀點看來，與其說他是傳統理學的擁贊者，毋寧說他已成爲一八九〇年代以後，西方反實證主義、機械主義思潮的一部分。這種意識形態的蛻變並不僅僅發生在君勱身上，事實上，它是一個普遍存在於現代中國保守主義者身上的現象。一如傅樂詩所指出的：「五四時代的保守主義者與啓蒙時代後期世界其他地區的保守思潮的共通點，是多於他們與儒家傳統主義之間的共通點。」換句話說，五四前後的保守主義者已不再是傳統儒家的保守主義者，而毋寧是現代保守思潮的一部分。

然而，值得注意的是，君勱與現代中國的保守主義者之間的相異點，可能要多於他們之間的相同點。雖然他曾被丁文江嘲弄爲「玄學鬼」，他卻從不像梁漱溟、辜鴻銘、熊十力、馮友蘭等人，以形上學的形式來建構他的理論。就這一個意義而言，他毋寧是接近於強調落實與實踐的傳統理學家。印度詩人泰戈爾（Rabindranath Tagore）訪華的經驗，充分地說明了他這一個特點。民國十三年，泰戈爾應「講學社」之邀訪華，期間，洗塵與餞行宴均由君勱以主人的身分，在他上海寓所的大花園裏舉行。雖然二者的理想俱是在透過本國哲學傳統的復興，來促進東西的了解。有趣的是，君勱在泰戈爾的巡迴演講中，對後者那種復興東方精神文明的觀念竟是隻字不提。即使在餞行宴上，他仍然是很平淡地提及泰戈爾的理想。取代的是，他亟切地希望泰戈爾指出中國的缺點是在什麼地方。這種對泰戈爾的理想抱持著冷淡態度的現象，再度出現於他所著的《中國與甘地的印度》（*China and Gandhian India*, 1956）一書裏。在全書裏，他只有一個地方提到泰戈爾，而且只是提及他的訪華，而不及於他所傳布的觀念。與之相反的，他用了兩整章的篇幅，來討論甘地（Mohandas Gandhi）充滿著德性的私生活和政治生涯。上舉的事實，充分地說明了君勱在基本上具有反對純粹抽象理論的傾向。對他而言，一切理論必須落實在人生的層面上方始具有意義。他讚美顏元之能責備宋儒但知讀書，是數千年來僅有的卓見，他說：「自漢以來，學者潛心於書本，少向農工商方面下手於實際生活。吾國士大夫，倘今後不改此習，吾族必難於復興。故少著書，而多動手，乃習齋（顏元）之特見，吾人不可不牢記其言。」泰戈爾之追求「美」與「愛」的東方精神文明，無疑是迥異於他這種講求落實的人生態度。而甘地的道德與政治行為，才真正爲他提供了一個行動主義者的畫像。

雖然君勱時常表示：「我自身興趣，徘徊於學問與政治之間；政治不需要我，學問的興趣足夠消磨歲月。」實際上，他根本是一個政治上的行動主義者。當他解釋朱熹之所以一再被貶，是因爲做爲一個中國人，他深覺有責任把他的哲學理論運用到實際的政治。實際上他也是以朱熹做爲他的自我影像。他一生不治產業，一心一意奔走於政黨政治、民主制度的建立。他一直期望：「一國以內，要有多少人時刻把一國政治問題精心思索，權衡利害；彷彿剝竹筍一樣，要剝到最後一層而後已。這種事惟有靠以政治爲專門職業的人來做，然後方有正當的解決。黨派儘管不同，階級利害盡有分別，總得有少數人物把國內外的全部政治來徹底研究，仔細思索，然後以最好的方法爲國家謀最大之利益。」的確，在他有生之年裏，他一直試圖找尋並創造扮演他的政治哲學裏，以政治做爲專門職業的秀異分子的角色。然而，雖然他一生致力於政治改革的工作，卻可以說一生都在實際政治的外圍，一直未能得到一展抱負的機會。他一直盼望做一個偉大的政治家，做一個傳統中國最感缺乏的實行家。然而，在一般人們的心目中，他卻僅爲一個政論家和學者。

參考書目

蔣勻田　〈張君勱先生一生大事記〉，《傳記文學》十四卷四期，民國五十八年四月。
君　勱　〈英軍需大臣路德喬琦氏之軍火與戰爭觀〉，《東方雜誌》十三卷四期，民國五年四月十日。
〈俄羅斯蘇維埃聯邦共和國憲法全文〉，《改造》一卷六期，民國八年十一月十五日。
〈德國革命論〉，《改造》二卷三期，民國九年二月一日。
〈德國新共和憲法評（上）〉，《改造》二卷九期，民國九年五月一日。
〈德國新共和憲法評（完）〉，《改造》二卷十二期，民國九年六月十五日。
〈中國之前途德國乎俄國乎〉，《改造》二卷十四期，民國九年七月十五日。
〈通訊〉，《改造》三卷四期，民國九年十二月十五日。
〈政治活動果足以救中國耶〉，《改造》三卷六期，民國十年二月十五日。
〈國民政治品格之提高〉，《改造》四卷二期，民國十年十月十五日。
〈懸擬之社會改造同志會意見書〉，《改造》四卷三期，民國十年十一月十五日。
〈學術方法上之管見〉，《改造》四卷五期，民國十一年一月十五日。

張君勱
〈記費司林民國內外金融談〉，《東方雜誌》十三卷一期，民國五年一月十日。
〈毛朝與秦政、新莽、隋煬〉，《自由鐘》三十三期，民國五十六年十一月。
〈孟子哲學〉，《儒學在世界論文集》，東方人文學會，民國五十八年三月。
〈一封不寄信——責馮芝生〉，《傳記文學》十四卷四期，民國五十八年四月。
〈菲希德對德意志國民演講〉，商務，民國五十九年二月。
〈明日之中國文化〉，商務，民國五十九年二月。
《國憲議》，商務，民國五十九年二月。
〈義理學十講綱要〉，商務，民國五十九年二月。
〈比較中日陽明學〉，商務，民國五十九年二月。
〈學術思想自主引論〉，《民主社會》六卷一期，民國五十九年二月。
〈新儒家哲學之基本範疇〉，《民主社會》六卷一期，民國五十九年二月。
〈中國哲學中之理性與直覺〉，《民主社會》六卷一期，民國五十九年二月。
《立國之道》，商務，民國六十年二月。
《史泰林治下之蘇俄》，商務，民國六十年二月。
《中華民國民主憲法十講》，商務，民國六十年二月。
《開國前後言論集》，正中，民國六十年十月。
〈吾人處抗戰時期中之態度〉，《再生》一卷十一期，民國六十年十一月二十日。
〈民族文化書院緣起〉，《再生》二卷九期，民國六十一年九月二十日。

〈全民族戰爭論自序〉，《再生》三卷六期，民國六十二年六月二十日。
〈人生觀〉，《科學與人生觀之論戰》，臺北，一九七三年。
〈再論人生觀與科學並答丁在君〉，《科學與人生觀之論戰》，臺北，一九七三年。
〈人生觀之論戰序〉，《人生觀之論戰》，泰東，民國十二年。
〈中國學術史上漢宋兩派之長短得失〉，《再生》四卷三期，民國六十三年三月。
張若谷　《馬相伯（良）先生年譜》，文海。
張公權　《我與家兄君勱》，《張君勱先生七十壽慶紀念論文集》，民國四十五年一月。
張朋園　《梁啓超與清季革命》，臺北，民國五十八年。
張玉法　《清季的立憲團體》，臺北，民國六十年四月。
程文熙　〈君勱先生之言行〉，《張君勱先生七十壽慶紀念論文集》，民國四十五年一月。
〈張君勱先生年表長編〉，《民主潮》二十卷十一期——二十一卷八期。
〈張君勱先生年表簡編初稿〉，《再生》二卷二——三期。
〈張君勱先生與蘇俄〉，《再生》二卷八、九期。
金侯城　〈童年時代的張君勱先生〉，《張君勱先生七十壽慶紀念論文集》。
馮自由　《革命逸史》，商務，《人人文庫》，民國五十八年三月。
徐復觀　〈中國知識分子精神之回向——壽張君勱先生〉，《張君勱先生七十壽慶紀念論文集》，民國四十五年二月。
胡　適　〈一年半的回顧〉，《努力週報》七十五期，民國十二年十月二十一日。

李　璜　〈科學與人生觀序〉，《科學與人生觀之論戰》，臺北，一九七三年。
〈敬悼張君勱先生〉，《傳記文學》十四卷四期，民國五十八年四月。
《學鈍室回憶錄》，臺北，民國六十二年。
梁啓超　〈歐遊心影錄節錄〉，《飲冰室合集》第五冊。
梁漱溟　《東西文化及其哲學》，臺北，民國五十七年三月。
唐君毅　〈經濟意識與道德理性〉，《張君勱先生七十壽慶紀念論文集》，民國四十五年一月。
丁文江　〈梁任公先生年譜長編初稿〉，臺北，民國六十一年八月。
〈玄學與科學〉，《科學與人生觀之論戰》。
王爾敏　《晚清政治思想史論》，臺北，民國五十八年九月。
吳相湘　〈張君勱老鶴萬里心〉，《民國百人傳》第三冊，臺北，民國六十年一月十五日。
楊幼炯　《中國政黨史》，商務，民國六十三年十月。
〈中國國家社會黨宣言—我們所要說的話〉，《再生》一卷八—十期，民國六十一年八月—十月。
Boorman. Howard L., Howard, Richard C., *Biographical Dictionary of Republican China* (Columbia, 1967).
Chang, Carsun, *The Third Force in China* (N.Y., 1952).
——, *The Development of Neo–Confucian Thought* (N. Y., Vol.I, 1957; Vol. II, 1962).
——, "Reflections on the Philosophical Controversy in 1923, *Chung–Chi Journal* Vol. III, No.1 (Nov., 1963).

Chang, Hao, *Liang Chi–ch'ao and Intellectual Transition in China,* 1890–1907 (Harvard, 1971).

Ch'en, Jorome, *Yuan Shih–k'ai, 1859–1916* (Stanford, 1972).

Chow Tse–tsung, *The May Fourth Movement: Intellectual Revolution in Modern China* (Stanford, 1967).

Furth, Charlotte, *Ting Wen–chiang: Science and China's New Culture,* (Harvard, 1970).

——, *'May Fourth in History,'* in Benjamin Schwartz, ed., *Reflections on the May Fourth Movement: A Symposium* (Harvard, 1972).

Hay, Stephen, *Asian Ideas of East and West* (Harvard. 1970).

Hsüeh Chün–tu, *Huang Hsing and the Chinese Revolution* (Stanford, 1961).

Kwok, D.W.Y., *Scientism in Chinese Thought: 1900–1950* (Yale, 1965).

Lin, Yü–shen, Radical Iconoclasm in the May Fourth Period and the Future of Chinese Liberalism, in Benjamin Schwartz, ed., *Reflections on the May Fourth Movement: A Symposium* (Harvard, 1972).

Schiffrin, Harold Z., *Sun Yat–sen and the Origins of Chinese Revolution* (University of California Press, 1970).

Schwartz, Benjamin, *In Search of Wealth and Power: Yen Fu and the West* (Harvard, 1964).

蔣中正

吳寄萍 著

目　次

蔣中正

一、傳略

我們闡揚　蔣中正先生學術思想，應先對其家世與求學，尤其　蔣先生是國民革命軍之父，是世界和平的導師，此等史實與其學術思想演進，均有密切關係，故應有所瞭解，茲分述如下：

1　家世與求學

蔣中正先生，原名瑞元，字介石，譜名周泰，學名志清。民國紀元前二十五年九月十五日（清光緒十三年丁亥，即西元一八八七年十月三十一日），在浙江省奉化縣禽孝鄉溪口鎮誕生。溪口又名武嶺，在綿延數十里的四明山之麓，山上挺峯飛瀑，蒼松突石，巍峨壯麗，還有蜿蜒如帶的剡溪，繞鎮長流，竹筏篙聲，風景幽美，堪稱山川毓秀，人傑地靈。

溪口蔣氏世系，據歷史的記載是這樣的：周封周公的第三子伯齡於蔣（即河南省固始縣蔣鄉地方），他的子孫遂以國名爲其姓氏，是爲蔣氏之始，宋時有蔣硯，官至刑部尚書，號四勿居士（謂勿欺心、勿負心、勿求田、勿問舍），以寶章閣學士乞祠歸，則又爲徙居奉化之始，明末，蔣士傑遷徙溪口，那就是溪口蔣氏一支的始祖。

溪口蔣氏，歷代都以務農的居多，到了　蔣中正先生的祖父玉表公才開始經營商業，他待人誠懇，處世公道，在地方上建立了良好的聲望和信譽，閭里間遇有糾紛，總是請他出來排解，往往把一場爭執得很厲害的是是非非，化解得煙消雲散，使地方充滿了一片祥和之氣。玉表公生活儉樸，經濟上有盈餘時，就用到地方公益事業上，像辦學堂、修道路、施醫茶、濟人困危等各項義舉，無不熱心以赴。

蔣先生的父親肅庵公名肇聰，少有大志，精明幹練，有強烈的正義感。可是當他讀書有成以後，適逢太平天國之亂，連年戰禍，浙東一帶竟作了戰場，玉表公所經營的事業，都爲兵燹所摧毀，到了洪秀全兵敗以後，玉表公年事已高，目睹一片瓦礫，欲圖復興，已覺心餘力絀，於是肅庵公就肩負起挽回家運仰事俯蓄的責任，繼承玉表公的事業，維持家庭，服務鄉里，而對子女的教育，更秉承節儉勤勞的家風，從生活上細微的小節來嚴格的教育和要求，深深的影響了　蔣先生幼年時期的身心和生活。

蔣先生八歲的時候，祖父玉表公去世，九歲時，父親肅庵公也相繼與世長辭。原來美滿的家庭，遭此大變，於是慈母而兼嚴父，保家教子的責任，完全落在蔣母王太夫人的身上。王太夫人是一位標準的賢母，時常督責他做灑掃庭院，拂拭桌椅的勞作。做過了便準時送他上學，出門時還檢視他所攜帶的書包，不准他帶玩具去學塾，下了課回家，也照例檢查一次，以免他帶了別人的東西回來。閒著便須學習家事，吃飯時也不准有半粒米飯落在桌上或留在碗內，飯後便要他親自把碗筷洗滌乾淨，睡覺的時候，衣服要摺得整整齊齊，對於身體的鍛鍊，衛生常識和社交禮節等，無不詳加教導。因而養成其刻苦耐勞端莊嚴肅的生活習慣。所以王太夫人的母教對　蔣先生一生的影響非常重大。

蔣先生六歲入學，第一位老師是任介眉先生，讀了兩年私塾，到了第三年便改入蔣謹藩的學塾繼續求學，他雖然在學塾喜歡嬉戲，但他天資很高，功課成績從未落在別人的後面，當他還是八歲的稚齡，已經開始讀《大學》、《中庸》，這兩部書是我國儒家的學術寶典。到了十三歲，才離開溪口，到嵊縣葛溪溯源堂，從姚宗元讀《尚書》和唐詩。那時和他同學的是王勞陀、王時榮、單維則……皆是髫髦之士，而以　蔣先生爲最年少，當時姚先生稱他高明沉潛，剛柔相濟，俊偉剛彥，非常人可比。

十四歲跟毛鳳美先生讀完《易經》，十五歲在竺景崧先生學館讀《左傳》，並開始學策論。十六歲從毛思誠先生溫習《左傳》，閱讀《綱鑑》，由此可知，　蔣先生在幼年時期，已奠定深厚的國學基礎，對於我國的傳統文化和爲人之道，也有了深刻的認識。

民國前九年，　蔣先生十七歲，入奉化縣鳳麓學堂，習英文、算學、理化等學科接受新式教育。次年，轉入寧波的箭金公學求學，從顧清廉先生。顧先生學問淵博，思想新穎，平日教誨學生不僅要努力求知，尤重變化氣質。看到　蔣先生器識不凡，認爲是國家未來的棟梁人才，獎勵備至。當時教　蔣先生研究周秦諸子、《說文解字》、《曾文正公集》等書，又將孫中山先生初期革命故事及倫敦蒙難脫險經過講述給　蔣先生聽。因此，　蔣先生非常敬佩中山先生偉大的人格；而對英美各國尊重法治精神，也很嚮往。更感到滿清政府的黑暗，急須改革，　蔣先生在良師薰陶和期許之下，乃從此奠定了革命救國的大志。其後赴日學習陸軍之志願，亦發軔於此。

蔣先生二十歲，轉入奉化龍津學校求學，肄業不到三個月，感於新思潮的激盪，國家民族的陵夷，決意東渡日本去學習軍事。當時風氣未開，親屬和戚舊多加以阻撓，　蔣先生為表示決心，遂把髮辮剪掉，託人寄回溪口家中，於是全溪口的人都認為，他居然把辮子都剪掉了，不是要成為革命黨嗎？王太夫人雖不忍孤子遠離，但為完成他的壯志，便力排眾議，籌集費用，送　蔣先生東渡日本。

本年　蔣先生赴日，原想進入日本士官學校學習軍事，因未經中國陸軍保送，不能入學，不得已，只好暫時入東京清華學校暫讀。在留日期間，結識了革命先進陳英士先生，並廣交在東京的革命志士，是為　蔣先生參加革命運動之始。並在自己的照片上寫著：「騰騰殺氣滿全球，力不如人肯且休，光我神州完我責，東來志豈在封侯。」由此可知　蔣先生的抱負，是不貫徹不止，不成功不止的。

陳英士先生對　蔣先生印象極佳，在研究和討論革命的問題時，兩人的見解非常脗合，於是就成了很好的朋友，陳英士先生學識淵博，膽識超人，對於革命工作，非常熱心，是蔣先生不可多得的一位朋友。這年冬天，　蔣先生因妹妹出嫁，應王太夫人之召，乘船返國。

次年清廷為訓練新軍幹部，特在河北保定設立「通國陸軍速成學校」，派員到浙江招生，　蔣先生爲貫徹其從軍志願，決赴杭州應試，以爲將來赴日學習軍事的階梯，招考錄取名額規定浙江省爲六十名，但報名的考生一千餘名，同時在六十名額中，經武備學堂保送的已有四十餘名，實際錄取的名額不過十四名而已。　蔣先生因爲新舊學問皆有基礎，體格也好，雖然事先無多準備，也能在一千多名中錄取。這年夏天，　蔣先生又辭別母親和故鄉，北上保定，這是他第一次到北方，沿途看到各都市若干的外國人作威作福，過著安樂遊惰的生活，不禁感慨萬千！益堅革命救國之志。

蔣先生二十一歲在保定陸軍速成學校砲科肄業，某天上衛生學時，日本生理衛生教官將一立方寸之泥土置講桌上，竟以微生蟲的比喻，侮辱中國人，　蔣先生聞之，憤不可遏，即至講臺上直接行動予以反擊，使日本教官張皇不知所措，就立刻去告訴學校總辦趙理泰，要求嚴辦。趙也知道，這是日籍教官自己無理，不能怪中國學生聽了生氣，結果僅轉知監督在表面上「訓斥」了事。實際卻是　蔣先生爲國家打了一次勝仗。那位日籍教官做夢也不曾想到，當時以大義相責使他過不去的這位青年，居然是後來對日本八千萬人以德報怨的大恩人。

民國前四年　蔣先生二十二歲，陸軍部決定在保定軍校日文班學生中，考選留日陸軍學生。　蔣先生因爲不是日文班，所以無法參加考選，但卻是他赴日留學陸軍的唯一機會，他那裏肯放過呢？因此就寫了一封信給學校總辦，說明自己曾經去過日本，並且也懂得日文，請求一體受試。也許是趙總辦記起了這位就是那個「八分之一立方寸泥土故事」的主角，就准其一體受試。在考試前一日深夜，有人提燈傳令，叫醒了他，他的睡眼在惺忪中一看批文，居然准其參加考試，真是喜出望外。第二天　蔣先生跟著日文班的同學入場應試，各科成績都非常之好，因而終於入選，達到了他日夕以求的「學萬人敵」的願望。所謂「有志者事竟成」，這不是一個很好的例證嗎？

次年春天，　蔣先生正式進入了東京的振武學校，在這裏一住就是三年。三年當中，蔣先生除吸取新知和兵學思想以外，即全力奔走革命，雖然日本政府和清廷使館，監視留學生活動甚嚴，　蔣先生還是每逢假日，必聚集同盟會同志，舉行秘密會議，並自辦《武學雜誌》，以爲言論機關。當民國前三年　孫中山先生到東京策畫革命活動時，陳英士先生陪同晉見　孫先生，　孫先生甚爲高興，三人一直談到深夜，　蔣先生才告辭回去，　蔣先生走後，　孫先生對陳先生說：「此人是我黨的健者，是革命的實行家」。從這次見面開始，二位先生獻身的革命事業，一肇始，一繼承；一開創，一光大，共同寫下了中華民族歷史的燦爛新頁。

蔣先生在日本振武學校三年嚴格的軍事訓練中，不僅在軍事學術方面，有了很高的成就，而且也鍛鍊了強健的體魄，對於軍人服從的真諦，軍人生死的道理，領悟得特別深刻，從內修到外鑠，養成一種與眾不同的風格。那時日本振武學校有一門功課不願意教中國學生，就是「武士道」。所謂「武士道」就是一個做軍人的武士，要有忠君殉國的精神。例如：日本天皇死了，乃木大將立刻剖腹自殺，來表明對明治天皇生死以隨的效忠，這種剖腹自殺的壯烈行爲，就是明辨生死的哲學修養的實踐，而日本這種「武士道」卻是中國陽明哲學裏闡揚光大而成的一種精神。

日本人肯教中國學生軍事學術，卻不願教給中國人以「死」的道理，日本人希望中國人怕死，希望中國人沒有這種哲學修養， 蔣先生體驗到日本教官的用心，後來在東京看到一家書店有王陽明的書籍，就把王陽明的書買來， 蔣先生不但從陽明哲學受益很大，而且進一步的了解到，做軍人就要時時刻刻準備爲國犧牲。沒有這種犧牲的哲學修養，就不配當軍人， 蔣先生就是基於這種認識和修養來從事革命。在創辦黃埔軍校的時候，以「不怕死」作爲黃埔精神的基礎。

蔣先生從振武學校畢業後，被編到新瀉縣高田野戰砲兵十三聯隊，入伍見習，先當二等兵，後來升了上等兵，又叫士官候補生。高田在日本的北海道，天氣奇寒，每年冬天，總要下很深的雪，那時候大砲還是用馬來牽引的，天還沒有亮以前，就要起來洗馬、溜馬、餵馬和打掃馬廐等工作。入伍期間是一年， 蔣先生就在這一年的艱苦鍛鍊中，養成了堅忍不拔的意志，活潑健壯的體格，刻苦耐勞的習慣，和任勞任怨的美德。辛亥年武昌起義，消息傳到日本， 蔣先生甚感興奮，隨即回國，直接參加了救國救民的革命工作。

2 蔣中正先生與國民革命

中國革命運動的倡導者是 孫中山先生，而繼承光大的則是 蔣中正先生。 孫中山先生一生奔走革命，以赤手空拳，推翻滿清，剷除專制，肇造民國，首創亞洲第一個共和國家。他的精神與人格，光照寰宇，永遠指引著中華民族前進的行程， 蔣先生繼承遺志，領導國民革命，奉行主義，終身不渝，他與國家民族的命運，發生了密切的關係。

武昌起義之前，　蔣先生為開拓革命的前途，冒險由日本秘密返國，決計領導浙江起義，民元前一年農曆九月赴杭州，進行策反新軍運動，自任敢死隊隊長，率領百餘名敢死隊員，對數千清兵發動攻擊，炸燬撫署，活捉巡撫增韞，杭州即告光復，此為最早一次以寡擊眾革命戰法的典型。因而更加速滿清政府的崩潰，提早中華民國的創建。

中華民國創立不久，封建餘孽的袁世凱，背叛民國，陰謀稱帝自為，全國一致聲討。蔣先生即展開一連串的戰鬥行動，諸如秘密深入龍華，策動前滬軍第五團舊部討袁，率眾圍攻高昌廟，攻打吳淞砲臺；潛入東北籌畫革命，以及策動肇和軍艦起義，突襲江陰砲臺等，這些具體的革命行動，充分表露救國救民的至誠。此時　蔣先生以為二次革命如不徹底，仍不免蹈第一次革命失敗的覆轍；因此於民國六年九月擬就對北方軍閥作戰的計畫，向　孫中山先生建議，民國十年元月又研擬軍事意見書，郵呈　孫先生從時局、備戰、軍費、軍制、外交、兵工、交通等各方面，作總體性觀察和建議。這概括全局的真知遠見，成為爾後護法戰爭遵循的方針。這就是　蔣先生所以能超越一般兵家之處。

民國十一年六月十六日，陳炯明叛變，　孫中山先生避難於永豐艦上，斯時　蔣先生適逢母喪，守孝在鄉，聞變大驚，便決心趕往廣州侍衛　孫先生，當時親友認　蔣先生隻身赴粵，無異自投虎口，紛加勸阻，然　蔣先生只見一義，不顧生死，力排眾議，毅然前往。於六月下旬抵穗，潛行登艦，　孫先生見　蔣先生到來，極為興奮，對當時來艦訪問的記者說：「蔣君一人來此，不啻增加兩萬援軍。」由於　蔣先生細心策畫，以孤艦與敵周旋五十六日，卒獲脫險。

歐戰結束，帝俄崩潰，蘇維埃政府在列寧領導下，提出扶助弱小民族，發動世界革命的口號；同時爲了爭取中國好感，表面上對中國宣布了很多動人的舉措，諸如：放棄帝俄時代從中國得來的不法利益，歸還中東路管理權，取消庚子賠款，放棄治外法權及一切不平等條約；而他只希望中國能夠承認蘇俄政府，　孫中山先生爲求瞭解他們的真相，乃於民國十二年九月派　蔣先生前往蘇俄考察。蘇俄當時很多高級人員，都認爲　蔣先生是中國革命將來的主持人，必將成爲中國的領袖，不惜有計畫的全力爭取，用盡了他足以矇蔽世界的一切僞善姿態，卻始終瞞不了　蔣先生。他認爲蘇俄革命政府，儘管在外表上說得美麗動聽，在本質上卻與帝俄毫無二致，而且更具侵略野心，手段毒辣，更爲可怕！當時，無論國際國內，都對蘇俄存著幻想與迷惑，　蔣先生的遊俄報告書，卻揭穿了蘇俄真正面目，敲響了反共的警鐘，爲反共世界指出了正確的方向。

民國十二年春，　孫中山先生在廣州重組革命政府，行使大元帥職權時，各地軍閥卻正積極的結歡列強，互爭雄長，廣東省內陳炯明盤據東江，南有鄧本殷伺機蠢動，廣州商團在英國支持下，策動叛亂，而滇軍楊希閔、桂軍劉震寰等各部，陽奉陰違，反覆無常。　蔣先生體認到革命事業要從頭做起，必須建立革命基本武力，乃向　孫先生建議，欲求國家強盛，必先統一全國；要統一全國，必先消滅軍閥；要消滅軍閥，必先建立軍隊；要建立軍隊必先建立軍校著手。這一建議，立即爲　孫先生所採納，於民國十三年一月十四日任命　蔣先生爲陸軍軍官學校籌備委員會委員長，五月三日特任爲校長，篳路藍縷，辛苦經營，以五百革命學生，發展爲三千鬥士，在團結、負責、犧牲的黃埔精神之下，從此奠定了國民革命建軍的傳統規範。

陳炯明於民國十一年稱兵叛亂之後，即盤據東江，迄十四年一月再度稱兵，以十萬之眾進犯廣州，十四年二月，政府明令討伐，此時黃埔軍校學生不過三千，既無足夠裝備，又無精良武器，餉糧不足，彈藥短少， 蔣先生毅然親率軍校師生，一再請命，擔任前驅，兵威所至，三月收復潮、梅，底定東江，旋楊、劉兩部又圖謀不軌， 蔣先生乃回師靖亂，以神速果敢之奇襲突擊，予以敉平。九月陳炯明部再度集結整補，約有六萬之眾，同廣州採取包圍態勢， 蔣先生乃於十月一日統率國民革命軍再度東征，十月九日兵臨惠州，陳部因無退路，仍負嵎頑抗，乃展開激烈的戰鬥，血戰三晝夜，卒將惠州城垣攻破，叛軍殘部向閩、贛邊界流竄，二次東征遂告完成。從此革命基地得以鞏固，奠定民國十五年北伐的基礎。

東征之役告成，革命基礎大立， 蔣先生力排萬難，於民國十五年七月九日誓師北伐，當時國民革命軍，僅有十萬人，面對吳佩孚、孫傳芳、張作霖等百萬軍閥，在作戰方針上，係採各個擊破戰略，沿粵漢鐵路北上，汀泗橋一役，吳佩孚潰散，十月十日，光復武漢，隨轉移兵力指向南潯線上之孫傳芳部，十一月九日，攻克南昌，孫部逃逸。次年三月二十四日光復南京，建爲首都，實爲國民革命軍之重大勝利。

十七年四月七日中央執行委員會發表北伐宣言， 蔣先生發布誓師詞，集中力量繼續北伐，當日令各軍分途向敵軍總攻，二十日克曲阜、兗州，五月一日收復濟南，五月三十日克保定，六月五日收復北平，張作霖聞風逃走，爲日本軍閥在皇姑屯車站埋設之地雷炸斃，十二月二十九日東北通電表示服從中央政府，青天白日滿地紅的國旗飄揚於全國，北伐大功告成，全國歸於統一。

北伐成功後，本可立即展開訓政工作，並以全國的力量，從事各項建設及國民經濟的開發，以裕民生，但橫在面前的，卻又遭遇兩大敵人：一是日本軍閥的加緊侵略；一是中共的武裝叛亂，日本藉口「防共」不斷侵華，中共藉口「抗日」，瘋狂的叛亂，相互呼應，交替侵擾，使統一全國不久的國民政府，在內憂外患的雙重壓迫之下，又陷入了兩面作戰的危機，不絕如縷的國運，又面臨嚴重的考驗。

蔣先生目睹此艱危局面，深感抗日戰爭雖不可免，但心腹之患不除，抗日決難成功，乃於民國二十一年六月宣布「攘外必先安內」之決策，開始撲滅民族大患之中共。中共當日寇侵略之時，乘機擴展，已成立八個蘇維埃游擊區，面積達二萬平方公里以上，荼毒生靈達於極點。　蔣先生於二十二年五月親蒞南昌主持剿共軍事，創立總體戰，以三分軍事七分政治之總方針，採取步步為營、節節築堡、段段修路、人人防剿，展開國民新生活運動，實施國民經濟新方案，至二十三年十月，不僅使中共沒有游擊的空間，甚至已無立足之地。於是毛澤東與彭德懷帶其殘餘徒眾，於窮途末路中，投靠陝北的土共，得以苟延殘喘。

民國二十五年冬天，　蔣先生獲悉張學良與楊虎城勾結中共的情報，甚至將有非常密謀與叛亂發生。　蔣先生以「此身屬於黨國，安危更不容計」，乃於十二月四日飛往西安，詎料於十二月十二日震驚中外的「西安事變」終於發生了。當時　蔣先生雖身受創傷，而堅持「余身可死，頭可斷，肢體可以殘戮，而中華民族之人格與正氣不能不保持」。張學良看到

總統　蔣公暨夫人參加中華民國六十年國慶慶祝大會接受民眾歡呼

蔣先生志不可屈，又看到　蔣先生的日記，明白了　蔣先生公忠體國的苦心，乃痛自悔悟，於十二月二十五日恭送　蔣先生出險回京，舉國民眾歡欣若狂。從這次事件後，　蔣先生的偉大人格益爲中外人士所敬仰，而民眾的團結力亦愈加堅固。

蔣先生於剿共安內同時，對於政治、經濟建設的加速躍進，特別在西安事變時，全國軍民一致由衷熱愛　蔣先生的表現，更使日本軍閥心懷恐懼，若再事遲延，日本將無法征服中國。因而一再挑釁，謀我益亟。當時　蔣先生深知俄共爲我最兇險之敵人，乃再三希望日本覺醒；但日本軍閥始終不悟，於民國二十六年七月七日，發動盧溝橋事變。此時我建軍未成，國際無援，且連年共患，國憊民困，敵我實力對比，更相懸殊；由於　蔣先生堅定的領導，採取持久消耗戰略，初期強迫敵軍由北而南之有利作戰軸線，遂改由東向西之被動仰攻，並且消耗或分散敵人兵力，繼而變敵後爲敵前，轉守勢爲攻勢，愈戰愈強，終於獲得了最後的勝利，洗雪了中國百年來的國恥，更使次殖民地的中國，躋入了世界強國之林。這一篇中華民族悲壯雄豪的史詩，也是國民革命至高無上的光榮紀錄。

蔣先生領導全國軍民浴血抗戰八年贏得了勝利，但中共卻在勝利中攫走了和平。民國三十四年八月受降初期，國軍以抗戰勝利之軍威，對中共不難一鼓蕩平。而　蔣先生爲消弭戰禍，早日行憲，委曲求全，接受盟邦建議，同意馬歇爾來華調處，更予中共以喘息和整補的機會，在民國三十五年一年之內，下達三次停戰令，國軍遵令停戰，而中共卻背信食言，終使中共得以從容轉變與國軍實力的對比，以致大陸淪陷。

政府播遷來臺，　蔣先生繼續領導全國軍民，整軍經武磨礪以須，人人動員，事事革新，雖然全國同胞過著「臥薪嘗膽」的歲月，懷著「毋忘在莒」的心情，然而自由基地日益精實壯大，自由人民日益富足康樂。政治的修明，民權的伸張，民生的進步，國防的堅實，成爲整個亞洲反共的堡壘。現在　蔣先生雖然與國人永別了，但他一生對國民革命的貢獻，卻是永垂青史。

3　蔣中正先生與世界和平

我中華民族的立國精神，一向是濟弱扶傾。五千年來，只有民族自衛和存亡絕續的義戰，從無侵略他國的暴行。我們中國一向是亞洲的大國，自古迄今，環繞在我們四周的鄰國，一直是和樂共濟，就是我們強盛的時候，也是四鄰安撫，衷心歸向。祇要四鄰來朝，我們總是厚往薄來，非但不用武力滅亡他們，反而保障他們的安全；非但不干涉他們的內政，反而幫助他們平定內亂，非但不作經濟的侵略，反而給予他貿易的便利。這是中國以往平天下的規模，也是我們中華民族的道統和王道精神。　蔣先生領導國民革命，就是要建立一個自立自強的國家，擔任濟弱扶傾的世界責任，進而追求　孫中山先生大同世界理想的實現。

蔣先生認為中國對日抗戰，不僅是為民族生存而戰，亦為人類公理和國際信義而奮鬥。中國的抗戰，始於抵抗強權的侵略，必終於建立世界永久和平，並指出遠東安定的關鍵，全在於中國獨立主權與領土行政的是否恢復完整，與中國抗戰是否得到勝利。中國一天不能獨立，遠東就一天不能安寧，中國不能得到勝利，世界就永無和平之日，實際說來，中國的勝利，同時即為世界的利益。　蔣先生憑著他的見解，堅決的負起了這個艱鉅的責任。

民國三十年十二月八日，日本偷襲珍珠港，發動太平洋戰爭，揭開了第二次世界大戰的序幕，消息傳來，　蔣先生立即發表聲明，並正式向結成侵略軸心的德、義、日三國整體宣戰，當時國軍與日軍正處於鏖兵困戰之際，　蔣先生一本嫉惡如仇的正義原則，贏得了英、美反侵略國家的一致喝彩，而公推　蔣先生為盟軍中國戰區（包括東南亞、印、緬作戰分區）最高統帥。　蔣先生除一面繼續中國本土的長期抗戰外，並先後派遣第五軍、第六軍、第六六軍、新一軍、新六軍等部隊開赴印、緬地區對日軍作戰，肩負起此一國際性的反侵略戰爭的神聖使命。

蔣公宣布對日抗戰到底的堅強決心

日本投降後， 蔣先生認爲世界真正和平的基礎是民主與合作，決不是武力，武力的和平，決不能維持永久。爲實現其政治理想，曾經運用其個人的影響力量，驗證於國際事務的處理上：

對日本來說， 蔣先生認爲中日兩國的和平相處，是亞洲安定的基石。雖然日本對我國曾經瘋狂的侵略，可是 蔣先生卻寬大爲懷，在開羅會議的時候，保全日本的天皇體制，使日本在戰敗之餘，政治社會不致陷於混亂的局面。戰後並迅速把日俘遣送回國，亦未向日本索取任何賠償。 蔣先生這種以德報怨，與人爲善的決策，即著眼於亞洲的和平，惟日本田中內閣以怨報德，竟撕毀中日和約，與中共建立外交關係，其喪心病狂，誠令人痛心！

對韓國來說，在抗戰期間，我國對韓

國志士所進行的復國獨立運動，協助至力。　蔣先生在開羅會議上，力主朝鮮獨立，並要求羅斯福總統贊助我方之主張。故在開羅會議宣言中，明白宣示，同盟國決定於相當時期，使朝鮮自由與獨立。抗戰勝利以後，韓國脫離日本統治，我國首先予以承認，民國三十八年八月，　蔣先生在一篇昭告世界的文告裏，就揭出了我們近七十年的革命運動，推翻滿清，反抗日本，不僅是爲中國本身的自由平等而奮鬥，而且也是爲韓國的獨立自由而奮鬥。

對遠東國家來說，抗戰期間，我國出兵緬甸，我軍傷亡數字，已達二十萬人以上，僑民之損失尚不計其數。但是　蔣先生爲尊重盟邦主權，恪守國際信義，我軍在緬甸戰場的任務，一經完成，即迅速撤回國內，從無領土要求的野心。對於越南，　蔣先生最能了解中越歷史關係深遠，雖然越南在我抗戰期間，曾經供給日軍以侵華基地，乃出於日本之脅迫。故力主戰後之越南，應由中美兩國共同扶助其完全獨立。我入越之受降部隊，於任務完成後，亦立即撤回。民國三十八年，當遠東國家遭受共黨威脅的時候，　蔣先生不辭勞苦，曾先後訪問菲、韓兩國，分別舉行碧瑤及鎮海會談，倡導遠東聯盟，團結亞洲獨立國家，用中國自己的力量，來抵抗共產集團的侵略。

對印度來說，　蔣先生於民國三十一年一月，曾經託羅斯福轉達邱吉爾，必須確保印度並使之獨立的意見，並認爲中、印兩國人口，合計爲九萬萬，幾佔全世界人口之半數，必使中、印兩國能完全獨立與平等，然後世界與人類方得真正之和平。乃於是年二月偕夫人親訪印度，和甘地晤談，以強調反侵略之有效團結。使印度於大戰結束後，獲得了真正的自由，儘管尼赫魯生前媚共，但印度有識之士，對於　蔣先生在道義上給予印度獨立的支持，莫不推崇備至！

對英國來說，　蔣先生一直尊重英國在第二次世界大戰期間的犧牲和貢獻，可是英國對華政策，卻一貫的自私自利，從沒想到讓俄帝肆無忌憚的擴張，正是養癰貽患，養虎自噬，戰後嚴重的世界危機，英國當局是不能辭其咎的。現在我們中國與英國政府雖然斷絕邦交，但是和英國人民仍保持著良好的友誼，亦是　蔣先生多年所堅持的大國風度。

對美國來說，中美兩國之間，有著歷史上傳統友誼，在近百年來的中美關係中，中美政治家、教育家、宗教家都爲中美兩大民族的友誼，作了許多的貢獻。

總統　蔣公全家福

蔣公墨寶

總統　蔣公交付長公子蔣經國院長的最後一件遺墨，是　蔣公在病中手書的「以國家興亡為己任，置個人死生於度外」十六個字，蔣院長於六十四年四月十四日敬布於世，並撰文如下：

「先君在病中曾手書『以國家興亡為己任，置個人死生於度外』十六字，付經國保存，此為經國敬謹奉藏　先君遺墨千餘件最後之一件。先君崩逝，舉世同悲，經國五中哀慟，實所難堪！自　先君之逝，每日摩挲恭讀，了知　先君革命一生，實以此為日不去心徹始徹終之志事，謹取以此　先君手墨十六字，敬布於世，誠不知哀涕之何從也。」

二、學術思想

蔣中正先生的學術思想博大精深，我們亦無法窺測，本書爲篇幅所限，不能詳爲闡揚。茲謹就哲學、科學、政治、經濟、文化、教育、倫理、軍事及反共思想等九類，述要於后：

1 哲學思想

蔣先生認爲哲學即是「窮理、修身、正德」之學，簡言之，就是「窮理明德」的學問，而其效用則見之於誠正修齊治平之中。研究哲學，正所以爲著要實踐誠正修齊治平之事。他還補充說：「窮理的目的在於致知，明德的工夫在於修身」，修身的效驗，在於知與行之中，方可驗得的。所以研究哲學，就是要解決人生與革命一切知與行的疑難問題。

所謂窮理，就是窮天人之理，而理貫串於萬事萬物之中，隨緣呈現，就叫做天；事物隨心爲主宰而決定其分寸，即是人；萬事萬物，隨時在變，但萬變之中，有個中心不變，這便是理。《易》曰：「天地之道，……貞夫一者也」，這個一，正是說天理。故宇宙人生，遷流不息，皆寓於理，探究其所以然的原故，就是窮理。所謂明德，一方面從朱子解爲虛靈不味；另一方面也就是陽明所說的良知。陽明說：「良知即天理」，蔣先生融會貫通之後，進一步說：「心即天」，這是有義理根據的。所以研究哲學，亦就是要求心達天原以求安樂，使我們所做的事都能心安理得，而毫無疑懼不寧的地方。故以「窮理明德」爲哲學的界說，實在是最妥善沒有了。

蔣先生認爲任何一種學問，都有一個哲學的基礎。哲學之所以可貴與其力量之所以偉大，就是在於它有窮究宇宙調理萬物的精神；尤其是對於人生的究極，與解決人生的一切問題，更非有窮理明德之學問不可。現在一般人對於哲學與修身，已多能逐漸注重，且能實踐自修，蓋因哲學是一切學問之本，也是指導人生必具的基本羅經。所以不懂哲學的人，一定不懂什麼是人，亦不懂人生之目的和應對的道理，即根本不知道做人；既不知道做人，無論其有怎樣多的知識，也不能致用。縱使他能沽名釣譽，揜惡著善，得到一時的成功，不久亦必徹底失敗，決無持久的道理。

革命志士和革命幹部之所以與衆不同，就是有其堅定不移的信仰和革命的人生觀；因爲獻身革命，對這種信仰和人生觀的建立，是要以哲學爲基礎的。所以　蔣先生指出：革命不是隨便衝動的事情，一定要有革命哲學做基礎，有哲學基礎的人，就一定有中心的思想和信仰，對主義才能至死不貳，這才能算是革命的信徒。

蔣先生認爲一個國家的盛衰，與哲學有其密切的關係。比如日本所以致強的原因，不是得力於歐美的科學，而是得力於中國的哲學，即王陽明的知行合一和致良知的學說。所以無論那一個國家，那一個民族，處在內外情勢壓迫之下，要想民族復興，必須先有哲學做基礎，必須其哲學思想能夠獨立發揚起來。如此，即令他們的軍事與經濟力量稍微貧弱一點，亦可以逐漸復興而強盛的。總之，立國不能沒有哲學，而革命要能成功，更不能離開哲學。

蔣先生的哲學思想，考其來源有二：一是 孫中山先生「知難行易」的學說，一是王陽明「知行合一」的哲學。他自己曾經說過，他是以「知行合一」動的精神，再加上「知難行易」行的哲學，融會貫通，構成一種新的民族精神來予以闡明，那即是他創立的「力行哲學」。由此可知 蔣先生的哲學思想，不但是把「知難行易」學說和「知行合一」哲學融合爲一，此一融合，實有真理創新的意義和價值。他的精神是把自然法則與行爲規範合而爲一，建立了一個新的哲學體系，其中包含有宇宙論、認識論、人生論三種，玆分述如次：

要瞭解宇宙論，首先要明瞭「宇宙」是什麼？我們先賢解釋宇宙意義較爲具體的，有淮南子的「四方上下謂之宇，古往今來謂之宙」，和莊子的「有實而無乎處者，宇也；有長而無本剽者，宙也」。根據上述解釋，可知宇宙實包含了時間與空間之意。 蔣先生據此解釋了宇宙的本義，認爲宇宙是指無限大的空間與無限長的時間而言，這無窮大的空間，就是人生的舞臺，那無限長的時間，就是人生的旅程。宇宙萬物都是爲人而生，待人而用，所以人是宇宙的主宰，人應該征服自然，利用萬物，來增進人類的生活，惟有如此，才能找到人生的意義與價值。

我們瞭解了宇宙爲時空的結構之後，再進一步研究 蔣先生對宇宙實質的看法，那就是宇宙的本體。宇宙的本體是什麼？是唯心抑是唯物？這是一個聚訟紛紜的問題。唯心論者認爲精神就是宇宙萬有現象的本原，也就是宇宙的本體；唯物論者認爲精神是物質的副產物，物質是客觀的存在，人類出現以前就有它的存在，人類出現以後，它也是離開人類意識而獨立存在的東西。故否認精神爲宇宙的本體。這樣的爭論在哲學思想史上已經有了幾千年。中山先生曾有「心物本合爲一」的看法，　蔣先生是贊成這種理論的。

蔣先生認爲宇宙的本體，既不能偏於唯心，亦不能偏於唯物，並指出天下一切事物，總不外乎精神與物質二者，精神離了物質，既無由表現，物質離了精神，亦不能致用。所以精神與物質，實爲一體之兩面，或者一物之二象，相因而生，相需而成。所以唯心唯物，各偏執一端，都是錯的，都是不能應用於一切實際事物，而改善人生創造福利的。所以我們的民生哲學，最主要的一點，是絕對不同意古今哲學家，把精神與物質劃分爲二，致使兩者間發生聚訟不決的難題。反之民生哲學承認精神與物質均爲本體中的一部分，既不是對立的，也不是分離的，而是融合爲一的，蓋物質不能脫離精神而呈現，精神不能脫離物質而獨存。宇宙的本體是心物合一的，宇宙與人生都必須從心物合一論上，才能得到正確的理解。

蔣先生的宇宙論，又可稱爲行的宇宙論，他認爲古往今來宇宙之間，只有一個行字才能創造一切。我們要認識行的真諦，最好從《易經》上「天行健君子以自強不息」一句話上去體察。因爲宇宙最顯著的現象，亦即宇宙所由構成的，無過於天體之運行；亦唯有行才能創造一切，唯有行才能顯現宇宙萬象而無所虧。由此可知，以行來解釋宇宙萬物生成問題，主張行的宇宙論，是太適當了。他又指出，宇宙根本是由它自身的行而創造出來的，如果沒有天體之運行，就根本不會有宇宙。科學告訴我們，宇宙最初祇有能，由能的運動而漸漸形成星雲，由於星雲的運行，於是形成太陽，進而形成地球等行星；地球之由氣體而液體而固體，亦是由於它之運行，即地球成了固體後，還是在不斷的運行之中，於是由物質而物種而人類，再由人類不斷的行，於是更創造了一個新的宇宙——社會。而社會中的經濟、政治、文化等等，亦無一不是由行創造出來的，離開了行，就不會有宇宙，也無所謂社會。

所謂行，只是天地間自然之理，人生本然之天性。　蔣先生認爲凡是真正的行，它必然是有目的、有軌道、有秩序、有系統，而且有「反之於心而安」的自覺；它必然是正軌的、經常的，是周而復始繼續不輟無分動靜的。其在跡象上看，雖然是有動有靜，但在整個歷程中，向外發展的時候，固然是行，生機潛蘊成長的時候也是行。只要是順乎天理，合於正軌，動是行，靜亦是行。宇宙與人生無時不在進行之中。所以　蔣先生認爲古往今來宇宙之間，只有一個「行」字才能創造一切，亦即宇宙萬象是由於行而構成的。

至於　蔣先生對認識論的見解，更形成一種最完美的學說，他把哲學中認識的起源，認識的標準，認識的範圍，認識的本質等重要問題，都作了一個最正確的解答：

關於認識的起源問題，亦即知識的建立問題，在哲學上有兩個不同的學說：一個叫做經驗論，主張知識從經驗來；一個叫做理性論，主張知識由理性來。其實這兩個學說都是各走極端，相互排斥，各自見到認知的一面。因爲人們如果不用感官去與外物接觸獲得經驗，固然不會有知識可言，同樣，在感官與外物接觸過程中，如果不用理性去思索，去分析外物之理，也不會有知識成立。所以　蔣先生認爲一個人生在宇宙中間，終日因緣接觸，都離不了事與物，因而他主張「窮理於事物始生之處」，這是注重經驗的表明。同時他又認爲在心與物的接觸過程中，要用人們的知識把這物理一件一件的分析起來，因而他主張「研幾於心意初動之時」，這是注重理性的表明。由此可知，　蔣先生認爲認識起源於經驗和理性，他的認識論，就是經驗論與理性論的統一。

在哲學上，關於認識的標準，有以思維爲標準的貫通說，有以感覺爲標準的符合說，貫通說主張認識正確與否，只有訴諸抽象的思維，在理論上能夠融貫的說得通，就是真理；符合說主張認識正確與否，只有訴諸具體的感覺，理論必須經感覺證明與外物相符合，才是真理。　蔣先生認爲凡是學問經驗中，認爲已獲得的知識，如果不是實行而證明爲有效，就不能斷言所知者爲真知。所以人們的一切事業，必須實行而後始有真知，也唯有能行而後能知，也就是說，知識真假的判斷標準，就看這種知識能否行之有效。簡單的說，知準於行。

對於認識的範圍，在哲學上亦有兩種學說：一爲獨斷論，以爲我們之認識能力，有普遍性和絕對性，足以解決宇宙各種問題；一爲懷疑論，以爲吾人之認識能力，不足以解決宇宙之一切問題，亦沒有普遍性和絕對性。　蔣先生對於認識範圍主張知擴於行。他不贊成獨斷論者的武斷，亦不贊成懷疑論者的消極，他比較重視實驗。他認爲宇宙的範圍，皆爲認知的範圍。我們不但知道利用天地之萬物，還要知道過去未來，而且天下事無一不可從研究而得到解決。

關於認識的本質問題，在哲學上亦有兩種不同的意見：一種叫做實在論，認爲理論是客觀事實在人腦中的反映，即主張事實產生理論，存在規定思維；一種叫做觀念論，認爲理論是先天觀念的演繹，即主張觀念產生事實，思維規定存在。這兩種學說各走極端，互相排斥。所以　蔣先生對於認識的本質問題，一方面認爲事實可以產生理論，存在可以規定思維；另一方面又認爲理論也可以產生事實，思維也可以規定存在。用　蔣先生的話來說，就是事物規定心意，心意也規定事物；事物規定心意是認識的過程，心意規定事物是實踐過程。但是我們知道，事物之轉化爲心意或理論，其關鍵完全在行，同時，心意或理論之轉化爲事物，又非行不可，因爲客觀的事物和主觀的理論都沒有自動作用，必須要有行才可以使它們互相轉化。所以實踐是行，認識也是行，一切的理論，都是人類實踐的結果。

最後談到力行哲學的人生論，其所研討的，不外乎人生的本質、意義及其理想的價值。孟子說：「無惻隱之心非人也，無羞惡之心非人也，無辭讓之心非人也，無是非之心非人也。」這幾句話就是說明，凡是人類必須有惻隱、羞惡、辭讓、是非之心，否則就不能算是人，亦就是非人了。所以人類必須擴充四端，而發揚其仁義禮智固有的明德；這固有的明德，就是良知，使此良知擴而充之，就是致良知，由此可知，凡具有此仁義禮智之明德（良知）的，方得稱之爲人。仁爲四端之首，稱爲元德，故質言之，就是「仁者人也」。因而所謂人生的價值，主要就是仁的價值，就是如何使人之仁心，化爲人道以現至仁，而人生的任務，即在行仁。所以力行哲學認爲行的目的就是行仁。孔孟以仁爲人之本性。　蔣先生認爲行是天地間自然之理，是人生本然的天性，故行與仁原不可分。他曾將人生的生字，分爲生活與生命兩項，並撰寫了一副聯語：「生活的目的，在增進人類全體之生活；生命的意義，在創造宇宙繼起之生命。」

何以說生活的目的，在增進全體人類之生活呢？　蔣先生認爲我們一天到晚，無論飲食起居，睡眠辦公上課出操等，皆不出乎生活範圍。生活的目的若不明白，那麼你天天的生

生活的目的在增進
人類全體之生活
宇宙繼起之生命
生命的意義在創造

蔣中正

活，都成爲沒有目的的生活，就不成其爲生活了，這樣與禽獸的生活實在沒有什麼分別。但是生活的目的，究竟怎樣呢？爲個人升官發財嗎？想做英雄好漢嗎？若以此爲目的，那就不要來革命了，還講什麼生活目的呢？我們一個人生長在宇宙中間，如果只管自己有得吃、有得穿、有得住、有得用，不管自己以外的千千萬萬人，究竟有沒有吃穿住用，這樣儘管你自己有得吃穿住用，終竟是不成的。那麼生活的目的，究竟怎樣呢？只有一句話，就是——增進我們人類全體的生活，這才是真正的生活目的。

關於生命的意義，在創造宇宙繼起之生命， 蔣先生亦解釋說，我們個人的生命有沒有意義，有沒有價值，不在乎活到如何長久，乃是要看我們能否利用我們生命的時間，發揮生命的力量，來創造宇宙繼續生命的時間。所謂宇宙的生命，近而言之，就是我們國家民族的生命，遠而言之，就是世界人類以及一切文化無窮盡的歷史。我們的生命存在一天，就要努力一天，來保障國家的生存，延續民族的生命，要自立立人，自救救人，進而以我們國家民族的力量，維持並創造世界人類永久的幸福。

這種對於「生活」和「生命」的見解，也就是基於力行哲學以發揚仁性，實踐仁道的思想而來。也由此而確立了他的革命人生觀， 蔣先生指出，他自己立志革命以來，就認創造、服務、勞動爲革命的人生觀。並認爲革命就是力行，因爲革命是效法天行健君子以自強不息；革命就是服務，因爲革命是爲大多數人羣謀利益，爲被壓迫的人打不平。革命就是創造，就是建設，而不是以動亂和破壞爲目的。我們知道動亂與破壞，乃是革命一時的現象和手段，而其目的，乃在於永恆的建設和不斷的創造與進步，這乃是我們革命的人生觀。他引

用　中山先生的話說：「今日之我，其生也，爲革命而生我，其死也，爲革命而死我」，又說：「以吾人數十年必死之生命，立國家億萬年不拔之根基」，這爲革命而生，爲革命而死的人生觀，就是革命的人生觀。

總之，革命的人生觀，就是創造服務勞動的人生觀，但創造、服務、勞動三者，都是行的表象，所以革命的人生觀，也就是力行的人生觀。人生自少至老，生活在宇宙中間，沒有一天可以離開行的範圍；可以說人是在「行」的中間成長，在「行」的中間發揮人生的意義和人生的價值。

蔣先生的哲學思想，不止在闡發理論，而且是注重實踐，注重力行。所以說：理論上的不正確，是由於不能真知，行爲上的不振作，是由於不能力行，唯有從行得來的知，才是真知，唯有真知，方才易行。　蔣先生一生的學問基礎，也就在這力行的工夫上面。

我們都知道　蔣先生對王學研究最深，並對陽明之學有親切精闢的發揮，而在事功方面更發揮其偉大的效用。這就是貫徹了行的道理，特別是將陽明的致良知學說，和　中山先生知難行易學說發明貫通，說明「知行合一」的良知學說，是與　中山先生知難行易的學說不唯不相反，而且是相輔而行的，亦唯有致「知難行易」的良知，才能實現知難行易的學說。

蔣先生更進一步說：「　中山先生的學說，是能知必能行，不知亦能行，我們講行的道理，則更認爲不行不能知，但無論能知必能行，或不行不能知，其真諦卻只要你從力行中去求真知」，千證萬言，落葉歸根，總是一個行字。　中山先生主張「行而後知」，與「以行而求知，因知以進行」，則其注重從力行中求知識，從經驗中得教訓，從事功中得學問的意思，已甚顯著，今　蔣先生再補充以「不行不能知」，則語氣更爲剴切，意義更爲深厚了。

2　科學思想

蔣先生是一位政治家、軍事家和教育家，他對於一般學科的研究，也都有極大的貢獻，而且他一生的革命事業，如此輝煌成功，實與科學有極密切的關係。這就是因其在政治上、軍事上、教育上以及日常生活與公務處理方面，幾乎無不是運用科學的原理原則，而顯出他具有嚴格的科學修養，精細而嚴密的觀察，英明準確的推斷，往往要超乎科學家之上，我們誠不能不承認其確具有科學的天才和智慧。

早自民國二十三年起，　蔣先生先後在廬山講解〈科學的學庸〉，在南京講〈科學的道理〉與〈爲學辦事與做人的基本要道〉，嗣後繼續發表〈認識時代——何謂科學的羣眾時代〉、〈建設基本工作——行政三聯制大綱〉、〈今後軍事教育的方針〉、〈組織的原理和功效〉、〈幹部教育訓練的要旨及幹部自反自修的要領〉、〈革命教育的基礎〉及〈科學辦事方法的示範〉等有關科學的論著及講詞凡數十篇，由此可見　蔣先生是何等地重視科學了。

不過，　蔣先生所倡導的科學，是真實純正的科學，即是真知特識的科學。他認爲真正的科學，其精神是在求合理，求真實，而其方法乃在於澈底，在於精密。這樣才能算真正的科學。因此　蔣先生對科學所下的定義是：「凡是以一定的對象，作爲研究範圍，而於其中求得統一真實的知識的，就叫做科學。再明白簡單的說，凡是知識之有系統的分析，而能歸納之於原理者，都可以叫做科學」。

本來現在所謂科學，　蔣先生認爲就是我們中國以前所謂格致之學，而「格致」兩個字，又是根源於《大學》「致知在格物」這句話而來的。可見中國在二三千年前，就有科學了。

現代是一個科學的時代，而科學的基本在於科學精神。因此，　蔣先生提倡科學，首先重視科學精神的培養。他認爲：第一是因爲我們沒有養成科學的精神，不能運用科學的方法，第二是因爲我們不懂科學的精神，所以不知道運用組織，不能發揮組織的力量，但什麼是科學精神呢？以下根據　蔣先生歷年的言論與著述，綜合加以說明：

科學的辦事順序：所謂科學的辦事順序，簡單的說，就是要由近而遠，自卑而高，爲大於微，圖難於易。《大學》第一篇開宗明義講明《大學》的三條綱領即大學的主旨，以及定、靜、安、慮的基本修養之後，接著便是講辦事的順序之重要。即所謂「物有本末，事有終始。知所先後，則近道矣」。以下再接著講「格物、致知、誠意、正心、修身、齊家、治國、平天下」八個具體的德目。而歸結到「自天子以至於庶人，壹是皆以修身爲本」。孔子教人，亦最注重辦事的程序，《論語》上說：「君子務本，本立而道生。」《中庸》上還說：「君子之道，譬如行遠必自邇，譬如登高必自卑。」《孟子》更說得好：「原泉混混，不舍晝夜，盈科而後進，放乎四海，有本者爲是，是之取爾，苟爲無本，七八月之間雨集，溝澮皆盈，其涸也，可立而待也。」此外古人講辦事要「大處著眼，小處著手」。這一類的話，到處可以找到。而其總結的意思，不外告訴我們，要做遠大高尚的事業，一定從最切近最平易最細微的事情做起，按部就班的逐漸擴大。小的事情先做好，然後可以做大事，普通日常的事先能處理得當，然後可以做特殊高尚的工作，容易的事情先能一件一件做到，然後可以做成非常的功業。反轉過來講也是一樣，如果我們能夠將一切平易細微切近的事情都能做得好，一切遠大的高尚的艱難的特殊事業，便沒有不可以一步一步努力做成功的。

漢初大政治家陳平，二十年爲人宰肉很公平，謂：「他日宰天下亦當如是！」後來果然能成大功立大業。後漢陳蕃，少年不務屑瑣，而以國家天下高自期許，友人批評他「一室之不治，何以天下國家爲？」他雖然有很深的學問，很高的道德，畢竟沒有成功大的事業。所以我們辦事最要注意的，就是不要好高騖遠，希圖躐等僥倖。如果這樣，必流爲虛浮不實，結果是欲速不達，不會成就任何事業。人們要能成功，就必須切實遵照科學的辦事順序，即蔣先生所謂「由近而遠，自卑而高，爲大於微，圖難於易」四句要訣來努力。

科學的辦事精神：所謂科學的辦事精神，扼要的說就是凡事要能實事求是，精益求精，繼續不斷，貫徹始終。　蔣先生認爲科學的唯一主旨，就是要澈底研究出萬事萬物之真實的情況。所以對於任何一件事物，不明白當然要研究明白，已明白還要求澈底明白，未做好的當然要做好，既做好的還要做得更好！總要天天有進步，天天有新的道理和新的東西發明出來！宇宙間學問與事業是沒有限量的。古人所謂「學無止境」，又說「學然後知不足」。這就是說，我們的學問愈多，便愈感覺不夠，我們的事業愈偉大，便愈覺自身能力的渺小，惟亦有能感覺不足與渺小，學問與事業才能不斷的進步。所以人們切不可以一得自喜，以小成自足。這就是《大學》上所講的「苟日新，日日新，又日新」的道理，也就是所謂「實事求是，精益求精」之科學的辦事精神。

辦事的恆心與毅力：　蔣先生指出人們如何才能發揮科學的精神，而成功一切的事業呢？這就完全在乎人們能有恆心、有毅力。凡事能夠本著「繼續不斷，貫徹始終」的精神，奮鬥到底！因爲天下一切偉大的事物，無不是由細微的事物而來，而細微事物之所以能成其偉大，完全是時間長久繼續不斷的結果。古人說：「泰山不厭土壤，故能成其大，河海不擇細流，故能就其深。」又說：「鍥而舍之，朽木不折，鍥而不舍，金石可鏤。」《易經》教人「自強不息」；《中庸》教人「至誠無息」；《論語》第一句教人「學而時習」；再有「不舍晝夜」之嘆，「擇善固執」之訓，以及「學而不厭，誨人不倦」，「學如不及，猶恐失之」，「人而無恆，不可以作巫醫」，這一類的話都是勉人以繼續不斷，貫徹始終的意思。所以，蔣先生說：「時間是一切事業之母」，人們只要能夠利用時間，繼續不斷努力，夙夜不懈的去做，一點一滴，日積月累的結果，什麼偉大的事業都可以成功！《中庸》說：「至誠無息，不息則久，久則徵，徵則悠遠，悠遠則博厚，博厚則高明。博厚，所以載物也，高明，所以覆物也，悠久，所以成物也。博厚配地，高明配天，悠久無疆。……天地之道，可一言而盡也，其爲物不貳，則其生物不測。」這一段話講明天地不息之理，以明至誠不息之道，指人們可大可久的事業，必須有繼續不斷貫徹始終的精神。所以我們無論研究那一種學問或辦理那一種事業，在開始之前，就應該考慮妥當，確定目標，決定辦法，既經開始，便要下定決心，一直做去；雖遇任何險阻艱難，都要以百折不撓的精神，繼續不斷的進取，切不可半途而廢。這就是恆心與毅力。

我們瞭解了科學精神之後，再來研究科學方法，何謂科學方法？　蔣先生曾具體明確地說明：根據一九五二年《英國百科全書》所下的定義，科學方法是代表若干學習的綜合名詞，而且一切科學皆藉其協助而建立。廣言之，任何研究方式，凡可據以獲得科學或其他無偏頗而有系統的知識者，皆稱爲科學方法。科學方法主要分爲兩種類型，即理論的和技術的。前者係對所探究的現象加以推理，後者乃對現象的探究後，加以確切計量，並確定此種現象的發生條件，俾可在順適而有利的狀況下，予以觀察和分析之。故不論那一類型的科學方法之中，若干項心智上的活動，大體是相同的。這些心智的活動，包括以下各種工具項目：⑴觀察與實驗，⑵分析與綜合，⑶想像、推測理想化，⑷推論，⑸比較與類推。由此可見，　蔣先生對科學方法的見解，確有獨到之處。

任何科學都是藉科學方法而建立起來的，也就是說，任何事業必須藉科學方法才能獲得最大的成功，任何工作必須藉科學方法才能獲得高度的效率。　蔣先生特別指出：科學的辦事方法，可說是革命建國的基本知識，凡是從事革命事業的人都不可不具備。只有運用科學的方法來研究學問或辦理事情，才有事半功倍的效益。由此可知，談革命建國需要科學方法，談研究學問或辦理事情，也需要講求科學方法，可見科學方法的重要了。尤其在辦事方面，　蔣先生更加重視方法，他認爲今天不論對於黨政軍的各種工作，雖然銳意改革，而仍舊不能提高進步的最大原因，就是各級主管幹部的粗枝大葉，也就是粗心大意，不肯虛心研究辦事方法，這是應該積極加以改進的。

蔣先生認爲科學的方法，有幾項基本法則，這基本法則就是：⑴即物窮理法則。⑵執兩用中法則。(3)擇善固執法則。用這三種法則去求知，才能得到真知特識。

所謂「即物窮理法則」：　蔣先生指出：我國哲學上有句話說「即物窮理」，這就是《大學》中「格物致知」的道理。因爲宇宙一切事物，莫不有一個理在，這個理是超然於萬象之外，也是存在於實體之中，只在我們能本乎吾心之靈，即其已知之理，來窮究一切事物之理，就可以作到如程子所說的「一旦豁然貫通焉，則衆物之表裏精粗無不到，而吾心之全體大用無不明」，這個「即物窮理」與「格物致知」，是現代科學原理中一個重要的基礎，蔣先生以爲在外國哲學中沒有一句話像我們中國「即物窮理」這樣簡括而偉大精微的。我們有了這個知識之後，無論在任何時間空間，研究那一種學問，都可以窺堂入室，得其精要。而即物窮理就是對一切事物研究其本末始終之所在。

所謂執兩用中的法則的運用，在哲學方面，就是一種不偏不倚的中庸之道。　蔣先生引用　孫中山先生做事情，向來是極端的，不妥協的，而他在哲學上卻不偏不倚，完全講的是中庸之道。在自然方面，就是和諧調和，達致中和。所以他曾指出，日球居太陽系之中心，沒有日球便沒有太陽系，這便是中爲天下之大本。但天空中恆星各有其位置，行星各有其軌道與運行旋轉之強度，於複雜之中有和諧一致，所以能循其度而不相衝突，這便是和爲天下之達道。由此可知儘管自然界是林林總總，但如果能循執兩用中的道理，必可達到「致中和，天地位焉，萬物育焉」的境界。至於在社會方面能把握不偏不倚的原則，就可使社會的一切條理井然，和平安定。　蔣先生所謂「齊家」，就是要我們各人所屬的家庭、學校、機關、團體和所在的社會做起，利用政治和教育上的一切方法，使全國家家戶戶之事事物物都能整整齊齊，有條有理，社會上個個人都能有禮守法、秩序井然。尤其在經濟方面，使人民的生活和社會的生存得平衡普遍的發展。大家衣食住行等一切物質生活，絕無過分的懸殊與很大的不平。然後社會才能從根本上求得其安定和平，整齊畫一。

再談到「擇善固執」的法則：蔣先生認為擇善固執是我們從許多事理中，選擇出最完善最合理的成分，發現了以後就牢牢把定，不斷修習，以此為一切行為所發生的基準。無論如何困難，絕不放鬆，絕不拋棄，絕不中止。這種擇善的工夫，蔣先生指出：「博學之、審問之、慎思之、明辨之」，這是修養學習的階段。「篤行之」，這是踐履篤實，力行貫徹的階段，「有弗學，學之弗能弗措也」。這是說明事事留心，事事虛心，當其未徹，問之必審。「有弗思，思之弗得弗措也」，這是說有了學問，還要運用思想。學問求博求審，但思想則求其慎。「有弗辨，辨之弗明，弗措也」，這是擇善的工夫。辨擇道理和途徑的時候，必然要透徹內外，有得於心，洞明他整個政治的目的，是要使人各盡其才，各得整個的內容，然後才固執此理此法，安心奉行。「有弗行，行之弗篤弗措也」，篤行就是貫徹始終，完美達成的意思，這不止說明了擇善是由「博學」、「審問」、「慎思」、「明辨」中得來。能擇善就能固執此理此法，以止於至善，所以　蔣先生指出個人的明德、新民皆應當向理想的至善之境，不斷進步，必求達到至善之境，才算安心。尤必擇善固守，明決果行，才能立身，才能成功。

蔣先生對於基本的科學方法的程序，曾就其實際的經驗綜合提出六大要項列舉於下：

第一：範圍與組織：　蔣先生認為科學的辦事方法，第一要緊的事情，就是先要認清我們所辦的事業之範圍，換言之，就是要確定我們工作的對象與目標之所在。因爲天下事物太多，人們無論如何只能擇定一個範圍以內的事物，立定我們的目標來研究辦理，必須如此，然後可以集中我們的時間精神力量，來辦好屬於自己範圍以內的事情，而不致旁騖遠馳，心猿意馬，今天想辦這一件事，明天又想辦那一件事，後天再想辦另一件事，結果一件事也不能辦好。範圍確定了之後，我們就要根據事業的範圍和工作的對象，來建立一個最合理最有效的組織。一切合理的科學組織，必須具備兩個要件，一是明確的直的系統，一是密切的橫的連繫，此種直的系統，與橫的連繫愈加明確密切，則愈堅固靈活，愈合理有效，亦即愈爲有機體化之科學組織。我們要用科學方法辦事，就必須先求此科學的組織。

第二、立案與預備：所謂立案，就是對所要做的事業預先搜集了各種材料加以精到的研究，再假設在以後事業進行中種種可能的情況，分別擬定不同的方案，預先準備好，以後遇到那種情況發生，我們便立刻拿出預先準備的適宜的方案來實施，古人說：「凡事豫則立，不豫則廢」，又說「有備無患」，這都是講預備的重要。

第三、分工與合作：無論學問與事業，必須分工始能專精，必須合作始能成功，因爲一個人的知能有限，如果全部的學問和事業，由一個人去研究與辦理，當然不能獲得好的效果，所以要按各人之所近，擇定學問或事業的某一部門去研究與辦理，然後由專而精，獲得最大的效果，再將各部的研究所得，聯成一氣，融會貫通，則全部的學問與事業，便因此而有長足的進步和美滿的成功。

第四：研究與實驗：　蔣先生認爲研究方法，最重要的一點，就是研究要有一定的範圍，換言之，就是要精力集中。就自己的知能與興趣，適合於那一部門，便專心致志以那一門做中心來作深刻的研究，至於經過研究之後，最要緊的事情，就是實驗。近代科學，無論自然科學社會科學，無不極端注重實驗，凡事能夠成功一種真理或定論的學問，一定要經過無數次的實驗才可成立。

第五、分析與統計：凡是一個計畫或一種事業，在實驗的時候，一定發生許多現象，或是好的，或是壞的，或是成功的，或是失敗的，我們應當就這一羣的現象，加一番分析與統計的工夫，以發現我們的缺點在那裏，優點在那裏，而判斷我們的計畫之正確性和事業的進展達到什麼程度，以及將來應採取什麼方針，走什麼途徑，求得一個最正確的結論，所以分析與統計，是我們爲學做事所必需的工夫。

第六、改進與發明：發現錯誤，是我們追求進步最重要的途徑。所以我們分析研究一切事物，最要緊的，就是要發現所有的弊病，弊病既經發現之後，隨即就加以改進。這是從消極方面講，除此以外，我們更要在積極方面，能夠本著精益求精的精神，努力發明新的道理，新的方法和新的東西，來求一切事業的進步。

以上六大重點啓示，蘊藏著科學的道理、科學的精神和科學的方法——科學的辦事方法。

蔣先生繼承　中山先生遺志爲中國科學運動另闢一理論和實踐貫徹的新天地。從北伐統一，奠都南京直到遷移臺灣，歷次爲「迎頭趕上歐美科學」問題，揭櫫其重要理論。如哲學上的科學道理；教育訓練上的科學精神；身體力行的科學方法；以及建國建軍的科學國防和統御領導的軍事科學及技藝等，不僅是中國近百年來集科學理論之大成，而在實踐科學教育與發展科學，尤其對現階段軍事科學的孕育，也有一種四海皆準與歷久彌新的無比價值。

民國四十八年，　蔣先生令行政院成立國家長期科學發展委員會，五十六年八月改組爲國家科學委員會，其工作目標：(1)延攬旅外人才返國服務，(2)科學教育與科學人才之培育，(3)加強基本科學研究，㈣積極推展工業與應用科學研究，(4)人文及社會科學研究，(5)加強中美科技合作等，這正是　蔣先生科學思想實踐之說明。

3 政治思想

蔣先生的政治思想，是繼承　孫中山先生思想，而淵源於中國傳統的政治哲學，不但在思想上有其獨到的見解與深遠的理想，而且能適應中國國情的需要和迎合世界潮流的趨勢，他認爲政治應當由道德高尚的和有專門智能的人來主持來推行，然後政治才能清明，同時政治的作用，也就是在使人人皆成爲有道德的人，所以政治的起點和終點都是以人爲本。離開了人，決不是爲全體人民謀幸福的政治。依他看來，《大學》所說的三綱八目也都是以人爲本。從〈禮運〉大同之治來說，可以說整章每一句話都是以人爲對象，我們再看《中庸》裏面所述的五達道，亦就是古時所說的五倫，都是說明人與人的關係，又如所謂九經的對象，無一不是人。因之，整個中國的政治思想，綜括的講，就是要把人的品格提高起來，把人的價值或功效發揮出來，把人和人的關係修明起來。

古人所謂「爲政在人」，又說「人存政舉，人亡政息」，又說「得人者昌，失人者亡」，自此可見人的重要了。無論古今中外，要管理好一個機關，要辦好一件事，絕對不能否認「人」是第一件要緊的事，今後要革新政治管理好一個機關，一定要先從人事的革新做起。

蔣先生又指出，中國的政治理想是重義務而不重權利，主張服務和互助共濟的。我們要從事政治建設，要管理眾人的事，就要做到人無遊民而各盡其才，地無荒土而咸盡其利，物無廢棄而悉盡其用，時無虛耗而用得其宜，事無廢弛而克舉其效，最後唯一的目的，就是要使天下事事物物皆安排妥當，各得其所，全體人民，個個都能安居樂業，足衣足食。本來政治的內容，分析起來，雖然包括經濟、教育、倫理、社會、軍事、交通等等，但綜合起來，就不外「國計民生」四個字，一切政治的設施，無非是要使國家富強，民生樂利，必須能夠如此，才算良好的政治。

我們瞭解了　蔣先生對於政治的根本道理和政治的中心目標見解之後，再來研究他的重要觀點，玆分國家論、民主論、法治論、行政論四方面說明如下：

怎樣叫做一個國家？國家是那幾項要素所構成？　蔣先生認爲國家就是某一個或某幾個民族（人民），佔居於一定的地方（領土），而有獨立的政治組織（政府與主權）之一種團體。所以凡是一個國家，必須具備三個要素：

第一、就是要有土地，即所謂領土，第二、土地內要有居住的人民，第三、這些人民要有組織，就是要有一個政府來擔任政事，這個政府有對外獨立，對內有最高的統治權，即所謂主權，有了這三種要素，才成爲一個完全的國家。一個國家如只有土地而無人民，則土地無所運用，只有人民而無土地，則人民無所寄託；如只有人民與土地，若無統治權力所由發出的中央政府，亦不成爲一個國家。

蔣先生又認爲國家這個東西，是一個有機體。這就是說，國家是一個有生命的，超於一切的集體組織。他全部的機構，就是一個完密的生命全體。每個國民就是構成這個生命全體的一個細胞；而全民族的歷史文化，就是他生命的史實和精神的果實，而此種歷史文化之傳統的根本精神，就是國家的靈魂。這個靈魂的強弱興替，就直接影響於一個國家的盛衰。國家就是因有此靈魂，所以成其爲有生命的有機體，而非死的無機物。且當國家治理培養得法的時候，也就生機調暢，如同我們個人一樣，會一天一天的長大起來。反之，如果一個國家的靈魂頹喪，治理培養不得其法，那麼這個國家也就如同我們個人生病或衰老一樣，可以死亡的。所以拿國家和個人的生命現象來比，除個人的軀殼最後必死，而國家的生命卻可以常新永生，這一點不同之外，其餘並沒有什麼兩樣。

人之所以爲人，除了有生命而外，更需要有完整而高尙之人格；國家既是和人一樣是一個有生命的有機體，因此亦必須樹立其尊嚴獨立的國格，才能成爲現代化的國家。　蔣先生指出一個人必須有高尙自立的人格，才有現代國民的資格，才不愧爲現代國民。國家也應該有尊嚴獨立的國格，才有現代國家的資格，不愧爲現代化的國家。無論個人或國家，只要自己的人格或國格能夠建立起來，那一個人也不敢來欺侮我們，那一個國家也不敢來侵略我們。

國家因爲是一個有生命的有機體，所以國家必須有他內在的基本的原動力，來不斷的推動一切，改進一切，創造一切，而後國家的生命才能不斷的發展，　蔣先生認爲這種原動力就是國家的生命，這個力量的消長，就是民族盛衰與國家興亡之所繫。所謂國家的生命力是什麼呢？　蔣先生指出就是教育、經濟與武力，這三種力量缺乏一種或有一種不健全，便不能建設完全的現代國家。

國家之任務，爲保障人民安全，增進人民福利，無國家則不僅人民福利不能增進，即人民安全亦無由保障。個人之於國家，就如細胞之於人體，細胞不能離人體而存在，則個人亦不能脫離國家而存在。未有人體死亡而細胞尚能生存者，亦未有國家淪亡而個人自由安全能得以確保者，所以個人爲小我，國家爲大我，小我之安全實寄於大我之上，故國家的利益高於一切。有國家然後才有個人，因之，　蔣先生要我們中國人確立「國家至上」的觀念。即國家民族之利益高於一切，在國家民族之前，尤應犧牲私見、私心、私利、私益，乃至於犧牲個人之自由與生命，亦所不惜。

再論國家的統一問題，　蔣先生亦曾指出，要救國家的危亡，唯一的藥方，就是要統一、要團結；能統一才有生路。不能統一則唯有坐待滅亡。所以　蔣先生主張合全國之人心爲一心，合全民之體爲一體，其意即是由國內諸民族組成一個自由統一的中華民國。

其次，我們研究　蔣先生的民主思想，民主是什麼？　蔣先生認爲民主就是自由。所謂自由，要以不侵犯他人的自由，不侵犯他人的權限，更要嚴守紀律，必須以法律來保障自由，爲實行自由的根據。這種自由，方能成爲真正的自由，方能成爲真正的民主，尤其在此整個民族存亡絕續之交，我們真正的民主的自由，決不是講個人或少數人的自由，而是要犧牲我們個人和少數人的自由，以求得整個國家民族的自由，　蔣先生又指出，我們必須尊重憲法，實行憲法，確立法治的基礎。同時更須全體國民瞭解民主真諦，向真正的民主學習，要知道真正的民主是一種生活方式，不僅表現在政治方面，也表現在經濟和法令以及各種職業的活動上面。民主國家的國民，決不放棄權利，也決不推諉義務。民主是要少數服從多數，但決不是多數壓迫少數，更不是少數劫持多數。每一公民要有自尊心，要有表達公正意見的機會，也要有接受批評和犧牲小我的精神。

三民主義的民主政治，是主張一方面人民要有充分控制政府管理國事之權；一方面政府要有巨大的治理政事造福全民的能。　蔣先生認爲我們若不是培植民主勢力，那就根本不必革命，也不必講民權主義，更不必千辛萬苦的做訓政工作。我們訓政的意義，就是要訓練民眾辨別革命與反革命之分，使得充分行使革命民權，不被反動派所利用。我們培植革命的民主勢力，來鞏固革命的政權，但不能放任虛僞的民主勢力來破壞革命的紀律，擾亂革命的秩序。換言之，就是要養成民主勢力，爲民眾謀利益，決不能隨便仿照反動派的方法，假借民主勢力的名義，來離間團結，脅制國家，使民眾更加痛苦。

蔣先生認爲　中山先生倡導三民主義，其民權主義的最終目的，就是民主政治。一國的人民，如果不能關切他們自身的幸福，管理他們自己共同的事務，就是說，如果人民不能積極參與政治的話，他們就不能造成強盛的國家。所以世界上最有力量最鞏固的政治，一定是建築在民意之上，一定是以人民之利害爲利害，人民之視聽爲視聽。人民的民權理想，是造成一個民有、民治、民享的國家，中外古今，理無二致。

蔣先生指出要實行三民主義的民主政治，除以民意爲基礎外，還要有一定的程序，按部就班的實施，爲能達成其目的。所謂民主政治的實施程序，即 中山先生所訂定之軍政、訓政、憲政三個時期，在此三個時期之中，各有其工作重點，各有其工作目標。 蔣先生指出軍政時期，就是實行「軍法之治」；訓政時期就是實行「約法之治」；憲政時期，就是要實行「憲法之治」。所以實行民主政治，不可一蹴而成，必須由軍政時期、訓政時期、憲政時期循序而進，不能躐等，不能逾越，而且離不開一個「法」字，這樣才能真正達到民主政治的目的，才能建設三民主義的新中國。

關於 蔣先生的法治觀點，他認爲合羣是人類的天性，個人離開人羣，便沒有生存的方法，所以自有人類以來，個人就生於羣、長於羣，沒有一天可以離羣而孤立。故羣的生命，爲個人的生命所寄託，羣有發展，個人才能得到發展。在人羣的裏面，個人與個人之間，個體與全體之間，自然有其共守的規則，而後羣的生命，才可以維持與發展。這種規則，在一方面是道德，在另一方面是法律。人羣的組織，由家族而宗族，由宗族而民族，所包容的人口愈多，則道德與法律，亦相隨而愈密切，其維持道德的信仰者，爲社會公論。其執行法律的制裁者，當爲管理衆人之事的政府。

蔣先生又指出，我們中國政治哲學對於道德與法律的關係，講求得最爲詳明，中國的政治哲學主張道德與法律兼用，不過有先後之分。董仲舒說：「先德而後刑」，這是說道德先於法律，卻並不專談道德而捨棄法律。我們知道三民主義是淵源於中國之正統道德，而實行則必本之法律，因此三民主義的政治，是本於道德，而行之法律的。這就是說明我國傳統的政治思想，認爲法律與道德是不可分的，道德爲體，法律爲用，二者相輔相成。

關於法治與人治問題　蔣先生亦主張兼採並用，不可偏廢。他認爲政治建設決不只是建設良好的法紀制度，就可以成功，最根本要緊的，還是要軍、民、政、教、團、警各界的幹部人員，本身能夠健全，有高尚的人格、優越的智能和強毅的精神，能夠真正爲一般部下和民眾的模範，盡到養民教民的職責，所以我們要從事現代的政治建設，一方面要守法重紀，一方面要明德修身。我國的國民革命，是在建設中國爲法治國家，不過其本源則在於國民的心力。人又爲制法行法之主要力量，有治人，無治法，固不足以爲政，即有治法，無治人，亦不足以言治。所以　蔣先生認爲任何法令制度，其運用可以說完全靠人，當然我們不能完全相信人治，但絕不能否認「人」是第一件要緊的事。

除了人治與法治的關係之外，我們中國的政治哲學，對於情、理與法的關係也很注重。蔣先生指出中國的哲學以情理必依法治而後可以得其公平。所以諸葛武侯說：「法行而後知恩」，又說：「吾心爲秤，不可爲人作輕重」，中國政治哲學又以爲法律必本乎情理而後可以合乎實用。所以呂新吾說：「法者，本天理人情而定之。」我們的三民主義是貫通情理法三者而並重的。

民主與法治被視爲現代政治的總目標，也是現代人民心理的總趨向，但兩者之關係如何？　蔣先生亦曾指出民主是以伸展民權爲目的，使人人的自由平等權利不受侵犯，因之不得不以法律爲之保障，民主之本身，就含有法治性，可以說，必須是民主化的法治，才是真正的法治。所以民主與法治二者，實相輔相成，民主必須以貫徹法治爲基礎，法治必須以宏揚民主爲目的，這是我們應該確立的觀念。

最後再研究行政論，行政與政治不同，所謂「行政」，就是推行政令，其目的在提高工作效率，達成政治任務。所以行政機關的組織原理必須做到科學化、軍事化及成爲生理組織化高度有機體，才能發揮最大的工作效能。 蔣先生指出，要想發揮行政的高度功能，達到有機體的作用，就必須遵守幾個共通的原則，這些原則是什麼呢？第一就是集中統一，萬衆一心；第二就是調節互助，聯繫一貫；第三是分工合作，協同一致。行政機關的組織必須把握上述原則，然後才能達到最理想的地步，使系統分明，均衡協調，發揮最大的力量與最高的功能。

在推行行政工作方面， 蔣先生主張實行行政三聯制，他認爲行政的道理千頭萬緒，然而建立萬能政府是行政工作的主要關鍵，依據 蔣先生多年的經驗及研究所得的結果，就是實行行政三聯制。這個行政三聯制，本來分爲：第一部分重要的工作爲計畫，第二部分重要的工作爲執行，第三部分重要的工作爲考核，但在意義上是有其相互之關係的，尤其三者聯繫上整個的作用極爲重要，萬不能有絲毫忽略的。在計畫之先，應先看看以前執行考核的結果，因時、地、人、物、事而設計，不可自作聰明，左右刪改。在執行之後，要嚴密考核，不許那一部分有著官僚主義，祇知應付的毛病，然後又將執行和考核的結果，爲下次擬訂計畫作參考，如此循環不斷，一貫連串下去，方可以收三聯制的實效。

此外對於行政工作的實施，要能除舊布新，精益求精，迅速確實，執簡馭繁，才能使效率增加，效果擴大，而日求進步。所以 蔣先生特提出「新」、「速」、「實」、「簡」的要求。所謂「新」就是對於舊有的暮氣惰性的積習要求掃除，勇猛精進，日新又新。所謂「速」就是要不拖延，不推諉，對於問題要立求解決，對於工作要如限完成。所謂「實」就是不虛僞、不欺妄，對於設計要細密，對於業務要精確，對於考核要嚴正。所謂「簡」就是要節單明瞭，不瑣碎、不繁複，更不可含混籠統、拖泥帶水，組織不要層牀疊架，辦事不要繁文縟節。故一切行政工作，均應符合新、速、實、簡的要求標準，篤實踐履，才能完成工作上應負的使命。

蔣先生認爲政治上的事情，就是極平常的事情，是個個人所應做的事情，由起居飲食灑掃應對起，到平天下爲止，統統都是政治。因爲他持這種看法，所以認爲我們中國的政治，以人爲本，人人都應該力行。他說：「知之深，不如行之著；說一丈，不如做一尺」。又說：「無論什麼好的理論，好的計畫，如果我們只求知而不去實做，即所謂『坐而言不能起而行』，那是永遠不能希望有所成就的。古人所謂『有志竟成』，一分努力，即有一分事業，我們國家不怕不能得救，民族不怕不能復興，祇要我們能夠努力奮鬥！」所以　蔣先生以堅定的信念和遠大的眼光，透視民族國家的將來，和革命同志一齊奮鬥，領導北伐完成統一，是根絕了軍閥的統治，再一次確立了民權普遍的基礎；領導對日抗戰，獲得勝利，是完成了民族獨立的聖戰大業；同時也由於不平等條約的廢除，解脫了百年來民族痛苦的枷鎖；由於統一之後的經濟建設的開展，奠定了社會改革的初礎；也由於軍政、訓政、憲政分期進行——計畫政治的實施，而樹立了民主政治的次第規模；加之倫理建設、心理建設、社會建設、新生活運動的同時開展，民族、民權、民生問題的解決，確立在　蔣先生領導之下，有了輝煌的成就。

實在說，歷史是酷烈的，　蔣先生始終為國利民福而竭盡智慮，一直企望有一個充裕的時間，和同志國人努力於國利民福的建設，但是連年戰禍和動盪的環境，始終使國家無片刻的平靜。對日抗戰勝利之後，原期可以從容進行建國大計，但是中共的擴大叛亂，使民主憲政遭到無情的挫傷，民生建設更全面停頓。自政府播遷來臺，　蔣先生致力民族復興大業，同時推行地方自治，貫徹民主憲政，加強文化、經濟、社會、心理的建設，以建設臺灣三民主義模範省為建設三民主義新中國的張本。

4 經濟思想

經濟是國力的泉源，是民生的基礎，其關係國家與人民苦樂至深且鉅。第一就經濟與國力來講：　蔣先生常常講經濟、武力、教育是國家三大生命力，也是國家當前的三大要政，所以現代國家，就是經濟自立的國家。因此經濟也就是成為立國的大經大本。第二就經濟與民生來講：　蔣先生指出，三民主義以民生為中心，民生的基礎是什麼呢？就是經濟。如果經濟不能發達，民生便無法改善，民生不能改善，三民主義便不能實行，所以我們要救國家，要實行三民主義，一定要努力國民經濟建設，以改善民生，因此建設之首要在民生，而民生實以經濟為基礎。經濟的原理，就是經世濟物的道理，亦就是國計民生的學問，簡言之，經濟學即致國家於富強之學，亦就是建設國家臻於富強康樂的境域，也就是建國之學，由此可知，經濟是何等的重要。

蔣先生的經濟思想是繼承中國固有的經濟學說暨　孫中山先生的經濟思想加以融會發揚，而形成他自己經濟思想的特質，舉其要點有四：

㈠以理性爲本源：　蔣先生認爲中國的經濟學說無論是儒家，是法家，都是討論人與物的關係，而其討論都以人類的理性，與人類的慾望的關係爲中心。儒家求理性之擴充，法家主慾望之制約；儒家注重理性，故其學說之本源爲仁愛；法家注重慾望，故其學說之本源爲法度；這是兩家的分別。然而儒家的仁愛，是就人類的理性而言；法家的法度，是對人類的慾望而言。儒家之所擴充者爲理性，法家之所以要制約者亦爲理性，所以中國的經濟學說，以理性爲本源，不以慾望爲本源，　蔣先生並進一步指出中西經濟思想本源不同。西洋經濟學說，雖派別分歧，但考其本源，仍有相同之處。他們無論那一學派總以個人的慾望爲出發點。故其經濟學乃是價值學說。由此可知，中國經濟以人類的理性爲本源，而講求義利之辨，西洋經濟則以人類的慾望爲本源，乃追求物質享受。

㈡以養民爲本位：　蔣先生指出，中國經濟學說以人性爲基點，以養民爲本位。所以中山先生講過，「民生主義以養民爲目的，資本主義以賺錢爲目的」，可說社會進化以民生爲重心，不以物質爲重心。申言之，中國的經濟的道理，不是爲了物而愛物，要爲了民而愛物，即所謂「仁民而愛物」，亦即以民生爲本位。

㈢以計畫爲要圖：　蔣先生已指明經濟以人性爲本，故一面必須「養人之欲，給人之求」；一面又須發展理性與思慮的作用，對人民的欲，予以分限。所以經濟建設必須有計畫，而計畫必有其根本精神，民生主義的根本精神，一方面是建設國家的事業，培養人民的事業，使其可以改善民生；一方面是節制私人的資本，防止土地為私人兼併，使其不能操縱經濟危害民生。申言之，中國的經濟的道理，不取放任自由，不取階級鬥爭，而要以計畫經濟，使「資本國家化，享受大眾化」，實現民享的理想，達到富強康樂的境域。 蔣先生認為民生主義為自由平等的保障，平等是自由的基礎，所以民生主義的經濟計畫，是為平等而計畫，也就是為自由而計畫，計畫與自由之間是沒有矛盾。在計畫經濟之中，個人有相當發揮能力的自由，但絕不容其有危害大眾生活的安全與進展，同時又領導其使之為社會福利而努力，由此可知， 蔣先生的計畫經濟思想是以民生為本位的自由計畫經濟。

㈣民生與國防合一：人類求生存的兩件大事，便是保和養，保是屬於國防的範疇，而養便是民生，兩者互相為用，缺一不可，所以 蔣先生指出，在中國經濟的學說上，國家的任務，一方面是養民，一方面是保民。就養民而論，國計就是民生；就保民而論，民生就是國計。簡單的說，就是國防。而其最精之一義，即在於民生與國防之為一體而不可分。由這個統一體來說，民生之外無國防，國防之外亦無民生，可說經濟以養民為本，故一方面國家要開發資源，要流通物資，要儲積國富；他方面平時的農民就是戰時的士兵，平時的儲積，就是戰時的資糧。申言之，唯有以民生為本的經濟建設，才可以與國防為一體。

此外，關於經濟的要素， 蔣先生認為經濟的要素有三：第一是勞力，第二是土地，第三是資本。我們要建立經濟上武力，就要使全國的勞力、土地和資本，盡量用之於生產，不可有一點荒廢和浪費。就生產要素而論，西洋經濟學舉出資本、勞力、土地三者，並認此三者爲三種之物質而觀察、而處理。我們中國的經濟學說，對生產要素，則從人的方面來講求。《大學》說：「有人此有土，有土此有財，有財此有用」。這幾句話有兩層意義，淺一點說，生產的要素是人力和土地，以人力開發土地，才有物資，才有財用。所謂物資，包括直接從土地生長出來的農產物和礦產物，間接從農礦物加工而成的工業品兩類。中國經濟的原理，不列貨幣爲生產要素。中國的經濟學說，認爲物資不過是人力與地力的產物。而貨幣只是物資交換的一種媒介；故貨幣的本身，並不能成爲生產要素的一種。深一點說：人之所以爲人者：在其有求生的慾望，更有能思的心靈。人與一般動物不同，能以思慮與理性，指導其求生的活動。故人力有體力與智力兩種。人能以智力運用其體力，所以人的生產技術有不斷的進步。而其他動物的生產技術，只限於他們的爪牙。在人類社會中，從狩獵畜牧的弓矢，漁夫的釣撈網罟，農夫耕耘的耒耜犁耙，以至於現代用的蒸汽電力機械，都是人的智力所發明，此種發明及其根據以爲發明的自然科學，是人類能夠增進生產效能的一個重要條件，這個經濟的要素，中西學說的重點各有不同，西洋則重資本，而中國則重勞力，而成爲生產效能的重要條件。

　蔣先生認爲，我們要充實經濟的力量，除了先曉得經濟的要素之外，還要瞭解經濟的內容，所謂經濟之內容，不外是生產、消費、分配與貿易交通。由此我們可以知道，要充實與增進經濟力量的根本途徑，就是增加生產、減少消費、合理分配、便利貿易與發展交通。茲依據　蔣先生的觀點分別說明如下：

㈠增加生產方面：生產問題，是民生主義經濟建設的根本問題，　蔣先生認爲要增加生產，便須使全國勞力、土地和資本盡量用之於生產，不可有一點荒廢和浪費。例如游手好閒不去勞動，或是作不生產的勞動，便是荒廢或浪費我們的勞力，就是不生產。又如有土地不墾殖，有礦產而不開發，有水利而不運用，或是有土地而種植鴉片這一類不正當的物品，便是荒廢或浪費土地。再如有金銀而藏之地窖，或作種種不必要與不生產用途，便是資本的荒廢與浪用。這些都是我們增加生產，充實經濟力所必須戒除的事。

㈡減少消費方面：在消費方面來說，因為國情不同，所以與西洋一般的消費論也有差別。蔣先生認爲減少消費，就是所謂節儉，就是消極的生產。減少消費即所以儲積經濟的能力，增進生產事業，尤其是在我們生產落後，民生凋敝的中國，減少消費更爲充實經濟最必要而有效的途徑。有人說：我們中國現在經濟的情形是十五世紀的方法生產（指半個世紀以前），以二十世紀的方法消費。如此，試問如何不日加窮困？所以我們要救貧、要充實經濟力，非極力減少消費不可。《大學》上說：「生之者眾，食之者寡，爲之者疾，用之者舒，則財用恆足矣」。這是現代經濟學的原理，其意義就是一方面要增加生產；一方面要減少消費的道理。

㈢合理分配方面：民生主義的經濟主張是均富，不但注重生產問題，更特別注重分配問題。蔣先生認爲合理分配，就是要以「分配社會化」爲原則。使經濟發達的利益，不爲少數人所獨享，不爲狡黠者所巧奪，而能按照最公平的原則，普遍分配利益於一切參加生產之分子，而使全體國民，在高效的協力生產之下，皆能獲得最大的福利。此即爲　中山先生所謂：「民生主義以養民爲目的」之精義所在。孔子所謂「不患寡而患不均，不患貧而患不安，蓋均無貧，和無寡，安無傾」的話，實在是現代經濟學上分配論中唯一的要義。又近代資本主義最大的弊害，就是在分配之不合理。所以我們講經濟建設，於增進生產之中，不可不同時注重「合理分配」這一點。

㈣便利貿易與發展交通：貿易流通，是國計民生上有無相通，均衡供求的主要手段，對經濟的發展非常重要。 蔣先生認爲便利貿易，就是先要極力開發交通，使全國各地有無相通，多寡相濟，貨物既得流通，福利因而普遍，國民經濟生活便可繁榮暢茂，國家的經濟力當然隨之充實而發展。我們知道，鐵路道路運河水道商港，都是交通的要件，不啻國家的動脈，對於國家生命的強健與發展，關係至鉅。在從前海禁未開，閉關自守，一切自給自足的封建經濟時代，還看不出交通的重要，近世紀以來，世界交通，日益發達，世界各國儼若毗鄰。一個國家的事業、政治、經濟、文化與社會之能否進步，以及整個國家的強弱，差不多完全決於交通之是否便利，所以開闢交通，尤爲發展實業之急務。所以交通不但在經濟上有重大的關係，同時在政治與國防上亦有更深遠的意義。

蔣先生所倡導的國民經濟建設運動，是基於上述經濟觀點而出發的，這些經濟上的措施，都是應由國家通盤籌畫，全體國民協力合作來完成經濟建設，解決整個的國計民生問題。經濟建設，既以國計民生爲對象，所以 蔣先生認爲中國經濟建設之著眼有二：一爲充實國防需要，一爲提高民眾生活。復因國民經濟建設運動的目標爲：盡人力，闢地利，均供求，暢流通，以謀國民經濟的健全發展。在積極方面應做到：⑴增加生產數量，籌謀生活需要。⑵增加工作機會，解決失業問題。⑶增加輸出產品，藉謀貿易平衡。⑷保障投資安全，鼓勵生產活動;在消極方面應做到:⑴解除阻礙生產之外在原因(如捐稅、產業法規、勞資關係等)。⑵解除阻礙經濟發展之內在原因(如缺乏經營方法與人才等)。⑶解除阻滯貨物流通之障礙(如交通、金融、運輸制度等)。⑷解除妨礙生產建設之心理的因素(如愚昧、迷信、保守、缺乏勞動習慣及漠視經濟等)。

至於經濟建設實施的項目, 蔣先生認爲應有以下各點:

㈠振興農業:凡製肥、選種、改良農作方法,活潑農業金融,流暢農產運銷,悉以合作社爲基礎,指導並改進,以達到糧食自給自足爲初步目標。一方面增加產業原料之生產量,同時提倡農產之就地加工製造。

㈡鼓勵墾牧:獎助大規模之移民墾荒與經營畜牧,實施軍區屯墾制,利用集團勞力開發農利,恢復並增進牛羊馬匹與農村各種副產物(如豬魚雞鴨之類)之生產,同時提倡各省所有荒棄土地之開墾與耕作,以地無曠土爲目標。

㈢開發礦業:調查礦業狀況及摧殘束縛礦業發展之原因,建議政府改善礦業法規,鼓勵礦業投資,扶助礦業之獨立經營與自由發展,以開發天然之富源,而容納眾多之勞力。

㈣提倡徵工:贊助政府實施徵工制度,鼓勵民眾參加義務勞動,尤其開闢交通道路,修治水利,培植森林,開墾荒地等爲徵工之根本工作。同時實施兵工政策,與徵工並行。以軍隊輔助各地徵工工務之不足,並爲建設地方公共工程之倡導。

㈤促進工業:對農村簡易工業及農產品加工製造之簡單工業,提倡就農村或其附近,按合作系統經營之。對於一般工業,由政府分別保護並獎勵之。一面設立勞資調節機關,遇有勞資糾紛，予以公平調處，並須賦予該機關以最後強制執行之權，藉以保障企業之安全，與勞動者之工作。

(六)調節消費：統計各地，尤其農村消費品種類與數量，力謀供求之調濟；必須消費者盡量自己生產之，不能生產者節約其消費。此項工作，須有當地職業團體及合作社協助進行，並須取得進口業同業公會之贊助。

(七)流暢貨運：一方面盡量發展各縣各省區間之道路交通，改進水陸貨運，力謀貨物流通之便利；一面設立各種重要地區之主要農產品。如棉、麥、米、茶、絲等之公共倉庫與運銷機關。

(八)整頓金融：鼓勵民間之儲蓄，活潑資金之融通，由政府執行健全之貨幣政策與匯兌政策，而人民衷誠擁護之。

蔣先生依據上述經濟觀點，復衡量當時的情況，說明現代化經濟的要義，以爲今日的三民主義的模範省及未來三民主義新中國的張本。現代經濟的目的與我們現代化經濟的前提，乃在均富與安和——避免資本制度財富不均，和消滅共產主義階級鬥爭的流弊，乃爲我們民生主義經濟思想，所特具功能和屬性的正確途徑。

經濟建設的起點是由於初期以農業爲重點的建設，安定農村的經濟，支持並促進工業發展；乃進而至於以工業爲重點的建設，促進農、工、商業，並以促進國民經濟建設。使人人能生活，人人享幸福，均富於民，藏富於民，乃爲民生與國防之配合。平時在生產方面，必須發展交通，開闢地利，均供求，暢流通，謀取國際合作，提高生產技術，以求生產能量之增加。在分配方面，要使糧食利潤的分配很平均，勞資工商的關係很合理，「貨惡其棄於地也」，而力不必爲己。在消費方面，滿足食衣住行育樂的民生需要，並同時養成國民勞動、節儉、樸實的傳統美德。在戰時，應以增加生產，改進民生，動員經濟，支援作戰，以固國本，以爭取利益爲本務。

關於我國經濟建設的最高理想，一方面是要在國內建設富裕的社會，另一方面是要促使世界經濟改造，以臻世界大同之實現。 蔣先生認爲我們不能預知經濟變化之事，我們中國古代的先知先覺，已經完全體會經濟變化之理，〈禮運〉大同的經濟思想，是 中山先生所最推崇的，亦就是三民主義所要達到的最後經濟目標。

民生主義經濟的理想，是使「人民愈富，國家也愈富，社會成爲安樂的社會」。 蔣先生指出大同社會的生產，是努力開發資源，而以養民爲目的，大同社會的勞力，是爲社會而服務，而不是爲工資而勞動。所以大同社會的經濟制度，是以合作爲基礎，以服務爲目的，這就是民生主義的經濟制度了。大同世界的經濟是依照最圓滿的計畫進行，生產者，爲全民生活而生產；分配者，依各人需要而分配。那時候，人性發展至圓滿的極限，沒有人可以不勞而食，也沒有人得不到工作的機會，這樣就是所謂「老有所終，幼有所長，壯有所用，矜寡孤獨廢疾者皆有所養」的大同世界。

民生主義的經濟思想，一方面希望將中國建設爲大同的經濟社會，另一方面則希望以民生爲本位與計畫經濟爲原則，促成世界思想和制度的改造。這便是走向世界大同的唯一道路。世界各國果能接受民生主義的經濟思想，則可使人人以理性支配物慾，以利他爲本務，則其功利的嗜慾必昇化爲道德的境地，然後才能樹立新的經濟制度，以爲人類社會謀求永久的福祉，則大同社會的經濟就可以實現了。

蔣先生的經濟思想不是只見於著作和言論，更要付諸實踐而發生建國的實際效果。追溯革命建國的歷史，沒有人不認爲北伐成功以後的幾年間，經濟建設的成就是極爲輝煌的。蘇俄和日本都不能坐視中國的建國成功，因此以不同的方式向中國進行侵略，破壞我建國大業。國家的資源是有定量的，用於此就不能用於彼，抗戰與戡亂大量耗費國力，尤其是戰爭更破壞國家財富，阻撓建設的進行。

臺灣光復以後，雖因戰火破壞，日本在戰時的無情榨取而陷於極度貧困。政府爲求臺灣重建之早日成就，在經濟上盡可與補助重建的經費，並採取若干劃分的措施，使臺灣能單獨發展，不致受大陸戡亂戰火影響。臺灣施行臺幣制即其明例。

民國三十八年以後，政府要建設臺灣爲三民主義的模範省。爲了防衛，不能不以建軍爲第一優先，軍費支出之龐大是可以想像而知。日本戰後的經濟重建，一般認爲績效顯著，殊不知，美國的經濟「輸血」，韓戰時期，美軍的購貨，都是起死回生之劑；尤其是，日本躲在美國核子傘之下，其本身的國防經費支出佔國民生產的比例極爲有限，如此才能提高其投資率。而臺灣地區的經濟則是多方面兼顧之下成長起來的。

何以致此？全體人民和政府的共同努力，固然是主要條件之一，而制度和政策的正確性乃其決定因素。我們必須從過去的成就來印證　蔣先生經濟思想之優越性；從未來認識　蔣先生經濟思想的宏遠規模；也要從蔣院長經國先生領導的十項建設與計畫性的自由經濟政策

來體會　蔣先生經濟思想的發揚和實踐。

5 文化思想

文化一詞，範圍甚廣，且解釋紛紜。　蔣先生指出：「所謂文化者，並不只是指狹義的文藝、文物、文學等而言，乃是涵蓋了民族的精神、思想、心理、志節，以及政治的制度組織，社會的風氣習尚，與倫理秉彝的道德，乃至人民的生活言行，以及青年的灑掃應對進退鞠躬，皆在文化範疇之內。」這些由前人求生存的活動，陶鑄而成的生活模式，構成了人羣的行爲特質，內以涵養個人的品性，外以求人與人間關係的融洽和諧，共同爲人羣的生存而開物成務，創造發明的一切有形的跡象和無形的信念，而形成了民族文化。凡生在這領域裏面的人，無分是土生的或是外來的，無不受其影響。因此　蔣先生對文化的「化」字，特加重視。古人所謂「所存者神，所過者化」，又說「小德川流，大德敦化」，以及「聖神功化之極」，都是在說明文化，就是存神過化，日新又新的意思，而決不是保守復古，墨守成規，執一不化，其所可以叫做文化的。　蔣先生對「充實而有光輝之謂大，大而化之之謂聖」兩句話是十分崇敬。

蔣先生對文化的界說，如此的既深且廣，把人類一切的活動都概括在內，所以人類文化才能日新又新，存神過化。日新又新在這裏實有兩層意思：其一是物質生活日益的改善；其二是品性陶冶日益的升高。物質生活的日益改善，就是要依靠我們的心力意志，去瞭解自然界的萬有現象，開發物力資源，創造發明，以裕民生，使人類生活條件更爲豐足，則民生必因生存環境的物質狀況變遷而起因應，予以調適，這就是小德川流；品性陶冶的日益升高，就是人性的長成。「仁」心的培育發揚，陶鑄成至大、至剛、至中、至正的文化特質，在人羣中間完全的呈現表露，使每個人都能安心的工作、盡情的暢所欲言，基此以處理人羣的事務，來解決全民的疑難，謀求國家民族的協同一致，這就是大德敦化了。這種大德小德都是以人性中道爲依歸，都是出於仁愛而歸本於仁愛，是精神與物質兼容並包的道統文化，是天人一體，心物不二。基此以說「存神過化」，「聖神功化之極」，是中華民族綿延五千年的文化價值所在，也就是中華民族所賴以成長融合的張本。

我國有五千年悠久的歷史，有光輝燦爛的傳統文化。我國的傳統文化，是以孔子的學說爲中心，他是繼承堯、舜、禹、湯、文、武、周公的道統，而集其大成，以後更是一脈相承，綿延至今。　孫中山先生繼承了我國的傳統文化，並將它發揚光大，創立了博大精深的三民主義。

蔣先生稱讚　中山先生把中國傳統文化又集一次大成，他說：「我中華民族文化，垂二千五百有餘歲，至孔子始集其大成，故曰：『天不生仲尼，萬古如長夜！』而此堯、舜、禹、湯、文、武、周公、孔子聖聖相傳之道統，屢爲邪說誣民所毀傷，降至今日，赤禍滔天，民族不幸，竟遭此空前絕後之浩劫！而我五千年來，傳統優秀之文化，幾乎瀕於熄滅而中絕，幸我　國父誕生，乃有三民主義之發明，而道統文化又集一次之大成。」　蔣先生又繼承中山先生的文化思想，所以說　蔣先生的文化思想，也就是三民主義的文化思想。　蔣先生對於傳統文化與三民主義的關係，曾經詳加闡述，他說：「中華文化的精髓，就是以倫理、民主、科學爲內涵的三民主義。因爲倫理所以盡己之性，其本在於仁；民主所以盡人之性，其道在於義；而科學所以盡物之性，其效在於智。這種『成己仁也』，『成物智也』，而『達人義也』的文化，就是我們中華民族的傳統文化。」蓋「倫理所以盡己之性」，故云倫理是民族主義的本質；「民主所以盡人之性」，故云民主是民權主義的本質；「科學所以盡物之性」，故云科學是民生主義的本質。而「盡己之性」的目的，在「盡人之性」；「盡人之性」的目的，又在「盡物之性」，實則「盡物之性」又是「盡己之性」的終極。

就中華文化「盡己之性」來講，不就是倫理與道德的踐履嗎？就「盡人之性」來講，不就是民主與自由的典範嗎？就「盡物之性」來講，不就是科學與建設的完成？再就民族主義來講，它是由誠正修齊入手，達到民族平等，濟弱扶傾，而是以倫理爲根本爲民所共有；就民權主義來講，它是以主權在民，國家爲民所治，而是以民主爲規範；就民生主義來講，它是求得正德、利用、厚生爲民所共享，就是以科學爲實質。由是我們可以明白三民主義是以天地萬物一體的「仁」爲中心，也就是把握著人性本源的「性之德」。三民主義的創立，是根據人類進化與人性長成而相應發展，就是說在人類進化中，人性一天天的提高，而文化隨之一天天的雄厚；人性建立了仁愛中道的核心。而文化的創造則奠立了包容萬有的和厚基礎；所以能融合各個民族，而成爲一個中華大國族。就今日世界形勢而論，亞洲地區各民族及共產暴力下統治的人民，對獨立自由的要求一天天的盛大，人權運動一天天的洶湧澎湃。由此可見，今日世界是一個人性覺悟的時代，未來世界的一切措施，必基於人性的要求，擬訂處理的原則，終必形成仁愛中正的世界文化，所以三民主義的文化思想，是未來世界文化建設的指針。

蔣先生爲維護中華五千年的傳統文化，並爲三民主義世紀開創新文化，於民國四十九年四月間領導教育界成立孔孟學會，以闡揚孔孟學說，復於民國五十五年十一月十二日，「國父一百晉一誕辰紀念會」上，宣布每年十一月十二日爲中華文化復興節，揭開了中華文化復興運動的序幕，再作一次昭示「倫理、民主、科學」爲中華文化復興的三大基礎。海內海外同胞，同聲相應、同氣相求，匯聚成了一股強大的巨流，共同爲文化的復興而奮鬥。蔣先生認爲文化復興運動，並不僅僅是要消極的維護優良的、保存光榮的文化傳統，而重在發揚倫理、民主、科學的三民主義文化的光輝。我們中華民族，所以可大可久，歷經五千年而不墜，就是由於我們以「仁」爲本的民族文化，能綿延不絕，且能隨時代潮流而策應進步，歷久彌新，莊敬日強；因爲我們的民族文化，根本就是一種智能、德性和羣體的結晶。所以人性的尊嚴，個人的才智，都能得以充分發揮，他不僅是歷史傳統的繼承，而亦是時代生活行爲的具體表現。復興文化，就是要提高我們國民的品德修養，人格尊嚴，信仰自由，修明心、物、羣、己的關係，以增進人民的生活，民族的生存，國民的生計，羣眾的生命的基本條件，以促進民生的均富安和。換言之，民生是文化創造的動力，文化是民生歷程的蹤跡，所以中華復興民族文化，就是實行三民主義，以增進全民的福祉。

蔣先生又昭示國人：我們今日所進行的中華文化復興運動，不只是一時一地的運動，而乃是無分內外，全民一致，共同策勉，繼續不輟，循繩墨以從事，秉真純而專一，以仁爲本的三民主義新文化的創造事業。

首先說明倫理的許多德目，是以孝爲基礎的；因爲在家能孝敬父母、愛護弟妹，把這愛心推到社會上去，便能和睦鄰里，體恤百姓，使大家都能和氣相處，表露蓬勃的朝氣，在相敬相讓的氣氛中，各人經營自己的生計，過著安樂的日子，這便是「仁」的具體表現。所以說：「孝弟也者，其爲仁之本與！」這即是說，行「仁」必先自孝弟始，做到每個人都孝順父母、慈愛子女、尊敬兄長，然後將這慈愛尊敬，施之於鄰里鄉黨，廣布於人羣社會，使每人都能得到合情合理的照顧。所以今天倫理文化的復興，固然是要看重內修自律的工夫，從生活規範做起，把倫理道德涵泳於日常生活之中，而亦當兼重社會的羣體夾輔，使每個人都能受德性的薰陶，自己進於堂堂正正的領域裏。　蔣先生認爲今天十分重要的，就是要激發一般人的同情心，化除他冷漠殘忍、偏私爲己的念頭；鼓舞一般人的合羣心，拯救他孤陋傲睨，固頑不化的弊端；培養一般人的自尊心和自信心，以袪除他的猶豫不進，旁待卻顧，卑怯依賴的心理。使中國青年，都能明禮義、知廉恥，成爲表徵民族文化，踐履民族道德的骨幹，則我們的國家，無愧其有「禮義之邦」的雅號了。古人說：「禮義廉恥，國之四維」，這「禮義廉恥」的四維再加以「忠孝仁愛信義和平」的八德，都是我們民族文化的結晶，國民生活行爲的具體表現，以及我們倫理文化的精神所在。這就是　蔣先生所讚揚的「人不獨親其親，不獨子其子，使老有所終，壯有所用，幼有所長，矜寡孤獨廢疾者皆有所養，男有分，女有歸」理想的大同社會。

民主的根本條件，是人民大眾各依自己的意願，處理與自己直接有關的事務，隨自己切身的需要而做決定。管理眾人之事的政府，必須以羣眾整體的利益著眼，所以說「民爲貴」，又有「民爲邦本，本固邦寧」的古訓。因此大有爲的政府，對內則「選賢與能，講信修睦」；對外則「繼絕舉廢，治亂持危」；無論遠近大小的國家，都一視同仁，這就是「大道之行也，天下爲公」。

「民主」與「自由」在中國傳統文化中，已深植於人心。就是基於人性成長，與天賦的禀性而形成；自來就是理性的、自發的，而且是本然向上的。所以特別重視人格尊嚴，個性發展與羣己關係的和諧；所謂化性起僞而不以強制爲事。自從　孫中山先生手創三民主義、五權憲法以來，則民主自由具體化而成爲全民的權利，也就是全民的責任。防止民主自由的偏差與濫用，同心協力來貫徹民主憲政，推行廉能政治，使每個人不踰越民主自由的範圍，也無不爲民主自由而盡力，使我們的民主以禮德爲基礎，使我們的自由以守紀守法爲準則，則我們的政治，在禮德守紀守法的制約下，秉全民的公意，成爲責任的政治，以真正的民主自由，本固有的倫理道德，喚起全民的人性光輝。

科學，就是「系統之學，條理之學」，它有本末先後，終始一貫的理則；也可以說它是在萬事萬物中，抽取它的一部分，或者在一類中，抽出它的一分子，做精深而確切的分析研究，因其性質而重新組合創造，以應民生所需的科學。有生民以來，自堯、舜、禹、湯、文、武、周公，代代相因，以開物成務，「天工人其代之」的爲民生造福。所以　中山先生主張「建設之首要在民生」，而　蔣先生更補充說：「民生建設之首要，乃在於科學建設之發展與完成」。這就是說，民生所需之充裕而無短缺，必靠物質建設的開創製造，而物質建設，無不賴科學的研究發明。所以物質建設乃是努力一切自然科學之探討，我們今天要迎頭趕上近代科學的各種成就，不但要以科學的方法，開發資源、發展經濟，來厚生養民，內以充實國力，外以抵禦侵害；且要以科學的精神，作爲每一個人爲學、治事、修身、立業的準據，達到「人盡其才，地盡其利，物盡其用，貨暢其流」的境地，所以科學不衹是一個名詞，一句口號，而是要成爲一種全體人民的生活行動，全社會每一分子的基本常識，使科學化真正的成爲正德、利用、厚生、修齊治平的文化建設。而科學的重要規則與目標，就是從業的人都要有條貫，有順序的去探討，人與人、人與物、物與物間，一切事理的關係，使每個人本著倫理的規範，民主的原則，使自然界的每一事物，在眾人的生活中，發揮它的高度效用。　蔣先生指出，科學就是「正德、利用、厚生之道，故孔子以爲政之急者，莫大於使民富且壽，而致富且壽之道，則均無貧，和無寡，安無傾耳」。能這樣持續下去，達到「貨惡其棄於地不必藏於己，力惡其不出於身，不必爲己」，「衣養萬物而不爲主」的境地，這就是科學上以倫理的「仁」爲中心，所發出之功效。正如　蔣先生所說：「惟有科學能運用於民生事業上面，才能表現科學本能的偉大與可貴」，而民主與科學均應植基於倫理。由此可見，　蔣先生所倡導的科學，其境界更超出一般人之上了。　蔣先生畢生以宏揚傳統文化爲職志，在遺囑中仍諄諄告誡「復興民族文化」！

三民主義文化思想在世界上，無論過去與未來，都佔著極重要的地位，過去對世界人類曾有很大的貢獻，就物質文明方面來講，我國很早首先發明了造紙和印刷術，使人類文化傳播，不受時間和空間的限制；又發明了指南針，使人類得以橫渡海洋，發現許多新的地方和新的事物；再就精神文明方面來說，孔子博大精深的仁愛思想，更為世界人類的燈塔。二次大戰以來的世界，由於科技發達，物質文明突飛猛進，人們忙於研究物質，追求物慾，自己本身反而在物質文明中被遺忘，以致物質文明與精神文明不能平衡發展，道德衰落，到處發生動亂的現象，唯有三民主義，才能挽救世界危機，消弭戰禍，以增進世界人類的安全與幸福。

總之，　蔣先生的文化思想，是以中國傳統文化與三民主義思想為本源，也是三民主義文化建設的總指標，而三民主義的文化建設，又是繼承我們中華五千年，以仁愛為中心的道統文化而擴充發揚，所以　蔣先生的文化思想，就是中華五千年歷史正統思想的延續，也就是領導未來世界文化建設的中心思想。

反觀大陸共產黨徒們，偏執馬列主義唯物史觀、階級鬥爭之說，為其理論基礎，背棄固有文化，甘心與五千年的仁愛精神中道文化為敵。以欺詐的騙術，蠱惑青年，驅策羣眾，達到他們魚肉百姓、荼毒中原的目的，實行「清算鬥爭」，「三反五反」，繼而於「人民公社」，「文化大革命」的風暴下，以人民為芻狗，以羣眾為奴隸，澈底否定人性尊嚴、人民自由，專作毀滅道統文化的勾當，無所不用其極。真所謂「道高一尺，魔高一丈」。所幸公理正義自在人心，今日世界上的人權運動，與我們的文化復興，正相互策應激揚，說明人性力量的浩大。而我們的文化復興運動，實如　蔣先生所說：「乃是針對『文化大革命』，進行思想、文化戰的重要武器！」從大陸上自天安門事件以後所發生的一連串抗暴運動，「就證明了中華文化以仁為本的天性良知，是泯滅不了的！三民主義的思想——倫理、民主、科學

蔣公親臨主持中山樓中華文化堂落成典禮

的深中人心，連它共黨最高級幹部，都可以爲我們三民主義思想所同化」，而動搖反悔，他又說：「中華民族五千年歷史文化之源遠，無人可以毀滅；三民主義之大道，無人可以抵抗的見證！」

總上所述，證明了　蔣先生「致廣大而盡精微，極高明而道中庸」的文化思想，與三民主義的人性光輝，照耀著海內外每一個炎黃子孫的心，融合全人類文化於一家的日子，已在不遠了。

蔣先生提倡復興中華文化運動，就是要以全國男女老幼每一個人——特別是智識分子、學校師生、機關主管、社會領袖、家庭父母，在品德的實踐，智能的發揮當中，省察自己的生活行動，改革社會腐舊的風俗習尚，進而爲國民的模範——導揚倫理、民主、科學、三民主義的主流，躬行實踐，以身作則，來作爲起點的；因爲我們要根除共黨「文化大革命」的罪惡，首先必要自反自覺，滌除其過去一切不合時代的生活風習，不切實際的迂儒玄論，不合理性的思想行爲，而以我們文明的、高尚的民族道德——禮義廉恥、孝弟忠信、格致誠正、修齊治平的傳統文化之復興爲依據，來促成全國人民反攻復國的精神總動員。

中華文化復興，不僅爲三民主義革命文化之建設運動，亦爲憑我們傳統之人本精神和倫理觀念，來喚醒這一代人的理性良知，以建立反共鬥爭之堅強基礎與精神動力，成爲徹底消滅共產思想，摧毀中共政權之利器；更爲挽救世界文化危機之途徑，可謂任重道遠，端賴羣策羣力，本主動負責之精神，以篤實踐履之作法，循序漸進，計日程功，努力完成以此一偉大崇高之使命。

6 教育思想

蔣先生不但是一位軍事思想家、政治思想家，同時也是一位教育思想家，不僅我國革命、軍事、教育是由他一手所創立，而且整個革命治國乃至做人做事的知識與教育，都由他親自倡導與傳授。所以他的教育思想絕不是一種空疏的理論，都是依據中國歷史文化和世界教育思潮，而加以融會貫通研究實驗的結果，由此而形成其整個的教育思想體系。他認爲教育乃是國家民族的精神文化，亦即永久的生命根基之所託；教育的優劣成敗，即是國家民族興亡盛衰最大關鍵。所以教育不但是立國之大本，更是繼往開來的神聖事業。所以要挽救民族，復興文化，改造社會，培養民德，只有從教育入手，才能夠收到真正的效果。

蔣先生對於教育的看法與一般教育學者不同，一般人只注重「教」的方面，而忽略了「育」。他則認爲「教」與「育」必須同時並重，才算完全的教育，他指出「教」就是教導，「育」就是養育，合起來講，教育就是一面教導，一面養育。「教」是著重一切學術技能與做人的道理之傳授與實習而言，「育」是著重體魄精神道德和生活的保育與訓練而言，「教」與「育」雖是兩件事，但是彼此實有密切連帶的關係，必須兼籌並顧，同時實施，然後才算是完全的教育。所以教育不但教而兼育，而且要以育爲中心，實施寓教於育。

教育乃立國之大本，關係民族的盛衰，文化的絕續，已如上述，因此 蔣先生認爲時無論古今，地不分中外，任何國家轉危爲安，轉弱爲強，必須求人民心理之振奮，與社會風氣之革新，此種根本工作，惟教育最爲有效。若是一國教育根本失敗了，國家喪失了靈魂，則不僅亡國而已，而且一定要滅種！所以 蔣先生又認爲無論那一個國家或民族，要想革命成功，臻於文明興盛之域，第一件要緊的事情，就是改進教育。他更明白地說，就是一個國家的強弱，或一個民族的優劣，並不在乎軍備之良窳，或武力之大小，而完全在乎文化的開塞，教育的高低。因爲文化和教育是一個國家民族一切活力的源泉，而經濟和武力，不過是一時的物質力量，前者是生長的，無限的，後者是機械的，有限的。教育的力量，比什麼武器的力量都要大，所以一個國家民族，只要他們文化和教育優良高尚，沒有不臻於文明興盛之域而繁榮進展。

我們瞭解了教育的意義之後，再來研究教育的目標，就個人方面而言，教育的目的乃在使受教育者明白做人的道理，養成完美的德性與高尚的人格，在使其成爲中華民國一個良好的國民，能夠愛護國家，忠於國家。　蔣先生認爲教育最基本的任務，在於國民人格的陶冶。我們無論爲學教人，無論在挽救國家復興民族，都要首先發揮我們民族精神，提高我們國民道德，因此我們的教育，應以養成學生之健全人格爲第一義。學術技能乃教育之末，而做人的道理，即人格道德，才是教育的根本。古人所謂「窮理盡性」，一般所謂「讀書明理」，最重要的道理，就是做人的道理，所以我們的教育，一定要使受教者明白做人的道理，養成完美的德性與高尚之人格爲本。我們既做了人，便要做一個良好的國民，便是盡忠於國家，要犧牲個人來報效國家和民族，以盡國民的責任。我們現在所要學的，就是這個爲國犧牲的基本道理，和如何發揮犧牲精神之一切學問。就教的方面來講，我們教育的目的，第一步自然是教他在天地之間，做一個真正的人；第二步成爲中華民國一個良好的公民。總之，我們的教育是教他（她）們做個活活潑潑的好國民和堂堂正正的中國人。

就國家方面言，教育的目的乃在改造人心，建設國民心理，發揚民族精神，確立共同一致的中心信仰，實現三民主義。　蔣先生又認爲教育最重要的目的，就是在改造人心，亦就是要樹立國民道德，改良社會風氣。尤有進者，一個國家的教育問題，不只是如何增進一國國民的知識能力道德健康的問題，最主要的還是如何建立一國國民的共同信仰問題。具體言之，就是要如何使全國國民有共同一致的思想，有共同一致的感情，有共同一致的操守，在一個主義，一個國策之下，努力完成建國救國的神聖使命的問題。全國國民有了共同一致的信仰，才有努力的目標，有了共同的目標，才能產生浩然磅礴的建國救國的偉大力量。我們中華民國的教育宗旨，原是根據三民主義倫理、民主、科學的精神與內涵，以改進人民生活——強健其體力，提高其倫理道德，增進其科學知能，並以發揚民族文化與民主精神爲目的。所以今後我們的教育應以民族文化爲基點，以三民主義爲準繩，研幾窮理，喚醒我們的國魂，恢復民族自信心，並充實國家的生命力量，爲首要目的。

教育既是國家百年大計和立國的根本，國家首先應確立教育方針， 蔣先生認爲教育如果事先沒有一個正確的方針，我們教人就沒有目的，教育出來的學生，究竟作怎樣一種人？作怎樣的一種事？都沒有目標，這樣就是無目的教育，是害人害國的教育。此外，國民的精神生活與物質生活，能否臻於健全合理，亦全視教育方針能否適應民族及時代的需要而定。由此可見確立教育方針是必要的。

什麼是教育方針呢？所謂教育方針，就是達到教育目的的方向指針。教育方針之制訂，必須第一應適合中國的特殊情形和需要；第二應適合中國現實環境和需要；第三要適合地方的特殊情形和需要。爲適合此種需要，我們就要以革命救國的三民主義，爲我們救國的最高基準。 蔣先生認爲三民主義各講，都是我們中國教育宗旨與教育政策的根據。亦可以說一部三民主義就是中國教育的教範；其中民族主義各講，就是中國文化與倫理教育的教範；民權主義各講就是中國政治與法律教育的教範；民生主義各講，就是經濟與社會教育的教範。但三民主義的最高原理，是民生哲學，而 孫中山先生一生奮鬥，尤注重民生問題； 蔣先生之所以要提倡民生主義的教育，就是體會 中山先生關於教育的遺教，根據六藝教育的精神，把智育、德育、體育和羣育四者綜合起來，這就是我們教育人員所必須遵守的方針。

為什麼我們要確定三民主義才是正確的教育方針呢？因為三民主義適合中國國情的需要。中山先生創立三民主義是繼承堯、舜、禹、湯、文、武、周公、孔子的道統，並融會世界教育思潮，針對國際、政治、經濟地位不平等的現實環境，來解決民族民權民生三大問題，所以三民主義才是最正確的教育方針，我們必須遵循實踐才能達成教育的使命。但是我們所指的三民主義文化教育，不是說在大中學校裏必須設置三民主義的科目而言，而是要以三民主義的思想精神，完全融洽於每一個學生的精神、思想、生活和各種學術、課程之中；而且我們所指的三民主義思想領導，亦並不是說只要探討研究其理論體系就滿足了的。而且要研究如何以我們民族主義的倫理精神，民權主義的民主精神，民生主義的博愛精神，來號召全國同胞，喚醒全國同胞，結合在三民主義之下，重建三民主義的新中國。

關於教育的內容，蔣先生認為要訓練一個身心平衡，手腦並用，德智兼修，文武合一的健全國民，就必須使受教的人能夠極力增進充分發揮其知識、道德、體魄和羣性。簡單的說，教育的內容，不外德育、智育、體育和羣育四項。雖然德智體三育並進之說，為英人斯賓賽爾（H. Spencer, 1820—1903）所創，此實即我國古代的六藝教育，蓋禮樂就是德育，射御就是體育，書數就是智育，與三育教育不謀而合。蔣先生針對改造中華民族習性的需要，增加羣育一項，而創四育綜合之說，他此項創見，是淵源於中國古代的「六藝」並適應中華民族實際需要，並非模擬斯氏之說。其理甚明。

蔣先生對四育的意義，迭有說明：智育就是智識技能的培養，德育就是品德人格的提高，體育就是精神體力的增強，羣育就是團結親愛互助合作習性之養成。這一點（指羣育而言）是我們現在中國一般國民所最缺乏的習性，又是今後建設新社會新國家所必要的條件。總要先使一切受教的人認清自己個人，在團體、在社會與國家之中的地位和責任，養成隨時隨地相親相愛，分工合作，羣策羣力來做事的習性，再使他身體能夠健強；如此他一面曉得自己的責任，一面體格精神很好，當然他的道德可以高尚起來，知識能力也有所增進。足以做一個完全的現代國民。

蔣先生又指出要做獨立自由的現代國家的國民，一定要完全受到這四育的陶冶，這四育合起來才是健全的教育，我們中國過去的學校教育爲什麼有升學主義、形式主義、孤立主義的缺點呢？就是因爲過去的學校教育偏重智育，有時也提倡體育，但對於德育和羣育都忽略了。要知道沒有德育和羣育，那智育不過是講習一些科學的皮毛，對於個人、家庭、社會和國家沒有什麼裨益，更談不上對世界人類有什麼貢獻。沒有德育和羣育，那體育不過是養成幾個選手替他的學校爭面子，做廣告，對於國民身心的健康毫無關係。這種偏枯的教育，怎樣替社會國家造就革命建國的人才呢？由此可見教育的內容以智、德、體、羣四育爲共同要旨，四者之中缺一不可，也唯有具備四育的教育，才能涵蘊教育的全部內容，才是健全的教育。

蔣先生對於六藝的精神曾作詳細解釋。所謂六藝就是禮、樂、射、御、書、數，這六藝實在是現代國民必須具備的修養和技能，也正是文武合一身心兼修的教育。蔣先生認爲：所謂禮，乃統括持躬接物一切合理的態度與規矩而言。要做到無論飲食、起居、言語、舉止，無時無地不是有規矩，守秩序，每天二十四小時生活，無不在禮之中。所謂樂，就是音樂，好音樂可以陶冶性情，振作精神，慰藉勞苦，和樂心志，使人生活調暢，情趣優美，無形中養成個人高尚的人格與社會純正的風氣。所謂射，在古時候就是射箭，是個人要學習的武藝，而且還要常舉行盛大的射禮。到現在的槍砲發明，射字又指射擊而言。這種技藝的修養關於民德民志與社會國家之興衰也很重要。所謂御，便是講騎馬駕車，現在飛機發明，駕飛機、汽車、汽船也稱爲御，雖然前後工具與技術有所不同，而御的意義和重要仍無二致。此外所謂書、數二者，書是關於書寫文學等，數是指數學、統計、測量和其他種種與數字相關的技藝，這是普通一般人都知道要注意的。由此可見，禮、樂、射、御、書、數六藝，是現代的教育重要內容，也是現代國民所不可或缺的智能。我們作爲一個現代國民，必須遵守禮節，才能建立重秩序守紀律的國家；必須懂得音樂，才能實現完美的人生；必須熟練射技，才能具備衛國的藝能；必須熟悉御術，才能發揮人類全部的智能；必須具有閱讀寫作的技巧，才能表達意見以溝通彼此之心聲；必須具備數字的觀念和智能，才可以生存於現在這個事事物物都精益求精的科學昌明時代。今後我們從事教育的工作者，除了自己對六藝要有相當的素養外，必須將六藝的道理，傳授於一般受教的人。而每個受教的人，都能懂禮樂，習射御，通書數，才能成爲健全的人才，擔負起建設現代新國家的任務。

教育既有教育的目的，則爲達到目的的起見，自不可不有適當之方法。關於教育方法，西方教育家討論至詳，惟各說紛紜，頗難辨其優劣是非。蔣先生認爲教育之能否著有成效，又繫於教育方法的良窳。他指出：我們一切教育訓練，無論宗旨如何遠大，內容如何詳備，一切計畫設備如何周到，其能否發生效力，獲得預期的成果，完全要看他訓練的精神如何，以及其所用的方法之得當不得當爲斷。可見訓練方式與方法實爲決定整個教育訓練成敗的主要因素，所以現代的教育，一定要用現代的方式與方法，否則，無論他的內容怎樣進步，陳舊的方法，決不能發生新教育的效果。那麼什麼是現代教育方式和方法呢？他認爲在教育方式上要把過去各種呆板、空虛的，就是「死」的教育訓練，能變成「活」的、「生」的現代化的教育訓練，關於　蔣先生對現代教育方法的說明，可分爲下列四點來闡述：

㈠以身作則：即古人所謂「身教」，孔子說：「其身正，不令而行，其身不正，雖令不從。」又說：「君子之德風，小人之德草，草上之風必偃」，以身教者從，以言教者訟。蔣先生所謂以身作則，就是古人所謂不言而教，也就是古人所謂「身教」，現在所謂「人格教育」，這種教育感化作用最大，它是要在不言不語之中，而收潛移默化之效。申言之，即教者從自己一切作爲：飲食、起居、態度、語言、儀容等實際生活中，給予受教的人以種種良好的典型與善的啓示（明示或暗示），以喚起一般受教者之同情與景仰，更自動地模仿而日趨於善。所以　蔣先生認爲教育的方法，最要緊的，是要拿我們自己的人格來感化學生。

㈡因材施教：教育的主要目的，在爲國家培育人才，擔當一切建設的責任。但人類的聰明才智各有不同，就以教育的對象必須要因材施教，才能使受教的人「人盡其才」，報效國家。　蔣先生認爲我們教育學生或部下，最要緊的就是要能將受教者的天資、人格、個性、經驗和能力，分別得清清楚楚，然後分門別類，因其性格與資質而施教，才可收到事半功倍的效果。他指出訓練的主旨，是根據訓練對象而規定的，主辦各種訓練時，必須認清對象，才能定出適當的課程，使能得到「因材施教」的要旨，而使訓練發生實效。由此可知「因材施教」是教育的重要方法。

㈢自動學習：求學問固然要靠師長的教導，但仍然要自己去用功夫，受教者應具備自動自覺的精神，養成自反自律的習慣，並祛除好高騖遠的心理，能夠切合實際，按部就班，由淺而深的去做。在不斷的自我學習中求進步。蔣先生認爲教育方法最重要的一點，就是希望受教者自己去研究，自己去管理，才有進步，不要祇是靠著教育者來監督；否則，教育結果必定不好。所以我們學校的教育，要養成學生自動自治自強自立的精神和能力，造成真正的革命人格，我們教一般學生要做到個個要不管而自理，不教而自善，不助而自立，不勉而自成。祇有培養這種自覺自動、自反自律的精神，才能收到教育最大的功能。

㈣教學做合一：古人所謂「學以致用」，求學的目的貴在實用，能實用的教育，就是「活」的教育，我們要將過去「死」的教育，變化爲活的教育，使生活與教育打成一片，教學做合而爲一。　蔣先生認爲「教」與「做」是不可分離的，如果只學而不做，坐而言不能起而行，任你學問理想如何好，也不相干，這種學問，就不是真正的學問。所以教、學和做應該合一。亦必如此，然後一切學問才能得心應手，運用自如。

蔣先生的教育思想，是知與行合爲一體的教育思想，他說：「唯有能新能行——日新又新、實踐篤行之教育，而後始有能新能行之政治，與能新能行之社會與國家。」實在我們復國建國的根本，就在於大家能不能以其新的知識，新的精神，新的技能，發爲新的決心，新的行動，一洗其以往故步自封，不求新知，拒絕進步之惡習。

早在民國十六年一月，北伐進行期間，　蔣先生即非常重視教育的實踐，在江西教育講習會議中指出教育與革命救國的關係和努力方向，就是要使學生能接受三民主義的教育，具有國家民族的知識，知道如何愛國，如何真正盡到國民的責任。

民國二十四年九月八日， 蔣先生在峨嵋軍訓團講〈現代國家的生命力〉時，指出現代國家的生命力，第一就是教育，第二就是經濟，第三就是武力，後來又強調教育、經濟、軍事三者之中，教育尤爲首要。

抗戰以前， 蔣先生對於教育方面，又創導「新生活運動」恢復民族固有道德，振作民心士氣。至抗戰開始之後，特別重視民族意識和愛國良知之激勵。於民國二十八年三月頒布《國民精神總動員綱領》，集中全國的精神力量爲救國建國而犧牲奮鬥，使抗日戰爭獲得生生不息的力量，終爲最後的勝利，奠定了堅固的基礎。

民國五十六年六月二十七日， 蔣先生在月會上指出：「現在世界各國民智大啓，我們已不能再滿足於六年義務教育現狀，要繼耕者有其田政策推行成功之後，再加速推行九年義務教育。」並指出：「此九年國民教育，應自五十七學年度起，先在臺灣及金門地區實施。」這是我們教育史上劃時代的措施，也是國家走向現代化的起點。由此可知， 蔣先生不僅是一位教育思想家，更是一位「己立立人，己達達人」的教育實行家。

7 倫理思想

三民主義的革命理想，乃以行「王道」於天下；反攻復國的革命任務，乃是施「仁政」

於全國；所謂「王道」與「仁政」，就是我中華民族傳統倫理精神的具體發揮。

什麼是倫理呢？　蔣先生曾有解釋：倫就是類，理就是條理，引申爲一切有條貫有脈絡的條理。是說明人對人的關係，這中間包括分子對羣體的關係，分子與分子間相互的關係，亦即個人對家庭、鄰里、社會、國家和世界人類應該怎樣做，闡明他各種關係上正常的態度，訴之於人類的理性而定出行爲的標準。所以倫理，也就是人類行爲的標準，具體言之，就是道德的重建與恢復。

倫理既然是講人類應該怎樣做人的道理，那麼對人類是非常重要。　蔣先生指出：在人羣裏面，個人與個人之間，個人與全體之間，自然有其共守的規則，而後羣體的生命，才可以維持和發展。這種規則，在一方面是道德，在另方面是法律，這也就是說，爲著社會生活的維持和發展，倫理是不可缺的因素，不過現代人類的生活，非常複雜，人們爲了便於研究和管理起見，把社會生活的內容，分成許多部門來和倫理並列，其中如政治、經濟、教育等等，對於人類社會生活發生直接而顯著的影響，因而在一般人的心目中，反覺得倫理是居於次要的地位，尤其西方物質文明發達的後果，和共黨唯物之說風行以來，金錢和物質的勢力擡頭，人們更覺得倫理迂闊空洞，可有可無，這是一個非常危險的現象。茲特就倫理與人生及社會各方面的關係，依據　蔣先生的見解，略加說明，以顯示倫理的重要。

蔣先生認爲，凡是人類，必有他與生俱來的德性，愛父母、愛家庭，以及對於自身關係的同族國人的相愛恤，推而至愛人類，這實在是人類的天性。他又指出：凡是人類必須有惻隱、羞惡、辭讓、是非之心，方得稱之爲人，否則就不能算人，亦就是非人了。我們人之所以爲人，人之所以與其他動物不同，並非是因爲他具備五官四肢，有了人的軀體，知道穿衣吃飯，過著人的生活，就可以叫做人；而是因爲人有他的特殊靈性，有他的生活目的，知道做人的道理，能夠發揮人類高尚的德性，向著高尚的目標邁進，而自覺自動的做成一個與禽獸絕不相同的境界。

蔣先生又認爲，我們民族主義的基礎，是以仁愛爲中心，以道德爲本位的，同時這道德力量，就是從家庭愛、國家愛、民族愛的倫理中，具體表現發揚出來的，這就是我們中華民族立足亞洲，屢經喪亂，仍能生存和發展的基本力量。所以倫理道德就是我們的民族靈魂，也就是我們民族的精神武器。

蔣先生指出倫理與法制不同，倫理是從人類本性上啓發人的自覺，法制是代表著國家公共權力而帶有強制性的；倫理不僅是指明某種行爲是正當的，而且從人生的意義上去探求爲什麼這種行爲是正當的；法制祇是行爲正當與不正當，不容許人們逃避其所當爲或爲其所不當爲而已。所以倫理的制約此較法制更積極、更自然，亦更能深入於人心。此即倫理道德之特徵，孔子說：「道之以政，齊之以刑，民免而無恥；道之以德，齊之以禮，有恥且格。」又說：「夫民教之以德，齊之以禮，則民有格心；教之以政，齊之以刑，則民有遯心。」此與蔣先生的見解，實有相通之處。

蔣先生的倫理思想，是淵源於中國固有的倫理思想，也就是以我國傳統的倫理道德，來發揚新的民族精神，以建設國家至上，民族至上的新倫理基礎，而表現我中華民族崇禮、尚義、明廉、知恥之偉大的民族特性。故在倫理的價值上，　蔣先生以我國固有的倫理思想，去分別人與非人之不同，並指出人之所以爲人的道理。在倫理關係上，　蔣先生以五達道（即五倫），來闡明人與人之間的觀念，並以之作爲建立羣己關係的標準。在倫理的德目，　蔣先生以我國傳統的三達德（智、仁、勇）、四端（仁、義、禮、智）、四維（禮、義、廉、恥）、八德（忠、孝、仁、愛、信、義、和、平）等德目，作爲人類行爲態度的標準，並以「公」與「誠」爲人類倫理道德的最高理想和目的。從理論至實踐，由個人推及羣體，構成了一完整的倫理思想體系。

由上所述，可知倫理是維持社會生活和發展，絕不可或缺的要素。而倫理的內容是什麼呢？依據　蔣先生的思想體系分析，構成中國倫理的重要內容，在人羣關係方面，那就是五達道（君臣、父子、夫婦、兄弟、朋友五倫）；在行爲的標準方面，那就是三達德、四維、八德等德目。　蔣先生的倫理觀念，除了繼承固有的倫理道德而加以發揚外，並賦予新的意義和新的評價。

㈠對五倫的新詮釋：　蔣先生認爲五倫中的君臣關係，就現今情形來說，就是國民對國家（國民是臣，國家是君）或公務員對國民（公務員是臣，國民是君）的關係。在這種關係中，應當以忠的精神，就是要忠於國家，忠於國民，忠於所事。至於父子、夫婦、兄弟的家庭關係，現在更擴大之爲鄰里鄉黨的關係，亦要貫以孝悌、仁愛、和平的精神。至於朋友一倫，則應推廣之爲同志、對同胞的關係，而更應貫之以仁愛、信義、和平的精神，竭盡互助互信生死患難與共的本分。

㈡對三達德的新啓示：　蔣先生認爲智仁勇三達德，就是代表民族精神和民族道德，同時也是中國國民黨的革命道德和黨德，他指出民生哲學基礎的智仁勇，這是我們中國最具體的整個的民族精神，亦是一個整個的立國精神。所以我們不僅要勇，而且要智，更要仁。並認爲中國國民黨是革命黨，革命黨是在擔負革命的責任的，因此，革命黨又必有實踐的最高道德。這個革命的道德是什麼？就是　孫中山先生所提示我們的「智、仁、勇」三達德，而且智和勇都涵攝於仁之中，如此我們的勇，才不致成暴，我們的智，才不致成爲詐。　蔣先生論及日本武士道的缺點，就是丢掉我們中國固有的道德智仁勇的仁字，所以雖能發揮其智與勇，亦終不免於失敗。　蔣先生又指出：智者之知必知仁，勇者之行必行仁。這種來統攝智勇的民族道德觀，既非日本武士道所能及，亦非希臘派所説「知識即道德」。更非德國主義派所提倡的「強者道德」所可比擬。我們的民族道德，經過　蔣先生這一番闡揚，不僅顯得完美無缺，更發出了燦爛的光芒。

㈢對四維八德的闡發：　蔣先生指出：中國國民道德的教範是忠孝仁愛信義和平，而中國立國的綱維是禮義廉恥。八德的意義，在現在來説，忠孝就是要忠於黨國，忠於朋友，忠於上官和部下，孝敬我們的父母，敬重我們的祖先，擴而充之，就是要敬愛我們的民族和歷史文化。仁愛，即是仁民愛物，亦即是愛國家愛百姓的道理。信義就是講信實，講道義，要有氣節。至於和平的意義，就是我們要求爲人類普遍的和平與進步而努力。

至於四維的涵義，　蔣先生更予以切合時代需要的説明：禮就是理，理之在自然界者謂之定律，理之在社會中者謂之規律，理之在國家者，謂之紀律。人之行爲，能以此三者爲準繩，謂之守規矩，凡守規矩之行爲謂之規規矩矩的態度，故謂禮是規規矩矩的態度，後來戰時又釋爲嚴嚴整整的紀律。義就是宜，宜即人之正當行爲。依著禮，即合乎自然定律之社會規律與國家紀律者，就叫做正當行爲。行而不正當，或知其正當而不爲，皆不得爲之義。故說義是正正當當的行爲，後來在戰時又釋爲慷慷慨慨的犧牲。廉就是明，能辨別是非的意思，合乎禮義爲是，反乎禮義爲非，知其是而取之，知其非而舍之，此之謂「清清白白的辨別」！後來在戰時又解釋爲實實在在的節約，即要勵行節儉省約，節制私人慾望，約束自己身心。恥就是知恥，即是羞惡之心；己之行爲，若不合乎禮義與廉，而覺得可恥者，謂之羞；人之行爲如不合乎禮義與廉，而覺得可恥者，謂之惡，惟羞惡之心，恆有過與不及之弊，故覺悟要在切實，有切實之羞，必圖上進，有切實之惡，須力行洗雪，此之謂切切實實的覺悟，後來在戰時又解釋爲轟轟烈烈的奮鬥。

由上所述，可知　蔣先生所講的倫理道德，字面上雖然與古人所講的完全相同，而內涵的意義則每有因時損益之處，務求適切與現代社會生活的需要，必須明辨及此，才能瞭解蔣先生的倫理思想，不是局限於農業社會小單位生活行爲規範，而是適應科學時代工業社會的倫理思想，也才能體認出他的道德信仰，是繼往而又開來。

㈣倫理道德的一貫性：　蔣先生認爲無論禮義廉恥，無論孝悌忠信，無論忠孝仁愛信義和平或智信仁勇嚴，雖然德目之多寡與文字之標示各不相同，而其所指之真實意義，都是互相包涵，互相關聯，可以彼此發明，貫通一致的。依照　蔣先生的見解，所謂禮，其實就是信，信包涵誠實、準確、信義諸義。義就是智仁勇的仁，廉就是智仁勇的智，恥就是勇。總之，智仁勇，完全與禮義廉恥相通，禮義廉恥完全是民族道德之體，信仁勇智可以說是民族道德之用。能夠實踐禮義廉恥的人，必定能夠信仁勇智以達於極致。蔣先生指出，我們中國人五千年來歷代聖哲與 中山先生所講的做人的道理，有八個德目，即是忠孝仁愛信義和平，這八個字必須統統完備，然後才能夠算是一個人。但是怎樣實踐八德呢？我們知道這忠孝仁愛信義和平八個字，更可約爲禮義廉恥四個字，如此不僅更能收到博而約之的效果，而且更易收到實際功用的要點。所以這八個字，講得簡易一點，就是禮義廉恥，再歸結起說就是一個仁字，這個仁字，一方面是爲人的意思，另一方面又當做人解釋，仁是我們中國一切固有道德的中心，又可以說是統攝諸德的一個重要元德，爲我們中國自堯、舜、禹、湯、文、武、周公、孔子，一直傳下來的基本倫理，亦即中國數千年以來道統相承的中心。如果沒有仁，一切的精神和道德，就不能整個的連貫起來。完成高尚純潔圓滿無缺的人格與至大至剛的氣節；因爲道本惟一，德必求全，一有偏缺，必走入歧途，得此失彼。所以一個人做人要知道這個仁字，才是禮義廉恥的結晶。

最後 蔣先生強調「誠」字是做人做事，發揮倫理道德的基本動力，他認爲無論要做人或要做事，尤其是要發揮「智信仁勇嚴」武德的力量，來完成復興民族的革命大業，最要緊的基本條件，就是要做到一個誠心誠意的「誠」字，這個「誠」字的作用，乃是貫徹天下之五達道和智仁勇三達德的樞紐。所謂誠則明，誠通於智，誠者成己成物，誠通於仁，至誠無息，故唯誠乃勇。所以這個誠字，乃爲智仁勇三達德所自出的原動力。 蔣先生引用朱子的話：「五達道雖人所共由，然無是三達德（智仁勇），則無以行之，達德雖人所共德，然一有不誠，則人欲間之，而德非其德矣。」所以智仁勇三達德爲行道之門，而至誠爲行道之本。他把做人的道理，由忠孝仁愛信義和平，一約而爲禮義廉恥，再約而爲仁，再貫徹於誠，不但達到倫理的核心，而且直指出實踐倫理的簡要辦法，他此種倫理思想，真是成己成物，一以貫之，民胞物與一體之仁的倫理思想。

蔣先生根據諸德的關聯性和一貫性，針對民族的需要，特手訂青年守則十二條，將我國固有道德的精神，全部貫注其中，所以青年守則就是四維八德的綜合體，我們如能將十二條青年守則，一一努力實踐，也就是實踐我國固有的道德。蔣先生認爲守則之訂定，本來是根據我國固有的道德四維八德而來的，青年守則就是四維八德的綜合體，亦就是統攝中國一切固有的道德精神。青年守則前五條所說：「忠勇爲愛國之本、孝順爲齊家之本、仁愛爲接物之本、信義爲立業之本、和平爲處世之本」，是講忠孝仁愛信義和平八德。以下第六條到第九條，這四條守則所規定，概括起來，就是順次分別說明「禮義廉恥」四個字；第六條所講「禮節爲治事之本」，就是說禮；第七條「服從爲負責之本」，就是指的義；第八條「勤儉爲服務之本」，就是講一個廉字；第九條「整潔爲強身之本」，就是說明一個恥字。第十條以下各條的規定，這可以說是前面九條所說八德與四維之總結，而就其內容看來，亦就是「智、仁、勇」三達德的精神表現。守則第十條所說「助人爲快樂之本」，這就是仁的表現；第十一條「學問爲濟世之本」，就是智的表現；第十二條「有恆爲成功之本」，就是勇的表現。而最後「有恆爲成功之本」之一條，又是貫徹全部守則的基本，而以勇敢堅毅爲根本精神之所在。我們這十二條守則裏面，首列忠勇愛國而殿之以有恆成功，是有深刻的用意的。因爲中國原爲家族主義最發達的國家，而忽視了整個國家民族的存亡；當然要首先以忠勇激勵國人愛國家愛民族的思想，來挽救中華民族目前的大難。自孝順齊家以至有恆成功，亦莫不以愛國爲其最後的歸宿。不過這忠勇、孝順、仁愛、信義、和平、禮節、整潔、助人、學問的修養工夫，不能或作或輟，一暴十寒，必須持之以恆，貫徹始終，然後始克立身，始克成業，故以有恆成功，殿於青年守則之後，由此可見青年十二條，乃是首尾相照，自成一個完整的倫理思想體系。

所以這固有的道德是做人立國的基礎。　蔣先生曾指出：我們古來立國的基礎：在道德的教範方面說，是以「禮義廉恥」爲四維，但表現在行爲方面，則以「忠孝仁愛」爲中心。今天的時代正是要國民爲國家盡忠，爲民族盡孝的時候，正是我們國民發揚愛國愛民博愛的精神，來實現我們民族固有的道德，以抵抗強暴，消滅侵略的時候。際此國家民族存亡絕續之交，我們更應該發揚固有道德的精神，來復興民族拯救國家。因之，　蔣先生特別指出固有道德，是我們中華民族幾千年遺留下來的立國精神，有了這個立國精神，才可延續民族生命，創立一個國家。由此可知，　蔣先生是以固有道德爲改造國民精神和生活的最高準則，使全國國民無論在思想上或行爲上，都能以固有道德爲依據，發揚民族傳統德性，提高國民道德修養，由此達到復興民族，建設國家的目的。

綜合起來說，　蔣先生的倫理思想，是以「仁」爲中心，以誠爲動力，就是愛國家、愛百姓，實行三民主義，也就是實行三民主義的仁政。

蔣先生對中國倫理道德，是以人文爲中心，主張從「修身」做起。認爲「行」統攝諸德，而完成人格。指出行是人生本然之天性，是實行良知。行的要素爲智、仁、勇，行的目的在行仁。並說：「古今來宇宙之間，只有一個行字才能創造一切」。這是說明行是萬有的本源，由此可知　蔣先生行的道理所說的行，是天理、是人性、是良知、是諸德的根源，所以「行仁」可作爲倫理的終極目標。

正因爲如此，　蔣先生領導北伐、統一全國、剿共抗戰、治亂持危，先使社會安定，以蘇民困。民國二十三年提倡新生活運動，以爲國人恢復倫理的基礎。倡導力行哲學，以爲實踐倫理的方法。使大家從「知行合一」做起。抗戰時期頒布《國民精神總動員》，此與新生活運動同一意義。民國三十八年政府播遷來臺之後，對倫理方面的倡導極多，如對國民有：「國民公約」、「國民動員月會」、「革新、動員、戰鬥」。對軍隊有：「新武德」、「五大信念」。對教育有：對國民小學「生活與倫理」，國民中學「公民與道德」課程普遍設置。復於民國五十五年　國父一百晉一紀念會時，倡導中華文化復興運動。勉勵國人復興中華文化，以消滅摧毀中華文化的毛澤東。所以中國倫理道德之得以恢復者，實基於　蔣先生振衰興靡，積極倡導之功。

8　軍事思想

在國際上凡是知道　蔣先生的人，沒有一個不是非常欽佩他的軍事天才。因爲他不僅是一位傑出的戰略家，而且是一位軍事思想家。在中外軍事思想史上，能夠把軍事思想與哲學思想、科學思想融會貫通，同時軍事的原則應用到日常生活上去的，可以說　蔣先生是第一個人，從歷年他對於軍事的著作與講詞中，我們可以看得出他在軍事思想上，確實有許多發明和創見。

蔣先生的軍事思想，淵源於我國傳統的立國精神，和　孫中山先生一貫的革命思想，並擷取中外兵學的精華，和指揮革命戰爭的經驗，融合而成，體大思精，見解非凡。

在軍事化的意義方面：過去一般研究軍事學的人，總是偏重於形式主義，只講外表的整齊嚴肅，而忽略了精神的內容。但是　蔣先生的意見，卻與此不同，他認爲一個人只穿了軍服，戴上軍帽，不能算作軍人，所以軍事化的真義，乃是指無論個人或團體的一切，都要合乎軍事的要求。就個人的生活來說，就是要澈底祛除腐敗、虛僞、因循、遲滯、雜亂等惡習，養成勇敢、整齊、迅速、確實、簡樸等優良的習慣。所以軍事化亦即科學化、合理化。在戰術思想方面：過去一般軍事家，不是偏重於精神，就是偏重於物質；而　蔣先生對此二者，均予重視，他認爲致勝的條件，雖然有賴於物質裝備的精良，但比此更重要的，還是軍事的精神，如武藝（禮、樂、射、御、書、數），武德（智、信、仁、勇、嚴），軍魂（三民主義），軍心（禮義廉恥與敵愾心）與軍紀等是，這種見解在戰術思想史上，佔著很重要的地位。

在軍事動作方面：過去學軍事的人，不僅對之不加重視，而且所予的解釋，也極膚淺。但是在　蔣先生看來，絕對不同，他認爲軍事動作乃是軍事訓練的起點和重點，也可以說是軍事訓練的根本，即以「立正」一項而言，就是軍事上最基本的一個姿勢，其要訣是「身定」與「心定」交融爲一。　蔣先生在《科學的學庸》一書中，曾經指出，「身定之後，則能氣定，氣定之後，乃能神凝，神凝之後，才能靜肅，靜肅之後，長官才能教他，受教的人，才能專心致志，心領神會，切實做到，然後乃能達於至善的境地」，他以中國哲學的觀點，來說明軍事動作的奧義，確實具有獨到的見解。

蔣先生又認爲軍事是一切學問事業的基礎，尤其現在這個時代，任何國家與個人，如果不知道軍事就根本不能生存於世界。所以我們如果要想保護我們的民族，以求永久繼續生存於世界，便非有戰爭的技能不可，必須有戰爭的本領，才可救亡圖存，復興民族。我們國家民族近百年之所以受人侵略壓迫，最主要的一個原因，就是我們軍事落後，以致積弱不振，而毫不諱飾的說，根本上就是我們中國人不懂軍事，由此可知軍事的重要。

軍事的要訣是什麼？ 蔣先生認爲就是一個「一」字，古人說「運用之妙，存乎一心」，意思就是說，專心不二，就能夠獲得運用之妙。古人說：「德惟一，動罔不吉，德二三，動罔不凶。」這裏所指的德，應該不限於僅指的狹義的道德而言，凡行道有德於心，運用能得其妙，都可叫做「德」。德一則吉，二三則凶，現在再拿我國簡明切要的兩句話來說明他，所謂「一」是什麼？「一」就是貫注全神，集中一點。即所謂「神欲其定，心欲其定，氣欲其定，體欲其定」。亦就是要定於一。我們懂得了這個要訣，有了這個本領，就可以帶兵打仗，就可以成爲一個軍事專家。我們通常說指揮命令要統一，組織與編制要劃一，動作與步伐要齊一，統率運用要歸於一，以及萬眾一心，行動一致，要堅持奮鬥，始終貫一，都是一的要訣的實用，是軍事成功，打仗勝利，唯一有效的不二法門。所謂一的道理，就是古人所稱：「犯三軍之眾，若使一人」，「齊勇若一，政之道也」。也就是戰鬥意志，必須求其團結一致。我們都知道，凡事都是成於一，敗於二三的。所以說能一則「彼紛不紛，併力一向，我慮則一，誰敢侮予」。

蔣先生是一位軍事家，也是一位身經百戰的戰爭指導者，故對戰爭有一種深切的體驗和認識，因此我們要明瞭　蔣先生的軍事思想，還要明瞭他對於戰爭的看法。　蔣先生認為戰爭的發生，是為了爭生存，所以他的戰爭思想，就是生存戰爭論。他認為在太古時，人獸雜處，生命保存的要求出自天性，各人謀各人的生存，就不得不有一番力戰。他依據　孫中山先生進化的觀點，將歷來人類的戰爭，分為三大類型：⑴生存戰爭，亦即「人同獸爭」；⑵掠奪戰爭，亦即「人同人爭，國同國爭」；⑶主義戰爭，亦即「善人同惡人爭，公理與強權爭」。在此三大類型的戰爭中，又無一不是為了爭生存。

蔣先生基於生存戰爭論的觀點，他指出戰爭的本質是仁愛，而戰爭的方法是殘忍的。戰爭的目的是和平，而戰爭的手段是悲慘的，而且是野蠻的。因為戰爭的本質是仁愛，戰爭的目的是和平，所以　蔣先生又指出：仁民愛物是軍人唯一的宗旨，亦是軍人至高無上的基本道德，也就是軍人的本分。同時他又認為戰爭是不得已的，人生就是「立天、立地、立人」為本務。亦就是「為天地立心，為生民立命」。如果違反了這三個本性，亦就是違反了道心，那人類的綱紀就不能維持，整個世界與全體人類，將要覆滅。到了那個時候，如果要想盡人生的本務，就不能不有戰爭，這種戰爭就是我國所稱「順天應人」、「弔民伐罪」，與「以殺止殺」的行道戰爭。

但是戰爭的方法是殘忍的，戰爭的手段是悲慘的、野蠻的，因此，　蔣先生認為戰爭一經開始，就只有殘忍對殘忍，野蠻對野蠻，必須以比敵人更殘忍的手段，來克制殘忍的敵人，即必須忍受最悲慘的戰況，才能主宰最野蠻的戰場，來消滅這最不人道的戰爭，這樣才能保衛民族的生命，恢復國家的主權，實行我們的三民主義，達成和平的目的。他又指出戰爭是陰性的，並不是徒恃陽剛的勇氣所能取勝的，它是尚詭道的，常言說兵不厭詐，是奇正交互為用的。所以他的處理經過和機勢變化，乃是至隱至微的，如果不能窮理研幾，稍不留神，就會陷於至危的絕境。這也就是佛家所說的，不用霹靂手段，難顯菩薩心腸了。

蔣先生又認為戰爭雖然是以暴力來實行仁義之道，但是它亦有促進人類文明的功能。自古以來，人類社會的文明，可以說多是戰爭的產物。每經一度戰爭，文明便有一次進步，所以有「無戰爭必無進步」之說。至於近代的一切物質文明的進步，戰爭影響之大，更為明顯。此外戰爭也有服務人生的作用，　蔣先生曾經指明：中國的政治哲學，在使戰爭與生產的技術，為人服務，為反對戰爭與生產技術來役使人生。因之，中國在強盛的時候，亞洲民族從沒有經濟侵略與政治兼併史實，亦不見有帝國主義與殖民地之分，這種政治哲學與政治道德，為歐洲近代社會所蔑視而不具。殊不知戰爭的終止，在於澄清戰爭的本源，而不在於限制戰爭的工具。孟子說：「殺人以梃與刃有以異乎？」弓矢的殺人與飛機大砲的殺人，又有什麼分別？更不知人類科學的進步，本以服務人生為動機，科學發明的濫用，致令人類因科學的進步而增加殘忍，並不是科學的罪惡，而是我們中國高尚偉大的政治哲學不昌明，深遠悠久的政治思想未樹立的原因。　蔣先生以為第二次世界大戰的結束，必須同時為技術役使人生的制度和思想的結束，將可奠定永久的和平，而向大同世界邁進一步。

關於戰爭的要素：蔣先生認爲戰爭的要素歸納起來不過兩端：一是精神，一是物質。如果這兩個要素，缺了一個，打仗一定不容易勝利，如果這兩個要素一樣都沒有，那一定被消滅，這兩個要素究竟何種爲重？蔣先生指出：中山先生常說，精神與物質相輔爲用，兩相比較，精神能力實居其九，物質能力僅得其一。他自己認爲，戰爭勝負的因素，關於精神方面，至少爲十之七，關於物質方面的，最多爲十之三。並且應該知道精神對物質的關係，不是相加，而是相乘。古今中外無論那個被侵略的國家，被侵略的民族，雖然在武力物質方面趕不上侵略的強敵，但是他自已能夠自立自強，起而自衛，一定可以抵抗侵略的國家，而獲得最後的勝利。

至於戰爭的形式：分析起來，亦不外兩種，即有形的戰爭與無形的戰爭。而戰爭不僅限於有形之軍事，而農工商業之戰，與乎科學經濟之戰，實較軍事武力的戰爭其效力更大。有形戰爭與無形戰爭的關係，實如車之雙輪，鳥之兩翼，二者相輔而不可分離。但如從其發生言之，則有形戰爭，實來自無形戰爭。大家都以爲目前之戰爭爲戰爭，而不知今日之戰爭，乃在數十年以前無形中早已開始，不過發生於今日罷了。蔣先生這種見解，確有獨到之處。

此外培養幹部對於軍事、哲學、科學、兵學結合於戰爭藝術化的軍事思想體系，更是博大精深，卓越透澈。蔣先生指出：革命軍人，不單是僅僅講求學問和技能就行了，最要緊的是講求品德和精神的修養；因爲革命幹部尤其高級幹部，最基本的要求，就是要能富有極高度的感召和統御力，所以從營、團長起，一直到最高層的指揮官，都不是僅僅懂一點軍事學術和科學方法技能，就能夠勝任的；我們必須在科學上，更要追求一種精神的品德修養。蔣先生認爲大家能多一分德業的磨練，才能多一分勝利的把握。他又指出，我們今後的軍事教育，應該是哲學、科學、兵學三者相互聯結、相互貫通的教育，因此哲學是我們精神修養的依據，科學是我們國防建設的依據，而兵學則是我們戰爭遂行的依據。如果沒有哲學，那戰爭就沒有精神力的支撐，這樣雖有兵學、科學，必將失其憑依；而且哲學實爲科學、兵學致用之本，一種沒有哲學做基礎的兵學、科學，也就等於無本之木、無源之水一樣，其教育就失去靈魂了。但是沒有科學，那國防與戰爭的各種問題，就不能有效的實施，尤其是物質條件，如果沒有科學，那根本無從建設；但是沒有兵學，那戰爭也就失去了遂行的手段，所以惟有三者聯結貫通，才能對於一切軍事與戰爭，左右逢源，運用自如，入於戰爭藝術化的最高境界。

由此可知，蔣先生的軍事思想，已超過過去純粹武力戰的狹隘範圍，發展爲軍事哲學、軍事科學、軍事藝術三大思想體系。三者緊密關聯，互爲表裏，互爲體用。由蔣先生對哲學的深刻體認，故能正確的理解戰爭本質和形態，適切控制戰爭和指揮戰爭。所以軍事哲學是他戰爭思想的基礎；又由於他對軍事科學的重視倡導，一方面要求戰爭技術的科學化，另一方面要求軍隊生活、行動、訓練、行政工作和戰鬥指揮的科學化，使每一個戰鬥員的生活、言行、處事，都能夠合乎現代化的標準，科學化的規律，可以說是蔣先生國防建軍思想的依據，由於他強調軍事藝術，主張在哲學的涵義和科學的憑藉之中，戰鬥手段的行使，仍然有賴於運用之妙——軍事藝術的發揮。他認爲在戰爭中形成力量的是物質，而發揮力量的則是精神。所以軍事藝術化，乃在軍事科學化更進步更純熟的結果。其特質在創新，其要領在主動，具體的說， 蔣先生指出作爲一個指揮官，應該憑藉靈感、智慧與意志力，使戰力發揮至最大限度！進而因敵之情，因敵之變而取勝，亦即強調爭於心，而不爭於力；爭於己，而不爭於人，才能衝破困苦艱危，轉不可能爲可能。這種強調發揮天才創意，重視戰爭無形要素的著意，實爲東方兵學的特色，亦爲 蔣先生用兵思想的中心。

最後，我們來研究 蔣先生的國防思想，他指出：我們要保衛國家民族，要保衛社會與我們自身，必須要有鞏固的國防，否則國家不能存在，民族不能自由，而個人的一切，亦無所寄託。所以國防爲國家生命之所繫，而無國防，即無國家。什麼是國防？ 蔣先生認爲國防的涵義，係指保衛其國家——領土、人民、主權所採取的一種戰爭的準備之謂。我們更可以簡單的說，國防就是戰爭，但這裏所指的戰爭，是指涵有政治的、經濟的、文化的諸種聯合作爲的戰爭之意義，故國防思想決不是單獨的軍事國防而言。

關於國防思想， 蔣先生以爲，不僅現在戰爭之手段爲總體戰爭，我們中國自古以來戰爭觀念也是如此。比如管子所說的：「爲兵之數，存乎聚財，而財無敵」，這就是經濟戰。「存乎政教，而政教無敵」，這就是思想戰、文化戰。「存乎偏知天下，而偏知天下無敵」，這就是外交戰。「存乎明於機數，而明於機數無敵」，這就是謀略戰、情報戰。至於「作內政而寓軍令」，則更是全面戰的準備。這些都說明了中國古代的國防，並非純軍事而言。

講到國防的基本觀念， 蔣先生所希望大家一致瞭解的，即是國防爲保衛國家而設，國防的範圍及於全國的領土與人民，國防所憑藉者，是國民保衛其國家而採取的強力行爲——戰爭。反之，亦可同時瞭解，沒有國防，就沒有國家可言，而且沒有國民的生存可言，沒有國防建設，就沒有國家建設，而國家建設，實應爲國利民福的建設，換言之，亦就是爲國防建設而建設。故唯建設處處能爲國防著眼者，與處處能爲戰爭之準備者，始能保持其國民的幸福，亦方得保障其國家的安全與民族的生存。

國防的種類，就性質上來分，　蔣先生認爲應區別爲三類，即：就作戰上之關係，可分爲攻勢國防與守勢國防；就防守上之關係，可分爲全面國防與局地國防；就地勢上之關係，可分爲陸主國防與海主國防。然而我國應採取何種國防呢？　蔣先生又認爲，當區別國防種類之際，務先注意於國防本意之所在，乃可鞏固國境，捍衛國土，不使敵國有尺寸侵犯於其間，爲第一要著。就三民主義的國防原理而言，與我國固有的傳統政治哲學，及一向愛好和平的民族言，我們的國防建設的本意，應爲守勢國防而非攻勢國防；是陸主國防而非海主國防，是全面國防而非局地國防，這才是我們建設的最高原則。

國防不能離開戰爭而獨立，戰爭一進步，國防亦應隨之進步。故戰爭的內容，亦即國防的內容，　蔣先生認爲現代戰爭是總體戰爭，是國家一切人力物力總決戰，故欲求得戰爭的勝利，必須將全國上下精神物質總動員。如欲實施思想戰，必先建立精神國防，欲實施總體戰爭，一定要建立總體的國防，所以　蔣先生指出：我們瞭解國防之手段在戰爭，又瞭解現在戰爭爲政治的、經濟的、文化的和軍事的總體戰爭。就當更進一步的瞭解在國防研究上所爲的戰爭研究與準備。必須以總體戰爭作目標，分別向政治戰爭、經濟戰爭、文化戰爭，以至外交戰爭、情報戰爭、謀略戰爭……等各方面來研究來準備，同時還必須使每一戰爭之間的機警與箭頭，都能相互配合，交織並進，以達到總體戰爭的目的，這就是現代國防建設的總方針。

蔣先生不僅是一位軍事的思想家，同時也是一位軍事的實行家。他的軍事策略與才能，在近代中國可以說沒有第二人。對於國民革命軍的建軍實務，均為親自擘畫督教，無論國防政策、建軍目標和計畫、軍制、教育、訓練、人事、情報、作戰、後勤、政戰，都已奠定了宏大的規模和堅定的基礎。不過　蔣先生強調建軍的根本問題，除制度、組織、編裝、法規、紀律、教育、訓練以外，最根本的條件莫過於軍人的思想、精神、性格、行動和風氣，對於建軍成敗關係更為重大。因之　蔣先生特別重視國軍幹部的教育。參謀人員的裁成、統御領導的能力與方法的漸磨長養和精神戰力的培養發揮。五十多年來，領導國民革命，完成東征、北伐、剿共、抗戰兩大國民革命任務，獲得四強之一的國際聲譽，實開我中華民族歷史的先河。三十八年政府播遷來臺，三十九年整建國軍，實行精兵政策，建立各制度，擴大兵工生產，發展國防科學。

蔣先生獻身革命，雖日理萬機，猶對各個革命階段中的不同敵人、不同環境、不同條件之下，親自釐訂不同的戰略指導方針和戰略計畫。並在每次戰役之前的指導策畫、戰役中的前線督戰、戰役之後的檢討講評，都是親自參加的。

9 反共思想

蔣先生真不愧是一位世界反共的領袖，早在民國十二年赴俄考察歸來，寫了一篇〈遊俄報告書〉，向　孫中山先生力陳俄共之不可信，他說：「俄黨殊無誠信可言，……俄人之言祇有三分可信。」又說：「他對付革命友人的策略，反而比他對付革命敵人的策略爲多，殊不勝其慨嘆！」　蔣先生是世界上第一個：看穿俄共是凱撒帝國主義之變相，看穿中共則爲十足的俄奴。當時由於廖仲愷等之主張聯俄容共甚力，　蔣先生於民國十三年三月十四日致函廖氏指明：「俄人對中國之惟一方針，乃在造成中國共產黨爲其正統。……至其對中國之政策，在滿蒙回藏諸部皆將爲其蘇維埃之一，而對中國本部，未始無染指之意。……彼之所謂國際主義與世界革命者，皆不外凱撒之帝國主義，不過改易名稱，使人迷惑於其間而已……祇崇拜外人，而抹殺本國人之人格，如中國共產黨員之在俄者，但罵他人爲美奴、英奴與日奴，而不知其本身已完全成爲一俄奴矣。」　蔣先生對共產黨本質之認識，能在共黨野心猶未暴露之時，洞悉其奸，更是令人敬佩不已！

蔣先生繼承　中山先生遺志，領導國民革命，一面宏揚三民主義，一面駁斥馬列學說，他不僅具有長期反共鬥爭的經驗與反共到底的堅強意志，而且對於共產主義的理論與策略，瞭解得最爲透澈，他對於共產主義的批評和判斷，也是批判得最爲正確，以下我們僅就　蔣先生對共產主義所作的批判，述要如下：

㈠對唯物辯證法的批評：蔣先生在其〈解決共產主義思想與方法的根本問題〉遺訓中，認爲唯物辯證法是馬克思全部理論的基礎，馬克思雖然很機巧的利用了黑格爾辯證法，爲後來共產黨建立了整套的唯物思想的法則，但由於馬克思理論根本否定了精神和人性的價值，更不承認其有神與天以及生命的存在。因此他又指出共黨唯物辯證法的根本弱點，就在它的反精神、反生命、反天理和反人性，只認物質和強權。鬥爭復鬥爭，矛盾復矛盾，質變再質變，否定再否定，如此，最後非鬥爭至只留他共黨頭子一人孤獨存在不可的境地。蔣先生爲要澈底擊破馬克思的唯物辯證法，也先後提出了很多的意見。中華民國四十三年一月八日講〈發揚實踐精神和研究敵人的思想方法〉時，主張我們要研究共黨的唯物辯證法，必須懂得敵人的唯物辯證法，才能瞭解共黨的戰略和戰術，戰勝敵人；是年六月二十五日他在講述〈組織的原理與功效〉時，要求以三民主義生理的組織原理破共產主義病理的組織規律，必須依照最合理生理組織來鞏固革命團體內部組織；他在〈解決共產主義思想與方法的根本問題〉中，更堅決的認爲中國數千年來天人合一的傳統的哲學思想，乃是消滅共產主義唯物辯證法的最基本而又最有效的武器，只要我們善於運用這個武器，則唯物辯證法決無不被打破的道理。

㈡對辯證唯物論與歷史唯物論的批評：辯證唯物論與歷史唯物論（又名唯物史觀）是馬克思共產主義的另二個重要學說，前者是它的世界觀，後者則是它的歷史觀與社會觀。

蔣先生在其所著《反共抗俄基本論》一書批評辯證唯物論時，首先指出現代物質觀念的改變，證明物質主義亦即唯物論的完全破產，尤其是自然科學發展至現代原子能的階段，更使辯證唯物論，不攻自破。他指出：一般唯物論者所謂物質，在現代科學上已被否認爲全部實體的真相。依現代科學的研究，原子可分解而爲質正子、電子與中子，進一步再分解成爲波動的方式。一個物體，不過是一個能力發放的中心。所謂物質，不但不是如常識上認爲實體而存在，而且物質分解到最後之所呈現的，就是常識上經驗上也就能立刻判斷其爲非物質了。他接著說：「馬克思、列寧主義者在承認哲學有兩個基本派別，唯心論與唯物論，無論那種學說，只要不是唯物論，他們就指爲唯心論。這個二分法，抹殺了哲學史上的事實，已是武斷而不科學到絕頂了。尤其是由於新的物質觀念的改變，更予馬克思、列寧的唯物論以致命的打擊。」因此，　蔣先生就進一步地指出：「物質不能脫離精神而存在，精神亦不能脫離物質而存在，宇宙的本體，應是心物合一的。宇宙與人生都必須從心物合一論上，才能得到正確的理解。」於是，馬克思所主張的辯證唯物論，在現代哲學上也就自然趨於沒落和破產了。

至於歷史唯物論乃是馬克思用來解釋歷史發展和社會現象的學說，其主要的謬論，包括下列各點：⑴生產力決定生產關係，生產關係的總和，構成了社會的經濟結構，它是法制的及政治的上層建築所藉以成立的真實基礎；⑵人的意識不能決定社會的實際，反之倒是社會實際決定人的意識；⑶社會的下層建築亦即經濟基礎決定政治、法律、文化、教育、哲學、宗教等社會的上層建築；⑷歷史的發展乃是經濟演變的必然結果，始終是沿著原始共產、奴隸佔有、封建制度、資本主義和共產主義等五個階段向前推演，不是人的意志所能左右，這也就是馬克思所製造的所謂人類歷史發展的規律。　蔣先生在《反共抗俄基本論》中關於什麼是唯物史觀，曾作扼要的批評，他說：「馬克思本其唯物史觀的論據，認爲社會形態係生產力所決定。生產力變動，社會形態亦隨之變動，於是將社會進化過程，依據不同之生產力，劃分爲幾個階段，在每一階段中，社會必具備一種形態，每一種社會形態，又必劃分爲兩個主要階級。每一社會的兩個階級，必定不可調和的從事鬥爭，而階級鬥爭的結果，必定是被剝削的階級得到勝利，這是馬克思主義的歷史觀，離開了這一歷史觀，就沒有馬克思主義。」　蔣先生認爲唯物史觀最大的錯誤，只是把握歷史經濟的條件，並且只是把握經濟條件中歷史過程的一個階級鬥爭的階段，這是很不對的，他引證了　中山先生的話來證明馬克思唯物史觀的謬誤，他說：「馬克思的唯物史觀只是把握歷史經濟的條件，並只是把握經濟的條件中歷史過程的一個階段——階級鬥爭的歷史階段。這與我們　總理的民生史觀，把握歷史的動力和歷史的條件，並把握動力和歷史條件的全部過程，乃是顯然不同的了。所以，總理批評馬克思把社會進化的果，作爲社會進化的因。更可證明　總理對馬克思倒果爲因的批評，乃成爲顛撲不破的定理。」此外，　蔣先生在民國二十八年五月七日演講〈三民主義之體系及其實行程序〉時，亦曾批評唯物史觀乃是一種錯誤的偏見，他說：「中外哲學史中，有兩個最主要最有力的學派：其一是唯心史觀，其二是唯物史觀。持唯心史觀的，以爲歷史爲人類有意識的一種精神創造，一部歷史就是精神活動史。持唯物史觀的意見，恰好相反，以爲一部歷史的變遷演進，完全依經濟的生產方式而轉移，某一時代的經濟制度變更，或生產方式變更，歷史亦隨之而變，人類的變動，完全受經濟的支配。這兩種學說，都可說是一偏之見，不能夠概括人類全部歷史的真實的意義。因爲人類全部歷史即是人類爲生存而活動的記載，不僅僅是物質，也不僅是精神，所以唯有以民生哲學爲基礎的民生史觀，才能說明人生的全部與歷史的真實意義。」由此論定，馬克思的唯物史觀既不足以解釋人類的全部歷史，又復無法自圓其說，在事實上是很難成立的。可見　蔣先生的批評，都是非常客觀而又正確。

㈢對階級鬥爭與無產階級專政論的批評：階級鬥爭論是唯物史觀用於歷史或社會的具體表現，它是生產力與生產關係衝突的必然結果，在馬克思的思想體系中有其重要地位，它是共黨一切行動的指針。而無產階級專政論，則是階級鬥爭的擴大，是階級鬥爭的另一形態。蔣先生對於馬克思的階級鬥爭論與無產階級專政論均有嚴正的批評和駁斥。茲摘其要點分述如次：

⑴人類最大的戰爭是民族戰爭，不是階級戰爭：馬克思認爲一部人類歷史，就是階級鬥爭史，但是　蔣先生於民國三十三年在重慶發表的《中國經濟學說》一書中說：「就人類的戰爭來說，最大的戰爭，還是民族戰爭，並不是階級戰爭，……馬克思祇看見一時的病態，沒有看見人性的本源，所以他的學說是藥不對症。」此與　中山先生所說馬克思「只是一個社會病理家，不能說是一個社會生理家」的批評，完全一致。

⑵階級鬥爭不是社會進化的原動力：　蔣先生在《反共抗俄基本論》引證　中山先生的看法，認爲社會之所以進化，乃是基於階級利益相調和，而不是由於階級利益相衝突。他說：「　總理指示我們說：互助是社會進化的原動力。民生主義講演說到：社會之所以有進化，是由於社會上大多數人的經濟利益相調和，就是爲大多數人謀利益，大多數人有利益，社會

才有進步。」確切有力，指出了馬克思階級鬥爭根本錯誤之所在。

(3)民生主義是堅決反對階級鬥爭：　蔣先生在〈土地國有的要義〉中指出民生主義是堅決反對階級鬥爭的。

(4)中國永無發生階級鬥爭的客觀條件：　蔣先生在〈中國經濟學說〉中又認爲，中國祇有大貧與小貧之分，根本沒有階級鬥爭，尤其是實行民生主義以後，則共產主義所謂階級鬥爭，亦就永無發生的可能，他說：「中國正受工業不發達的痛苦，全體國民的生活真是　國父所謂大貧小貧。在大貧小貧之間，並沒有真正的階級鬥爭。今日以後，隨不平等條約的廢除與獨立自由地位的取得，假定中國的工業是在自由主義的廢除與獨立自由地位的取得，假定中國的工業是在自由主義的經濟制度之下發達，則隨著工業發達，或者也會有階級衝突，甚至於階級鬥爭。現在中國並不採取自由主義的經濟制度，中國是採取民生主義的經濟制度。……一方面發達國營工業，一方面節制私人資本。階級鬥爭的病態，沒有發生的客觀條件，工人只有增加職業和改進生活的利益，並沒有受資本家的壓迫的痛苦。所以中國的工業化雖必達於完成的境域，而共產主義所謂階級鬥爭，仍永無發生的可能。」　蔣先生的看法非常正確，目前政府在臺灣推行民生主義建設之後的情形，也確是如此。

(5)無產階級專政乃是共產黨的專政：　蔣先生認爲今日中共所實行的「無產階級專政」，實質上也就是共產黨的專政，他在〈三民主義的本質〉裏指出：「他們所講的無產階級專政，原來是實行唯一的大私有主義，……他是把所有的產業澈底收集起來，歸於一個專政魔王的掌握，於是其他的人，才都完全變成真正赤貧的無產階級了。」像這樣的無產階級專政，不只是　蔣先生一人反對，就是全世界的無產者本身，也要起來反對。

⑹無產階級專政威脅人類的自由和平：　蔣先生根據他長時期對共產黨禍國殃民之體察，深感「無產階級專政」實已成了當前人類自由、和平的一大威脅，他說：「一九一七年，俄國共產黨卻在俄國革命中製造政變，奪取政權，實行其所謂無產階級專政，於是掀起了世界民主革命中的一股反動的逆流，竟形成了今日人類自由與世界和平安全莫大的威脅。」由此可見，　蔣先生對於馬克思的階級鬥爭和無產階級專政，很明顯的，都是採取批評和反對的態度。

㈣對共產黨與共產主義的批評：　蔣先生早在一九二〇年代便是世界反共的先知，民國十二年赴俄訪問，對蘇俄之黨、政、軍作深入之考察，即已瞭解蘇俄共產主義的禍心，並自民國十六年起一直爲遏阻共黨赤化中國的企圖而奮鬥了五十餘年，世界上祇有　蔣先生反共的時間最長、經驗最多、貢獻最大，對共產黨與共產主義的認識也是最爲深刻。特別是他所說的「共產黨是人類最大的敵人」、「共產主義是侵略戰爭的根源」、「中國共產主義爲亞洲禍亂之核心」和「共產主義暴政必敗」，更是至理名言。

⑴共產黨是人類最大的敵人：　蔣先生於民國十六年五月七日在南昌對許多高級將領演講〈認識我們唯一的敵人〉時，指斥共產黨破壞國民革命，阻礙三民主義實行，因而強調「共產黨是我們唯一的敵人」；二十二年八月二十三日講述〈剿匪的意義與做人的道理〉，形容「共產黨是人面獸心的衣冠禽獸」，不忠、不孝、不仁、不義、殺人、放火、賣國、忘宗；五十年十二月三十一日對美國《基督教雜誌》發表談話時，指出共產黨是企圖打倒上帝，打倒

教會，征服世界，所以，　蔣先生認爲「共產黨是人類最大的敵人」。

(2)共產主義是侵略戰爭的根源：自一九一九年列寧在莫斯科成立「共產國際」之後，共產國際便運用各種作戰方式，包括「民族解放」、「民主革命」，或政治滲透、軍事進攻、文化侵略等種種手段騙暴兼施，企圖征服世界。因此，　蔣先生在民國四十九年就第三任總統職宣言中說：「我們在這四十年反共鬥爭中，深切認識共產主義乃是侵略戰爭的根源。世界上一天有共產主義，就是一天有了戰爭。」所以他認爲要想維持人類的持久和平，就必須消滅此危害世界的禍根亂源。

(3)中國共產主義爲亞洲禍亂之核心：　蔣先生於民國四十五年應合眾社記者之請發表談話，認爲世界動亂的根源在亞洲，亞洲的問題在中共。他說：「首先必須將國際共產主義視爲一個世界性的問題，而以中國共產主義爲亞洲禍亂之核心問題。」

(4)共產主義暴政必敗：民國四十九年六月二十五日，　蔣先生在答覆巴西《環球報》記者維也拉問：「共產主義將自中國消滅否？」他肯定地表示：「吾人深信共產主義必將自中國消滅」，　蔣先生認爲中國人民所信守的倫理法則，以仁愛與和平爲中心，以家庭制度爲基礎。中共對人民之壓迫，今已進入其拆散人民家庭組織之殘酷暴虐之頂點，中共之「人民公社」運動乃是它自掘墳墓。同時亦即爲人民反共革命之溫床，共產主義自中國消滅之開端，即在於此。

蔣先生繼承了　中山先生的遺志，領導國民革命，安內攘外，建立了蓋世的功勳，其德業事功固已震鑠寰宇，可是我們從他和共產黨鬥爭五十年的過程中加以觀察，世界上祇有他對於共產黨的認識最爲深刻，反共的經驗也是最爲豐富，而且還有一套正確的反共思想體系。

三、重要著作

蔣先生的著述言論，依性質言，有專著、演講、書告、談話、文錄與別錄之分；依內容言，則有主義、哲學、科學、兵學、黨務、政治、軍事、教育、青年、財經、社會、國際等之別。惟內容浩瀚，卷帙繁多，全部共約九百萬言，字字珠璣，都是革命建國所不可或缺之大經大法，本書篇幅有限，未能一一介紹，謹就其專著部分，摘要以饗讀者：

㈠《國父遺教概要》：這是民國二十四年九月十四日起連續六天在峨嵋軍訓團的演講紀錄：第一講〈總理遺教概要〉指示研究　總理遺教的要旨和方法、總理遺教的淵源以及總理遺教之體系及四大建設之內容概略。第二講〈政治建設之要義〉以建國大綱、地方自治開始實行法、民權主義與五權憲法為政治建設之方法與理想。第三講〈物質建設之要義〉亦即實業計畫之內容述要。第四講以知難行易之力行哲學觀念說明〈心理建設之要義〉。第五講以民權初步、本黨組織與研究　總理哲學之基本要點闡述〈社會建設與民生哲學之要義〉。第六講總結研究〈國父遺教所得之精義〉，訓勉我們一面用心研究，一面竭力實行，完成建設國家復興民族之革命大業。

㈡《行的道理》（行的哲學）：　蔣先生為闡揚　國父的「知難行易」學說，乃於民國二十八年三月十五日演講「行的道理」，他認爲行的哲學爲唯一的人生哲學，過去所行不發生效果的原因，由於未認清力行的真諦，因而沒有信心、沒有耐心和決心。行就是人生，要效法天行健自強不息。真正的「行」是天地間自然之理，是人生本然的天性，有目的、有軌道、有系統。「力行」就是革命，而革命動機在救人，革命的本務在行仁。行的要素是「智仁勇」，行的原動力是「誠」，行的表現在創造、在進取、在建設、在完成三民主義的革命，行的極致就是殺身成仁，舍生取義。同時要應用科學的方法，注重「行」的四大要件：(1)必須有起點，(2)必須有順序，(3)必須有目的，(4)必須是經常的。　蔣先生告訴我們要篤行「知難行易」的學說，從力行中去求得真知。要瞭解「能知必能行」與「不知亦能行」的意義，他還補充了一句話：「不行不能知」。唯有篤行才是力行，唯能力行才無所謂難事。祇要我們立定決心，抱著熱誠，照著我們信仰去力行，則反共必勝，建國必成。

(三)《科學的學庸》：包括〈大學之道〉上下篇，〈中庸要旨〉和〈政治的道理〉三部分。從格物、致知、誠意、正心、修身等修己工夫之知止定靜的哲學修養和格物致知的科學方法，歸結到齊家、治國、平天下的治人法則爲：以道爲首，以德爲本，以仁爲實，以義爲利，要在與民同其好惡之政治原理。其中特別是解說以「仁」爲中心之中國道統及以「誠」爲要領之傳授心法，實爲　蔣先生的真知卓見。最後提示中國政治哲學的精義，乃是政治哲學與倫理哲學合一，故政治應以倫理爲基礎。其理想與目的全在提高「人」的品格，發揮「人」的價值和功用，一切以人爲本。使我們認清實際政治的本務，共同一致，篤信力行，來實現三民主義，完成建國使命。

㈣《中國之命運》：本書發表於民國三十二年，不平等條約將廢除之時，說明中國之歷史發展，到了清代，由於政治社會與學術的衰落及其對內政策的錯誤，而使國家地位淪喪，民族遭受不平等條約束縛，以至在政治、法律、經濟、社會、倫理和心理各方面都受到慘痛的壓迫。因此，爆發了我們中國青年救國救民的國民革命運動，從辛亥革命到北伐、抗戰及不平等條約撤廢，詳述國民革命的成敗教訓，提示今後努力之方向，接著又對革命建國的根本問題如心理建設、倫理建設、社會建設、政治建設、經濟建設等作重點之說明。最後，期勉國人不應作個人的孤立奮鬥，而要參加中國革命建國之動脈的中國國民黨，共同負責，共同革命，同時並警告國內黨派滌除封建軍閥的觀念，放棄武力割據的惡習，以免損害到我國建國的工作。

㈤《中國經濟學說》：　蔣先生研究中國的經濟學說，認爲中國的經濟道理是「正德、利用、厚生」，是以人性爲本，是以民生爲本，是要使物爲人所役，不要使人爲物所役。所以，無論是儒家或是法家都以理性爲經濟學說的本源，不以欲望爲本源。而西方的經濟學說雖派別紛歧，但如亞丹斯密的《原富》、馬克思的《資本論》都以商品的價值分析爲研究經濟的起點，持論雖然各走極端，但都以人類的欲望，而非理性作爲立論的本源，這是中西經濟學說分別之處。但二十世紀以後，西方經濟學者逐漸提倡社會福利的觀念，在人類的欲望之上，認識人類的天性，而以人性爲本源，這和我國固有的經濟學說可謂殊途同歸。最後並以經濟以養民爲本位，經濟以計畫爲必要和民生與國防合一等我國歷代相傳的經濟道理，作爲民生主義的基本原則，並以〈禮運篇〉的「大同」一章，作爲三民主義所要達到的最後經濟理想。

㈥《剿匪手本》：此書發表於民國二十二年，第五次剿共作戰之前。首先檢討前四次剿共失敗的原因，爲主義不明，心志不堅所致。因此勉勵全軍將士應不計成敗，不顧利害，前仆後繼，視死如歸，爲主義而犧牲。進而提示救民、氣節、紀律、智勇、勤勞、戰機等六項要領，爲將士必具之修養，以期全軍上下，誠信相孚，禮義相尚，廉恥相勉，專心一志，實行主義，則精誠所至，金石爲開，共寇必滅。五十四年五月二十日又復重行修訂，頒爲《新剿匪手本》。

㈦《剿匪成敗與國家存亡》：本書亦爲第五次剿共行動前在南昌行營講述，首先說明剿共成敗關係整個國家民族之治亂興亡，勗勉全體將士，瞭解各人所負革命責任之重大，立志奮發，報效黨國。其次指示剿共將領應有的決心和準備，第三講授剿共的戰略與戰術。第四指示整理軍隊的急務並對戰地民眾的組訓等均有詳細說明，第五要求做到「社會軍事化」，以達「生活即戰鬥，戰鬥即生活」的目的，而造成軍民一志，總體戰之體系。

㈧《反共抗俄基本論》：本書係民國四十一年十月十六日發表，爲對剿共失敗、大陸淪亡，經過三年痛切反省的作品。　蔣先生從帝俄與赤俄相繼侵佔了我固有領土三分之一的面積，說明俄國在歷史上，實爲中國惟一的世仇大敵，同時對於俄帝侵華的工具、方案、步驟和目的等都一一加以揭發，暴露它企圖滅亡我中華民國的陰謀策略。其次，從我們革命的時代使命和反共抗俄形勢的分析，說明反共抗俄戰爭的特質。又從國民革命的本質和方略，分析赤共與國民革命極不相容的原因，說明反共抗俄的必要。最後，提出「三民主義現階段提綱」作爲反共抗俄之致勝武器和我們負責補過、復國建國的總目標，藉以爭取反共抗俄戰爭的勝利。

(九)《民生主義育樂兩篇補述》：民國四十二年十一月十四日在中國國民黨第七屆三中全會中宣讀。論述民生主義四講以下的育和樂兩個問題，根據　國父遺教，針對現實需要，高瞻遠矚，計畫周詳，完成　國父民生主義的全部精神與目的。一方面使三民主義更顯現其博大精深，一方面爲我國邁入自由安全社會，擘畫一民生主義建設的最高理想。全書共分四章，第一章序言，說明民生主義之建設係以合作爲基礎，以建設自由安全社會爲目標。第二、三章分別論述育與樂之問題，第四章爲結論，提出以〈禮運篇〉中的大同社會爲民生主義建設的最高理想。

(十)《蘇俄在中國》：本書係民國四十五年十二月發表，將中國與俄共三十年來三次和平共存的慘痛教訓，公諸於世，以喚醒我全國同胞以及自由世界愛護自由和民主的人士的警惕，共同認識俄共及其傀儡中共對於任何一個自由國家與自由人士所要求的「和平共存」，不過是要你單方面接受他的「和平」，讓他俄共獨自生存，並聽其第五縱隊自由發展，而最後任其從外部來武裝征服，或從內部來「和平轉變」之一個簡單符號。中國可說是世界上領悟俄共「和平共存」的痛苦最早，亦是經歷最久的國家，然而由於情勢的演變與環境的壓迫，使我們雖然看透了國際共產主義的陰謀，而仍不能不再三墮入侵略者的詭計。我們縱能確立堅定的反共政策，但因得不到國內民眾的瞭解與國際友邦的支持，乃不得不中途挫折，而終於失敗。因而提醒世人，蘇俄的武裝暴力並不足畏，但是他們的武裝暴力，乃潛存於其「和平共存」的外衣之中，使自由國家的領袖迷惘錯失，甚難洞察其奸，等到發覺受騙而奮起抵抗，則又爲時晚矣。

參考書目

《民國十五年以前之蔣介石先生》（卷四） 毛思誠著，陳布雷校訂，秦孝儀重校，中央文物供應社，中華民國六十年十月重印。

〈復廖仲愷書〉(二)——見《蔣總統集》第二冊，第二五七八至二五七九頁。中華民國十三年三月十四日函，國防研究院、中華大典編印會合作。中華民國五十七年三月三版。

〈自述研究革命哲學經過的階段〉——見《蔣總統集》第一冊第五七八至五八五頁。中華民國二十一年五月十六日在南京中央軍官學校講。國防研究院、中華大典編印會合作。中華民國五十七年三月三版。

〈革命哲學的重要〉——見《蔣總統集》第一冊，第五八二至五八七頁。中華民國二十一年五月二十三日在南京中央軍官學校講。國防研究院、中華大典編印會合作。中華民國五十七年三月三版。

〈剿匪手本〉——見《蔣總統集》第一冊，第一八四至一九三頁。中華民國二十二年發表。國防研究院、中華大典編印會合作。中華民國五十七年三月三版。

〈科學的學庸〉（包括大學之道上下、中庸要旨、政治的道理）——見《蔣總統集》第一冊，第八〇至一一七頁。中華民國三十三年九月十一日在廬山軍官團講，五十八年八月在陽明山第四次訂正。國防研究院、中華大典編印會合作。中華民國五十七年三月三版。

〈科學的道理〉（原名〈科學精神與科學方法〉）——見《蔣總統集》第一冊，第八五〇至八五六頁。中華民國二十四年一月二十八日講。國防研究院、中華大典編印會合作。中華民國五十七年三月三版。

〈救國必須實施文武合一術德兼修的教育〉——見《蔣總統集》第一冊，第八七九至八八二頁。中華民國二十四年六月十七日在成都四川省黨部講。國防研究院、中華大典編印會合作。中華民國五十七年三月三版。

〈爲學之目的與教育之要義〉——見《蔣總統集》第一冊，第八八三至八八六頁。中華民國二十四年七月一日在成都四川大學講。國防研究院、中華大典編印會合作。中華民國五十七年三月三版。

〈國父遺教概要〉——見《蔣總統集》第一冊，第一至一五〇頁。中華民國二十四年九月十四日在峨嵋軍訓團講。國防研究院、中華大典編印會合作。中華民國五十七年三月三版。

〈國民經濟建設運動之意義及實施〉——見《蔣總統集》第一冊，第九一七至九二〇頁。中華民國二十四年十月十四日發表。國防研究院、中華大典編印會合作。中華民國五十七年三月三版。

〈救國教育〉——見《蔣總統集》第一冊，第九五五至九六〇頁。中華民國二十六年七月五日在廬山暑期訓練團講。國防研究院、中華大典編印會合作。中華民國五十七年三月三版。

〈行的道理〉（行的哲學）——見《蔣總統集》第一冊，第一一〇八至一一一三頁。中華民國二十八年三月十五日講。國防研究院、中華大典編印會合作。中華民國五十七年三月三版。

〈中國經濟學說〉——見《蔣總統集》第一冊，第一七一至一八三頁。中華民國三十二年發表。國防研究院、中華大典編印會合作。中華民國五十七年三月三版。

〈中國之命運〉——見《蔣總統集》第一冊，第一一八至一七〇頁。中華民國三十二年三月二日在重慶發表。國防研究院、中華大典編印會合作。中華民國五十七年三月三版。

〈對於設計與考核工作之指示〉——見《蔣總統集》第二冊，第一四五六至一四五七頁。中華民國三十二年三月二日對中央設計聯席會議講。國防研究院、中華大典編印會合作。中華民國五十七年三月三版。

〈科學辦事方法的示範〉——見《蔣總統集》第二冊，第一八二三至一八二六頁。中華民國四十一年二月二日對參觀軍事動員演習人員講。國防研究院、中華大典編印會合作。中華民國五十七年三月三版。

〈三民主義的本質〉——見《蔣總統集》第二冊，第一八四一至一八五〇頁。中華民國四十一年七月七日在夏令講習會講。國防研究院、中華大典編印會合作。中華民國五十七年三月三版。

〈反共抗俄基本論〉——見《蔣總統集》第一冊，第二三二至二五九頁。中華民國四十一年十月十六日發表。國防研究院、中華大典編印會合作。中華民國五十七年三月三版。

〈孫子兵學與古代作戰原則及今日戰爭藝術化的意義之闡明〉（上下）——見《蔣總統集》第二冊，第一八六九至一八七九頁。中華民國四十二年六月一日主持國防大學聯合作戰系第×期學員畢業典禮講，及同年七月十一日主持陸軍指揮參謀學校將官班第×期學員畢業典禮講。國防研究院、中華大典編印會合作。中華民國五十七年三月三版。

〈民生主義育樂兩篇補述〉——見《蔣總統集》第一冊，第五四至七七頁。中華民國四十二年十一月發表。國防研究院、中華大典編印會合作。中華民國五十七年三月三版。

〈解決共產主義思想與方法的根本問題〉——見《蔣總統集》第二冊，第一九一八至一九三二頁。中華民國四十四年一月十日講。國防研究院、中華大典編印會合作。中華民國五十七年三月三版。

〈蘇俄在中國〉——見《蔣總統集》第一冊，第二六〇至三八九頁。中華民國四十五年十二月發表。國防研究院、中華大典編印會合作。中華民國五十七年三月三版。

〈中山樓中華文化堂落成紀念文〉——見《蔣總統最近言論選集》第五四一至五四二頁。中華民國五十五年十一月十二日發表。國防研究院印行。中華民國六十年十月出版。

〈科學的道理續編〉（科學的行政管理方法、和革命工作企業化的精神）——見《蔣總統最近言論選集》第四八至六〇頁。中華民國五十八年二月二十四日主持　國父紀念週講詞增訂本。國防研究院印行。中華民國六十年十月出版。

熊十力・張君勱・蔣中正 / 李霜青，江勇振，吳寄萍著. --更新版. --臺北市：臺灣商務，1999[民88]
面； 公分.--(中國歷代思想家：22)
含參考書目
ISBN 957-05-1618-6(平裝)

1. 哲學 - 中國 - 傳記

120.99　　88012444

中國歷代思想家(二十二)

熊十力 張君勱 蔣中正

定價新臺幣二八〇元

主編者　中華文化復興運動總會
王壽南
著作者　李霜青　江勇振　吳寄萍
責任編輯　雷成敏
封面設計　張士勇
內頁繪圖　黃碧珍
校對者　呂佳真　江勝月　羅名珍
出版者
印刷所　臺灣商務印書館股份有限公司
臺北市重慶南路一段三十七號
電話：(〇二)二三一一六一一八
傳真：(〇二)二三七一〇二七四
郵政劃撥：〇〇〇〇一六五—一號
出版事業登記證：局版北市業字第九九三號

• 一九七八年六月初版第一次印刷
• 一九九九年十月更新版第一次印刷

ISBN 957-05-1618-6(平裝)　24411000

讀者回函卡

感謝您對本館的支持，為加強對您的服務，請填妥此卡，免付郵資寄回，可隨時收到本館最新出版訊息，及享受各種優惠。

姓名：________________　性別：□男 □女

出生日期：____年____月____日

職業：□學生　□公務（含軍警）　□家管　□服務　□金融　□製造
□資訊　□大眾傳播　□自由業　□農漁牧　□退休　□其他

學歷：□高中以下（含高中）　□大專　□研究所（含以上）

地址：□□□________________________________

____

電話：（H）________________（O）________________

購買書名：________________________________

您從何處得知本書？

□書店　□報紙廣告　□報紙專欄　□雜誌廣告　□DM廣告
□傳單　□親友介紹　□電視廣播　□其他

您對本書的意見？（A/滿意　B/尚可　C/需改進）

內容______　編輯______　校對______　翻譯______
封面設計______　價格______　其他______________

您的建議：

____

____

____

臺灣商務印書館

台北市重慶南路一段三十七號　電話：（02）23116118・23115538
讀者服務專線：080056196　傳真：（02）23710274
郵撥：0000165-1號　E-mail：cptw@ms12.hinet.net

88.12.3